여자라서 받는 유혹

국제제자훈련원은 건강한 교회를 꿈꾸는 목회의 동반자로서 제자 삼는 사역을 중심으로 성경적 목회 모델을 제시함으로 세계 교회를 섬기는 전문 사역 기관입니다.

여자라서 받는 유혹
Temptations Women Face

초판 1쇄 발행 2005년 2월 25일
초판 6쇄 발행 2016년 10월 26일

지은이 메리 엘렌 애슈크로프트
옮긴이 김희수

펴낸이 박주성
펴낸곳 국제제자훈련원
등록번호 제2013-000170호 (2013년 9월 25일)
주소 서울시 서초구 효령로68길 98 (서초동)
전화 02)3489-4300 **팩스** 02)3489-4329
이메일 dmipress@sarang.org

ISBN 89-90285-14-3 03230

※ 책값은 뒤표지에 있습니다. 잘못된 책은 구입하신 곳에서 교환해 드립니다.

여자라서 받는 유혹

메리 엘렌 애슈크로프트 지음

국제제자훈련원

Originally published by InterVarsity Press
as *Temptations Women Face by Mary Ellen Ashcroft*.
ⓒ 1991 by Mary Ellen Ashcroft. Translated and printed by permission of InterVarsity Press,
P.O. Box 1400, Downers Grove, IL 60515, USA.
Korean Translation Copyright
ⓒ 2005 by DMI Publishing All right reserved.

본 저작물의 한국어판 저작권은 알맹2 에이전시를 통하여
InterVarsity Press사와 독점 계약한 도서출판 국제제자훈련원에 있습니다.
신저작권법에 의해 한국 내에서 보호받는 저작물이므로 무단 전재와 무단 복제를 금합니다.

머리말

유혹을 대하는 전통적인 태도는 투쟁이었다. 유혹과 싸워라. 유혹에 항복하지 마라. 유혹을 다룰 수 있는 방법을 찾아라. 유혹이 당신을 죽이기 전에 당신이 먼저 유혹을 죽여라. 이런 전통적인 태도를 우리가 직면하는 유혹에 적용시킨다면 어떻게 될까?

유혹이 그 흉측한 머리를 치켜들면, 우리는 눈을 가린 채로 그것을 향해 결사적으로 돌진한다. 우리는 유혹을 직시하는 것을 두려워하고, 특히 유혹과 죄가 자신에게 의미하는 바가 무엇인지 묻는 것을 두려워한다. 우리의 의식 속 어딘가에서 이런 목소리가 들린다. "네가 만약 이런 죄를 짓는다면, 혹은 만약 어떤 유혹이 네 마음에 일어난다면 너는 나쁜 사람이야."

우리는 그 유혹을 때려잡으려고 하지만, 실제로는 그것을 의식하지 못하도록 할 뿐이다. 우리는 그것을 벽장 속에 처박아 놓고 문에 못을 몇 개 박는다. 그리고는 '자, 이제 해결됐어.'라고 스스로에게 말한다. 그러나 유혹과 죄라는 괴물은 어두운 벽장 속에서 무럭무럭 자라서 언젠가 더 크고 더 위협적인 존재로 나타날 것이다. 그래서 우리는 우리를 짓누르는 죄의식, 자기 인식의 결여, 무기력의 악순환 속에서 헤어나지 못하게 된다.

유혹을 대하는 또 다른 태도는 문제를 부정하기보다는 유혹을 하나의 증상으로 보는 것이다. 유혹이나 죄라는 괴물이 벽장에서 기어 나오면, 우리는 그것을 때려눕히기 전에 잠시 멈추어 그것이 우리에게 말해 주는 것이 무엇인가 물어 볼 필요가 있다.

우리가 받는 유혹에 대한 우리의 반응은, 우리 아이가 도둑질을 하거나 담배를 피우는 등의 예기치 못한 행동을 보일 때 아이에게 반응하는 것과 비슷할 것이다. 처음에는 아마도 소리를 지르거나, 그 고약한 아이가 굴복할 때까지 매를 때리고 싶을 것이다. 그러나 그것은 문제에 대한 피상적인 반응이다. 현명한 부모라면 그 행동을 통해 그 아이가 가진 더 깊은 욕구와 문제들 그리고 감정이 무엇인지 찾아내려고 할 것이다.

우리가 받는 유혹도 이와 마찬가지이다. 왜 나는 빨간 샌들 한 켤레나 초콜릿 치즈 케이크 한 조각에 유혹을 받는가? 왜 나는 이웃에 대해 험담을 하고, 내 딸에게 대입시험에서 우수한 점수를 받도록 강요하고, 시누이에 대한 질투심을 키워가는가? 자기 성찰과 자신을 이해하는 것은 거룩한 삶의 여정을 시작하는 데 있어서 가장 중요한 단계이다. 바울은 고린도 지역의 그리스도인들에게 그들 자신을 성찰하라고 가르쳤다. 우리의 내면을 살펴보면, 우리 자신이나 감정에 내재된 영향력을 살펴보지도 않았고 알지도 못하는 경우가 많음을 발견하게 된다.

우리 여자들이 자신을 이해하지 못한다는 것은 다소 놀라운 일이다. 우리는 우리 자신에 대한 왜곡된 이야기들을 믿을 때가 많았다. 오랜 세월 동안 우리가 더 깊은 통찰력을 얻기 위해 공부한 심리학이나 사회학에서는 여자들 자신의 것보다는 남자들의 도덕적 의사 결정에 관련된 논문들을 더 많이 읽을 수밖에 없었다. 어쩌면 우리 여자들이 겪는 우리 자신에 대한 혼란은 당연한 일일 것이다. 이러한 혼란이 우리를 약하게 만들었다. 그리고 우리가 우리 본연의 모습과 우리의 감정으로부터 단절될 때, 유혹에 넘어가기가 더 쉽다.

우리 각 사람은 유혹을 어떻게 다루어야 하는지, 그리고 여자로서 그 일을 어떻게 해야 할지 결정해야 한다. 이 책에서 우리는 남자와 여자의 차이점을 통해서 일곱 가지 죄에 대한 여성의 입장을 보게 될 것이다. 그리고 우리는 이 지식으로 어떻게 죄를 확실하게 해결하고, 진정한 자유를 찾고, 거룩하고 충만한 삶을 이루어나갈 수 있는지 배우게 될 것이다.

목 차

머리말 _ 5
프롤로그 _ 10

1부 _ 무엇이 문제인가?

통념과 사실 : 여자들은 다르다 _ 16
여자의 관점에서 본 유혹과 죄 _ 28

2부 _ 증상들: 상처를 덮으려는 시도

외적인 것에 의지하기 _ 42
물질로 채워진 삶 _ 61
음식 _ 84
사소한 것들로 채워진 삶 _ 106
분노 _ 128
결혼과 사랑에 대한 오해 _ 146
성에 관한 왜곡된 통념들 _ 164
질투 _ 183

3부 _ 거룩한 삶

즉흥적 해결과 성결한 삶 _ 204
막다른 길: 율법주의냐 방종이냐 _ 217
자신과 타인과 하나님 앞에 정직해지기 _ 230
믿음의 공동체에 소속되기 _ 241

에필로그 _ 258
부록 | 고백의 기도 _ 262
주 _ 271

프롤로그

나는 질이 게빈과 갓 결혼했을 당시에 그녀를 알게 되었다. 질은 놀랄 만큼 아름다운 여인이었다. 내가 그녀와 함께 시애틀의 거리를 걸어가면, 사람들은 그녀의 윤기 나는 검은 머리와 세련된 옷매무새를 보기 위해 뒤를 돌아보았다. 나는 마치 내가 영화배우가 된 것 같은 느낌이었다. 질은 아름다우면서도 온화하고 섬세했으며 그리스도인이었다. 아마도 그런 이유 때문에 5년 후에 그녀가 불륜을 저지르고 이혼을 했을 때, 그녀를 아는 나와 다른 사람들에게 그렇게 큰 충격을 주었을 것이다. 이혼이 확정된 후에, 나는 그녀가 자신의 행동에 대해 어떻게 생각하는지 궁금한 마음을 가지고 그녀와 이야기를 나눴다.

　질은 남부에서 성장했고, 대부분의 여자들과 마찬가지로 어린 시절에 그녀를 귀중한 존재로 만들어 주는 것이 무엇인가를 배웠다. 그녀는 예뻤고 애교를 부리는 것이 그녀의 역할이었다. 그녀의 오빠는 영리했고 남동생은 어린 아기였다. "남동생이 네 살이 채 안됐을 때였어요." 질은 말했다. "그 애는 엄마와 나와 함께 병원에 갔는데 들어가려고 하질 않았어요. 그 아이는 몹시 화가 나 있었는데, 알고 보니 또 다른 사람들이 내가 너무나 귀엽다고 말하는 것을 듣고 싶지 않았던 거예요."

질은 성장하면서 자기의 정체성과 가치를 아름다운 외모에서 찾았다. 그녀는 그리스도인이 되었지만, 청년부 멤버들까지도 그녀의 지성이나 영적인 성숙함보다는 그녀의 아름다운 외모를 칭송했다. 질은 기독교 대학에 입학했다. 그곳에서 그녀는 치어리더가 되었고 우등상을 받았다. 그녀는 함께 건초를 나르는 수레를 타거나 썰매 여행을 다니는 친구들과 어울렸다.

대학교 3학년이 되자, 모든 친구들이 짝을 이루었다. 질은 게빈과 연결되었는데, 그는 인기 있고 출중한 외모를 가진 캠퍼스의 스타였다. 그 대학교 사람들은 그들이 이상적인 커플이라고 생각했다. "게빈이 졸업했을 때 우리가 약혼하는 것보다 더 완벽한 일은 있을 수 없었죠. 그래서 나는 그와의 약혼을 밀어붙였지요." 그들은 서로에 대해 거의 아는 것이 없었지만, 그녀는 사랑스러운 남부 미인이었고 그는 잘생긴 남부 신사였다. 그들은 완벽한 한 폭의 그림을 이루었고, 그들의 모든 친구들과 교수들, 가족들도 찬성했다.

질과 게빈은 결혼하고 시애틀로 이사했다. 한 달도 채 못 되어 그녀는 우울증에 빠졌다. 그녀 주변에는 항상 친구들과 가족들이 있었다. 그러나 질은 이제 외로움을 느꼈고, 도움을 청할 데도 없이 갇혀있는 것처럼 느껴졌다. 몇 주가 지난 후 그녀는 게빈에게 그녀가 어떤 느낌을 가지고 있는지 말하려고 했다. 그는 당황하며 말했다. "이것 봐 여보, 우리는 훌륭한 기독교 대학을 졸업한 완벽한 그리스도인 부부야." 질이 말했다. "그런데 우리는 두려워서 죽을 지경이야."

질은 게빈의 반응을 보고 그가 그녀의 두려움이나 분노, 우울증, 애정에 대한 갈망을 이해할 수 없다는 것을 깨달았다. 게빈은 그녀가 경건의 시간을 더 깊이 있게 가져야 한다고 제의했다. "그가 자기는 훌륭한 그리스도인 영어 교수가 되기 위해 공부하고 있는 친절하고 순진한 남자인데 반해서 나는 나쁜 여자라고 말하고 있는 것 같았어요."

게빈은 질과 함께 외부의 도움 청하는 것을 거부했다. 질은 자기가 게빈에게 너무 많은 것을 요구하고 있는 게 아닐까 하는 생각도 들었다. 아니면 그는 단지 그녀처럼 당황하고 결혼에 대한 준비가 제대로 되어있지 않았던 것일지도 모른다. 5년 동안 그들은 여전히 아무런 도움도 받지 않았다.

누군가의 확인과 친밀한 관계를 절실히 원했던 질은 게빈에게서 거부당한 느낌을 받았다. 그녀는 자기의 욕구를 표현하는 방법을 배운 적이 없었다. 그녀는 교회와 가정에서 정죄받는 느낌이 들었다. 그녀는 물질주의적이어서 떳떳치 못했고, 내조를 잘하는 아내가 아니어서 부족했고, 직업을 갖기 원해서 옳지 못했고, 남자들에게 매력적으로 보여서 부정했으며, 남자들의 시선을 받기 원했기 때문에 부도덕했다.

"그때 내가 다른 누구와 육체적인 관계를 가졌던 것은 아니에요. 그렇지만 나는 너무나 절실하게 정신적인 사랑의 관계를 원했어요. 나에게 잘해 주고, 나에게 매력을 느끼는…. 한 50명쯤 되는 남자들과 말이에요. 제비어와의 일은 전에 상상하던 것이 현실에서 조금 더 진전되었을 뿐이었죠."

질은 유혹을 받았고 결국 죄에 빠졌다. 그녀가 여자였기 때문에 유혹을 받고, 죄를 짓게 된 경위가 달랐을까? 그것은 누구의 잘못이었을까? 우리를 공격하는 유혹과 우리가 범하는 죄는 우리가 하는 행위와 우리에게 가해진 행위가 뒤얽힌 혼합물이다. 우리는 질의 이야기와 우리 자신의 예를 통해서 그것을 볼 수 있다.

1부 _ 무엇이 문제인가?

왜 자기가 남편보다 관계에 더 많은 신경을 쓰며, 남자 직장 동료보다 더 직관이 발달했는지 의아하게 생각해 본 경험이 있는 여자라면 자기가 정말 다르다는 확신을 얻을 수 있을 것이다. 이 세상의 지혜라는 허울아래 우리를 집요하게 따라다니는 문화적인 고정관념들은 여자들의 삶을 짓누르는 통념인 경우가 많다.

통념과 사실 : 여자들은 다르다

아들 앤드류가 내게 와서 묻는다.

"오늘 저녁에 친구들과 영화 보러 가도 돼요?"

남편이 대답한다.

"숙제는 다 했니, 앤드류? 숙제를 다 끝내야지만 외출할 수 있다는 규칙을 알고 있겠지?"

내 반응은 훨씬 모호하다. 나는 앤드류가 사교적이지 못하며, 친구들과 어디를 가겠다고 하는 경우가 드물다는 점을 생각하고, 궁극적으로 숙제보다는 친구가 훨씬 더 중요하다는 생각을 한다. 아주 사소한 결정을 내릴 때에도 망설이는 내 모습에서, 여자들이 남자들과 어떻게 다른지를 볼 수 있다.

죄의 증상, 진단과 처방

많은 심리학자들과 사회학자들은 여자들이 근본적으로 남자와 다르다고 믿고 있다. 여자들은 사고방식, 관계를 중요시하는 태도, 자기를 보는 방식이 다르다. 왜 자기가 남편보다 관계에 더 많은 신경을 쓰며, 남자 직장 동료보다 더 직관이 발달했는지 의아하게 생각해 본 경험이 있는 여자라면 자기가 정말 다르다는 확신을 얻을 수 있을 것이다. 대학 교수인 메리 스튜어트 반 르우웬은 여성이 남성과 다른 점에 대해 쓴 글을 읽은 느낌을 이렇게 표현했다. "나는 난생 처음 내 모국어로 쓰여 진 글을 읽고 있다는 느낌을 받았어요."

여자들이 자신이 받는 유혹들에 대해 더 잘 이해하려면, 이런 최근에 발견된 이론들에 관심을 가지고 세상이 우리에게 심어준 고정관념과 비교해 보아야 한다. 이 세상의 지혜라는 허울아래 우리를 집요하게 따라다니는 문화적인 고정관념들은 여자들의 삶을 짓누르는 통념인 경우가 많다.

통념 1 • 여자들은 비이성적이고 비논리적이며 변덕스럽고 나약하다

"절대로 여자들과 논쟁하지 말라."는 속담이 있다. 여자들은 비이성적이고 비논리적이기 때문이라는 것이다. 여자들은 논쟁에 감정을 개입시키고 관념적인 면보다는 인간이 처한 상황을 바탕으로 논쟁을 한다.

"여성은 쉽게 유혹에 빠지며 나약하고 이해력이 부족하다. 악마는 여자들을 통해 이 무질서를 퍼트릴 기회를 노린다…. 우리는 남성의 이성을 발휘해서 이런 여자들의 어리석음을 물리치기 원한다."[1] 이 글을 남긴 에피파누스는 AD 315년부터 403년까지 살았던 사람이다.

남자들은 여자들을 우유부단한 존재로 묘사하고, 여자들도 그 의견에 동의하는 실수를 하기도 한다. 어떤 한 광고에서는 한 여자가 두 종류의 케이크 가루를 놓고 결정을 내리지 못하는 모습을 보여 준다. 어떤 것이 우리 가족에게 더 좋을까? 이걸까? 저걸까? 여자들은 망설이고 주저하며 결정을 내리지 못한다. "마음을 바꾸는 것은 여자들의 특권이다."

이성적인 논쟁이나 결정을 내려야 하거나 충격적인 상황에 처하게 되면, 여자들은 잘 대처하지 못한다. 수 세기 동안 여자들은 기절하거나 정신이 혼미해져서 소금 냄새를 맡고 다시 정신을 차려야만 했다. TV 드라마나 만화, 광고 등은 여자들을 무력하고 수동적이며 '수퍼맨' 없이는 아무것도 할 수 없는 존재로 묘사한다. 이런 통념은 여자들이 입덧과 출산의 고통을 견뎌낼 뿐 아니라 남자들보다 더 오래 산다는 사실에도 불구하고 널리 퍼져 있다.

여자들이 비이성적이고, 비논리적이며, 변덕스럽고 나약하다는 통념에는 과연 일말의 진리라도 있는가? 그 통념을 받아들여 그런 식으로 행동했던 여자들이 있다고 해도, 남자와 여자의 근본적인 차이가 이런 고정관념을 만들어냈던 것은 아닐까? 심리학자인 캐롤 길리건은 그렇게 생각한다. 그리고 그녀가 발견한 것들은 여자들에 대한 또 다른 관점을 뒷받침해 준다.

발견 1 • 여자로서 나는 다른 기준을 가지고 결정을 한다. 왜냐하면 나에게는 다른 것들이 중요하기 때문이다

길리건에 의하면, 여자들은 남자들과 매우 다른 방식으로 결정을 내린다. 그녀는 열 살부터 마흔 살까지의 여성들을 연구한 결과, 여자들은 결정을 내릴 때 남자들보다 관계를 더 중요하게 생각한다는 사실을 발견했다. 유사한 상황에서 남자들은 규칙을 찾아내고 그들의 결정의 바탕이 되는 원칙들을 찾지만, 여자들은 원칙보다는 친밀한 관계를 유지하는 데 더 신경을 쓴다.[2]

왜 남녀가 결정을 내리는 방식이 그렇게 다른가? 심리학자 낸시 쵸도로우는 아이들이 부모와 관계를 맺는 방식에서 그 해답을 찾았다.[3]

이런 가족이 있다고 가정해 보자. 존과 에블린에게는 로버트와 루시라는 쌍둥이 아이들이 있다. 아이들이 어렸을 때, 존은 가족들을 부양하기 위해서 많은 시간을 일했고 에블린은 대부분의 시간을 아이들과 집에서 보냈다. 로버트와 루시는 다른 아이들과 마찬가지로 자기들이 온전히 의지할 수 있는 한 사람이 필요했고, 에블린이 바로 그 사람이었다. 안정되고 행복한 환경 속에 있는 그들은 동일한 성장 조건을 가진 것처럼 보였다.

두 살 생일을 맞이할 때쯤, 쌍둥이들은 남자 아이와 여자 아이가 다르다는 것을 알게 되었다. 아빠는 엄마와 달랐고, 그것은 아빠 머리가 더 짧다거나 양복을 입는다거나 하는 외적인 것만이 아니었다. 이 새로운 인식이 로버트가 엄마를 바라보는 시각을 변화시켰다. 그의 생활은 엄마를 중심으로 이루어져 왔지만, 이제 엄마는 그와 다른 존재이다. 쵸도로우와 다른 저자들에 의하면, 이것이 바로 로버트를 혼란스럽게 한다는 것이다. 그는 자기의 첫사랑이자 가장 소중한 사랑의 대상인 자기 엄마처럼 될 수 없다는 것을 안다. 대신에 그는 그의 삶에서 훨씬 희미한 존재인 아버지처럼 될 것이다. 이러한 불확실성이 로버트, 그리고 대부분의 남자 아이들의 성장과정을 루시와 매우 다르게 만든다는 것이다.

로버트는 이전처럼 안정감을 느끼지 못하게 될 것이고, 관계가 더 어렵다는 것을 알게 될 것이다. 일생 동안 로버트는 사람들에 대한 친밀감의 결여를 다른 것들, 예를 들면 스케이트보드를 빠르게 탄다든지, 친구들과 농담을 주고받는다든지, 풋볼을 하거나 학교에서 우수한 성적을 받고 직장에서 성공한다든지 하는 것으로 채우려 할 것이다. 로버트는 여자를 존중할 수는 있겠지만 여자들에 대해 그가 가진 불확실성은 훗날 아내와의 관계에서 거리를 두게 되거나, 심한 경우 아내를 학대하게 만들 수도 있다.

한편 루시는 엄마와의 관계에서 거리낄 것이 아무것도 없다. 그녀는 엄마를 사랑하고 엄마처럼 되기 원한다. 루시는 더 안정감을 느끼고, 관계에 더 많이 의지하게 될 것이다. 루시의 인간관계는 그녀의 삶에서 가장 중요한 자리를 차지하게 될 것이다. 친구들과 놀 때에도 함께 협동하는 놀이를 하게 될 것이다. 대학에 가면, 함께 다니는 친구들에게 의지하게 될 것이다. 남편과 가족이 그녀에게 너무나 소중하기 때문에 그녀는 가정의 평화를 유지하기 위해 남편의 육체적인 학대를 참을 수도 있을 것이다.

로버트와 루시는 비슷한 경험을 공유하고 있지만, 그들 각자가 부모와의 관계 속에서 자기를 바라보는 시각은 판이하다. 이러한 가치의 차이가 그들이 결정을 내리는 방식에 지대한 영향을 미친다. 그래서 루시는 절연(絕緣)이 힘들고, 로버트는 친밀한 관계에 어려움을 느끼게 된다.

에덴동산에서 타락한 남자와 여자에게 각기 다른 저주가 내려진 것도 남자와 여자의 이런 특성을 나타낸다.

하나님은 말씀하셨다. "또 여자에게 이르시되 내가 네게 잉태하는 고통을 크게 더하리니 네가 수고하고 자식을 낳을 것이며 너는 남편을 사모하고 남편은 너를 다스릴 것이니라 하시고"(창 3:16).

여자들은 자신에게 의지하기보다 관계에 의지하는 것이 더 쉽다는 것을 깨닫는다. 휘튼대학의 신학자인 길버트 빌레지키안은 여자들의 이런 특성이 창세기의 이 구절에서 비롯되었다고 생각한다. 그는 이렇게 쓰고 있다.

"잃어버린 낙원에서 친밀했던 그들의 관계를 계속 유지시키기 위해서 여자는 그녀의 남편을 사모하게 될 것이다. 그러나 타락 이전에 그들 사이에 존재했던 사랑과 상호의존적인 관계에 대한 그녀의 향수는 남편에게서 채워지지 않을 것이다. 그녀의 욕구를 채워주는 대신 그는 그녀 위에 군림할 것이다. 그 여자는 배우자를 원하지만, 지배자를 얻는다. 그녀는 사랑하는 사람을 원하지만, 주인을 얻는다. 그녀는 남편을 원하지만 상전을 얻는다."[4]

많은 여자들이 다른 사람들의 요구를 만족시키기 위해 자아를 모두 상실하고 만다. "타락으로 인해 남자들은 여자에게 권력을 행사하고 싶은 욕망을 갖게 되었다. 타락으로 인해 여자들은 관계가 그들에게 상처를 줄지라도 관계를 유지시키기를 원하게 되었다."[5]

통념 2 • 여자들은 경박하며, 다소 어리석고 사소한 것에 집착한다

여자가 어리석다는 생각은 수천 년 전으로 거슬러 올라간다. AD 376~444년에 살았던 알렉산드리아의 시릴은 이런 글을 썼다. "여자-여자라기보다는 '여자라는 성'이라고 표현하는 것이 더 적합한 듯하다.-는 전반적으로 이해력이 떨어진다."[6]

이로부터 1,600년 후의 광고에서는 여자들을 왁스를 칠할 필요가 없는 리놀륨 마루나 반짝이는 싱크대에 열광하고 눈부시게 하얀 빨래더미에 감동하는 존재로 그려내고 있다. 여자들은 유리컵에 남아 있는 얼룩 때문에 우울해 한다. 광고에서 암시하는 것은 남자들은 상품이 어떻게 만들어졌는지에 관심을 갖지만, 여자들은 상품의 겉모양에 신경을 쓴다는 것이다. 여자들은 한가롭게 호사스러운 목욕을 즐길 시간이 있지만 남자들은 서둘러서 간단한 샤워밖에 할 수 없다.[7] 여자들은 쇼핑이 삶의 목적이며 새 옷과 새로운 머리 스타일 같은 것으로만 행복을 느끼는 지각없는 금발머리를 가진 존재이다.

발견 2 • 여자들은 남자들과 다른 방식으로 사물을 인식한다

여자들은 경박하며 사소한 일에 집착한다는 통념에는 일말의 진리가 있을까? 여자들이 남자들과는 다른 방식으로 사물을 인식하기 때문에 남자들과 다른 것을 중요하게 생각하는 것이 아닐까?

여자들은 남자들과는 다른 방식으로 그들이 속한 세상과 자신에 대한 이해를 넓혀갈 수 있다고 '여자들의 인식방법'이라는 책의 저자는 주장한다.[8] 처음에 여자들은 실제로 자신에 대해 말할 수 있는 능력이 없기 때문에 침묵하는데, 이것은 종종 학대받은 여자들에게서 나타나는 행동이다. 다음 단계에서 여자들은 모든 사람들이 자기보다 많이 알고 있다고 생각하고 지식을 얻기 위해 더 높은 위치에 있는 권위자를 찾는다. 이 단계를 넘어서면, 여자들은 처음으로 자기들의 생각도 말할 가치가 있다는 것을 인식하고 전통적인 권위자들의 말 듣기를 거부할 수도 있다. 여자들이 자신의 생각을 피력한 후에, 학위를 취득하거나 직장을 얻기 위해서 특정한 사회적 규율에 따라야 한다는 것을 깨닫고 거기에 부합하는 행동을 하게 되는 경우가 많다. 마지막으로 이러한 인식의 발달 과정 속에서 여자들은 내면의 지식과 외부 세계를 서로 연관시킬 수 있는 지점에 도달하게 된다. 침묵과 자의식 과잉으로부터 자기 인식과 자기 절제로 발전해 가면서, 여자들은 자기 확신에 도달한다.

아마도 이런 인식을 넓혀가는 여정 속 어느 지점에서 정체된 여자들이, 여자들은 어리석은 존재라는 통념에 기여했을 것이다. 많은 여자들이 자신이나 하나님에 대한 자기의 지식을 신뢰하지 못했다. 그들은 모든 믿을 만한 진리는 권위를 가진 존재 – 목사, TV에 출연한 유명인사, 성경 교사, 또는 남편 등–로부터 나온다고 단정했다. 이러한 권위적인 존재들이 여자들을 실망시키면(하나님을 제외하고 누구라도 결국은 그럴 수밖에 없는데), 여자들은 더이상 다른 사람들의 말에 귀를 기울이지 않게 될 수도 있다.

건강하고 온전해지기 위해서 우리들은 다른 사람들과 우리 자신의 목소리 모두에 귀를 기울여야 한다.

통념 3 • 여자들은 남자들 만큼 하나님께 가까이 다가갈 수 없다

5개월 전 내 작문수업을 듣는 한 학생이 과제를 하기 위해 정통파 유대교 회당을 방문했다. 그녀 주위에 있던 남자들은 불편하고 거북해 보였는데, 마침내 랍비가 다가와서 이렇게 속삭였다. "이리 와서 저쪽에 앉아주십시오." 그는 그녀를 스크린 뒤에 있는 의자로 안내했다.

그녀는 의아해 하며 물었다. "왜 그래야 하죠?"

"당신이 예배를 드리고 있는 남자들의 주의를 산만하게 하기 때문입니다."

그레첸은 화가 나서 나를 찾아왔다. "그들은 내가 그들과 함께 앉지도 못하게 했어요." 그녀는 말했다. "나는 내가 나쁜 사람이기라도 한 것처럼 수치심을 느꼈죠."

"너의 문제가 무엇인지 알고 있니? 네가 이브와 같은 여자라는 거야." 나는 말했다. "이브는 유혹하는 여자였고 자신의 타락뿐만 아니라 아담의 타락에도 책임이 있었지. 유대교의 수많은 교파들 안에 오래 전부터 전해 내려오는 여자들에 대한 두려움 때문에 너는 그 의자에 앉아야 했던 거야. 너는 이브와 마찬가지로 남자들을 곁길로 가게 할 수도 있는 유혹하는 여자니까."

구약 성경은 여자에 대한 두 개의 '모델'을 제시한다. '유혹자로서의 여자'와 '지혜롭고 강한 존재로서의 여자'이다. 유대교와 기독교에서 변형된 어떤 교파들은 '부도덕한 유혹자로서의 여자'의 모습을 강조한다. 예수님과 그분의 제자들은 여자들을 배척하지 않았지만, 교회의 교부들은 예수님이 보여 주신 모범을 잊어버리고 여자들이 순진한 남자를 유혹하기 위해 기다리고 있다는 식의 생각을 다시 퍼트렸다. AD 160년에서 225년까지 살았던 터툴리안은 여자들에 대해서 이렇게 결론지었다. "그대들은 악마의 도구이다. 그대들은 금지된 나무를 범한 자들이다. 그대들은 신성한 율법을 최초로 유기한 자들이다. 그대들은 악마가 감히 공격하지 못했던 그 남자를 설득한 여자이다. 그대들은 하나님의 형상을 담고 있는 남자를 너무나 쉽게 파멸시켰다."[9]

유혹하는 존재로서 피해야 할 대상이었던 여자들은 온전히 하나님께 다가갈 수 없다는 말을 자주 들었다. 오리겐(AD 185~254)은 여자들에 대해서 이렇게 썼다.

"창조주의 눈에 보이는 것은 여성적인 것이 아니라 남성적인 것이다. 하나님께서는 여성적인 것과 육적인 것을 보실 만큼 스스로 비천해지실 수 없기 때문이다."[10]

16세기의 어떤 사상가들은 여성에게도 영혼이 있는지 의심했다. 심지어 오늘날에도, 어떤 교파와 단체들은 여자들은 남편이나 교회 지도자들을 통해서만 하나님께 나아갈 수 있다고 주장한다. 현대의 한 그리스도인 저술가는 이렇게 주장한다.

> 여자들의 나약함은 육체적인 면에만 국한되지 않는다. 그것은 정서적, 심리적, 영적 차원까지도 포함한다. 그렇기 때문에 여자에게 남편의 권위와 보호가 필요한 것이다. …가정과 지역사회 그리고 교회에서 진행되는 일에 대해 일차적으로 책임을 지는 것은, 아내가 아니라 남편이다. 남자가 이 책임을 유기하거나 아내가 그것을 가로채면, 가정과 사회 모두가 고통받게 된다.[11]

발견 3 • 예수님은 사람들과 다른 방식으로 여자들과 관계를 맺으셨다

예수님은 여자들을 유혹하는 존재나 악의 근원으로써 피해야 할 존재로 보았던 유대교의 관점을 받아들이지 않으셨다. 1세기의 사회는 여자들을 "열등하고 가르칠 수 없는 존재로 취급하여 철저하게 사회와 그들 집단의 종교생활에서 격리시켰고, 아버지나 남편의 집에서 격리되어 살도록 무자비한 억압을 가했다."[12]

그러나 예수님께서 여자들을 대하는 태도는 파격적이었다. 그분은 자기를 따르라고 여자들을 초청하셨다. 그분은 여자들이 자기를 만지도록 허용하셨고, 그들을 치유하셨고, 그들과 대화하셨다. 여자들은 예수님의 기적과 예화와 설교의 일부분을 차지했다.[13] 여자들은 그분이 숨을 거두시던 마지막 순간까지 함께 있었으며 그분의 부활을 처음으로 목격했다. 예수님께서는 여자들에 대한 세상의 가르침을 거부하셨지만, 어떤 때에는 여자들 스스로가 이런 가르침을 거부하는 데 어려움을 느낀다.

여자의 관점에서 본 유혹과 죄

여자들에 대한 통념은 수 세대에 걸쳐 우리 문화 속에 배어들었다. 극소수의 사람들만이, 여자들이 실제로 남자들과 어떻게 다른지 생각해 보았다. 내가 가르치는 학생 중 하나인 타냐는 그녀의 결혼생활의 문제들을 상담하기 위해 담임 신부를 만났던 경험에 대한 글을 썼다. 그녀의 이야기는 시사하는 바가 크다.

나는 절망 속에서 프랭크 신부를 만나러 갔다. 나는 그에게 현재 내 딸이 유치원에 다니며 나는 다시 학교에 들어가 법학 공부를 하고 싶다고 설명했다. 남편은 내가 있어야 할 곳은 가정이라고 생각했고, 자기의 생각을 관철시키기 위해 나를 과소평가하고 욕설을 퍼붓고 소리를 질러댔다. 최근에 남편은 나를 구타하기 시작했다.

내가 이야기를 다 마치자, 프랭크 신부는 해결책은 아주 간단하다고 말했다. 나는 내 남편의 아내가 되겠다고 서약했고, 그 이상도 그 이하도 필요하지 않다고 했다. 그는 내가 아내 이상의 존재가 되기를 원하는 것은 남편에게 불순종하는 것이며, 남편과 딸은 분명 한 여자가 필요로 하는 충족감을 주고 있다고 말했다. 그리고 나를 사랑하기 때문에 내가 일하지 않아도 되도록 나를 보살펴주기 원하는 남편을 가졌다는 사실에 감사해야 한다고 말했다. 우리의 첫 번째 상담은 이렇게 끝났고 그는 나에게 집에 가서 기도하라고 말했다.

나는 집에 와서 기도했지만, 하나님께서 내가 이런 감정적, 육체적인 학대를 당하는 것을 정말 원치 않으신다는 생각을 떨쳐버릴 수 없었다. 확신할 수는 없었지만, 내 재능을 사용하는 것 때문에 하나님께서 나를 벌하실 것 같지는 않았다. 그러나 프랭크 신부는 그렇다고 나에게 말했다.

두 번째 프랭크 신부와 상담할 때, 나는 이 세상에 온 목적이 내 자아를 전적으로 부인하고 남편을 섬기기 위한 것이라는 사실을 받아들일 수 없다고 말했다. 또한 남편의 아주 사소한 요구를 거부할 때마다 속수무책으로 구타를 당해야 한다고 생각하지 않았다.

프랭크 신부는 참을성 있게 나를 불행하게 만드는 것은 바로 나 자신이라고 설명하려고 애썼다. 그는 이런 어리석은 생각들을 하지 않고, 내가 남자가 되려고 하지 않는다면 다시 행복해질 거라고 말했다.

나는 그에게 남편의 학대도 나 때문이냐고 물었다. 그는 말했다. "그렇습니다. 독립하고 싶어 하는 당신의 욕구가 당신 남편을 화나게 하는 것입니다. 그는 유능한 보호자가 되려고 노력하고 있는데 당신은 그를 무능한 사람으로 만들려고 하기 때문에 남편이 그런 방법으로 당신에게 대항하는 것입니다. 그건 당연한 일입니다." 그는 나에게 집에 가서 남편에게 사과하고, 남편이 좋아하는 음식을 만들고, 남편에게 내가 얼마나 좋은 아내가 될 수 있는지 보여 주라고 했다.

그에게 내가 그렇게 할 수 있을지 자신이 없다고 말하자, 그는 내가 이기적이라고 했다. 내 자신만 생각하고 있다는 것이다. 그는 하나님께서 내 삶에 할당해 주신 영역에 만족하지 않고, 내 재능을 사용하기 원하는 자아와 자기중심적인 사고가 나의 가장 큰 문제라고 말했다. 그리고 내 교만이 하나님께서 가장 싫어하시는 죄이며, 내가 하나님과 가까워지고, 구원을 잃어버리고 싶지 않다면 내 이기심과 자아를 깨뜨려야 할 것이라고 말했다. 남편이 나를 어떻게 학대하든지 그것을 받아들이는 것이 내 이기심과 자아를 깨뜨릴 수 있는 좋은 방법이며, 남편이 나를 때릴 때 내 이기적인 자아도 깨어질 것이라고 말이다.

프랭크 목사는 왜 타냐의 진정한 욕구를 보지 못했을까? 자기의 관점에 가려서 제대로 보지 못한 것일까?

남성적 관점이 기준이 된 세상

수 세기 동안 남성과 여성 모두 거의 모든 삶의 영역-신학에서 예술,

문학에서 의학에 이르기까지 – 에서 남성의 관점을 기준으로 삼았다. 단지 지난 몇 년 사이에 의학 연구와 같이 '객관적'인 영역에서 남성들이 표준 조사 대상이었다는 것을 사람들이 주목했을 뿐이다. 《타임》지에 두 개의 전형적인 연구에 대한 기사가 실렸는데, 하나는 22,071명의 남성 지원자들을 대상으로 한 심장마비 방지에 대한 연구이고, 또 하나는 45,589명의 남자들을 대상으로 한 카페인이 인체에 미치는 영향에 관계된 연구였다.[1]

여자들 중에는 의학 연구 종사자들이 비열하고 악의적인 동기에서 여자들보다 남자들을 대상으로 연구를 많이 하거나 여자들의 질병에 대한 치료법을 발견하지 않음으로써 여자들을 멸절시키려는 음모가 존재한다고 생각하는 사람들도 있다. 나는 그것을 사실로 믿지는 않는다. 단지 남자들에 대한 연구가 표준이며 여자들의 경험은 그 표준에서 약간 변이된 것으로 인식되었다고 생각한다.

의학적인 연구가 남자들에게 더 초점을 맞추는 것과 마찬가지로, 신학적인 연구도 그렇다. 예를 들면, 남성 종교 사상가들은 자기들의 경험을 토대로 남성적 관점에서 죄를 설명하는 경우가 많으나, 여자들이 경험하는 유혹과 죄는 남자들의 경험과 근본적으로 다를 수 있다.

의학 연구가들이나 신학자들이 남성의 신체를 연구하거나 남성의 관점에서 본 죄에 대한 연구를 그만 두어야 한다는 것이 아니라, 그런 연구의 한계를 인정해야 한다는 것이다. 그들은 바울이 고린도 교인들에게 하지 말라고 지시한 일을 하고 있는 것인지도 모른다. "그러나 저희가 자기로서 자기를 헤아리고 자기로서 자기를 비교하니 지혜가 없도다"(고후 10:12). 이상적인 것은 의학 연구와 유혹과 죄를 바라보는 관점에 있어서 전 인류의 경험과 관점을 바탕으로 이해의 폭을 넓히는 것이다.

남성적 관점에서 본 죄

많은 비평가들의 호평을 받은 책을 저술한 남성 신학자들에게는 그들을 존중하고 갈채를 보내는 동료와 학생들이 있다. 그들이 유혹과 죄에 대한 글을 쓰면, 자연히 다른 사람들의 칭찬으로 인해 거만해진 자아와 하나님으로부터 독립하고자 하는 욕구에 대해 생각하게 된다. 그들은 하나님께 대항하고 그분을 무시한 자신을 문제 삼는다. 이것이 남성 신학자들의 인간의 죄에 대한 진단이라면 관점은 단순하다. 자아가 깨어져야 하는 것이다. "과거의 악한 자아, 자기중심적인 자아는 '십자가에 못 박혀야' 한다. 그것은 깨어지고 파괴되어야 한다."라고 신학자 라인홀드 니이버(Reinhold Niebuhr)는 썼다.[2]

그러나 만약 한 사람의 죄가 지나친 자기 과신에서 나오는 것이 아니라 자기 혐오에서 나온다면 어떻게 될까? 여자들의 삶에서 자아를 깨뜨리는 문제는 어떻게 적용될까?

프랭크 신부는 타냐를 상담하면서 그녀의 문제는 자아의 문제라고 단정했다. 마찬가지로 질의 담임 목사도 그녀를 불륜으로 몰고 간 극명한 고통과 방향 감각의 상실을 보지 못했다. 위기에 처해 목사의 도움을 청했을 때, 그녀는 남편 게빈이 그녀에게 한 말을 들려주었다. "나는 당신을 사랑하지 않아. 나는 당신에게 조금의 감정도 느끼지 않아." 그 목사는 질에게 예수님께서는 그녀의 감정에 관심이 없으시기 때문에 그것들을 묵살해야 한다고 말했다. 질은 자기의 고통을 묵살하는 것이 불가능하다는 것을 깨달았다. 그래서 그녀는 자기를 무조건 사랑해 줄 것 같은 제비어와 게빈을 계속 비교했다. "그는 나를 정말 하나의 인격으로 대해 주었어요. 그는 내가 갈망하던 사랑을 주었죠." 질은 계속 말했다. "그렇지만 그 목사님은 나에게 내 아이들은 인생을 망치게 될 것이며, 예수님의 죽음이 헛되이 되고, 내가 앞으로 할 모든 사역이 실패할 것이고, 내가 구원을 잃을지도 모르며, 교회가 비난받고, 내 인생은 파멸하고, 남편의 마음은 상처를 입을 거라는 말로 저에게 수치심을 주었지요."

그 목사는 질이 자아의 반항이 아니라 자신이 아무 가치도 없는 존재라는 생각에서 죄에 빠져 들고 있다는 사실을 인식하지 못했다. 질은 자기가 그 목사의 조언을 받아들였다면, 자신은 사라져버리고 그나마 남아 있던 자아조차도 영원히 사라져버렸을 것이라고 생각했다.

잘못된 진단, 잘못된 처방

이러한 성직자들은 남성들의 경험이 보편적 경험, 표준적인 경험이라고 단정하고 있었다. 그들은 그것을 전제로 잘못된 진단과 처방을 제시했다. 대다수의 여자들은 지나친 자기 확신이 아니라 자기 혐오로 고통 받고 있다. 이것은 심리학자, 사회학자, 그리고 역사 비평가들로부터 검증된 사실이다. 예를 들면, 여자들의 자서전은 남자들의 것과 매우 다르다. 자서전을 쓰는 여자들은 대체로 특정 분야에서 크게 성공한 사람들이지만 그들은 자기의 결함을 변호하고 해명하려고 애쓴다.[3]

분명, 원죄는 남자들이 하나님과 같은 존재가 되고 싶어 하는 욕망이라는 것이 보편적인 생각이다. 그러나 그것은 죄의 한 면에 불과하다. 그런 교만의 이면에는 무기력, 포기, 타성과 우울이 있다. …유혹은 하나님처럼 되고자 하는 거대한 욕망뿐만 아니라 나약함, 두려움, 권태 등, 하나님께서 우리가 되기를 바라시는 그런 존재가 되기를 원치 않는 것이기도 하다." 라고 몰트만은 썼다.[4]

우리는 이런 절망감을 여자들이 자신에 대해 쓴 글에서 쉽게 찾을 수 있다.

"내가 짐을 싸기 시작했을 때 참 아이러니하다는 생각이 들었다. 어디론가 가기 위해 길을 떠날 때 중요한 것은 우선 몸이 가고 당연히 그 사람의 소지품도 가져가는 것이라고 당신은 생각할 것이다. 그렇지만 나에게 남아 있는 것이란 내가 가진 물건이 전부이기 때문에 내 소지품들이 나를 압도하는 것처럼 느껴진다. 나는 억눌리고, 방향감각을 상실한 채 심한 피로감을 느낀다. 내가 지금 트렁크에 집어넣고 있는 내 모든 소유물 외에 무언가가 더 있는 듯이 느껴졌다. 나는 생각했다. '지금 네가 가진 네 삶을 채우고 있는 이 잡동사니들 말고 무언가가

더 있어.'"⁵

"거울을 보면 거울을 부셔버리고 싶을 때가 있다. 나는 문 밖을 걸어 나갈 가치가 없다고 느낄 때가 많다. 내 자신이 정말 무가치하고 보잘것없고 가엾은 인간, 본질적으로 티끌 같은 존재로 여겨진다."⁶

"모르겠다. …지금까지 아무도 나에게 그들이 나에 대해 어떻게 생각하는지 말해 준 적이 없다."⁷

"내가 나 자신에 대해 가장 많이 느끼는 감정은 끊임없는 혐오감, 일종의 반감인 것 같다. 어떤 때에는 나에 대한 모든 것, 특히 내 신체가 혐오스럽게 느껴진다. 그 다음에는 이렇게 자기 혐오로 가득 차 있는 내 자신이 더욱 싫어진다."⁸

공허감을 채우려는 노력

한 여자가 전혀 사랑스럽지 않고, 사랑받지 못한다고 느끼면, 그녀는 자기의 삶을 하나님을 대신하는 다른 것들로 채우게 될 것이다. 하나님께 인정받지 못했다는 절망감에 빠져 있는 여자에게 "자아를 깨트리라"는 전통적인 남성들의 처방은 치유하기보다는 죽이는 것이다.

내가 받는 유혹들을 살펴보면, 나를 유혹에 취약하게 만드는 것은 인정받기를 원하는 절실한 욕구이다. 이러한 욕구는 특별한 것이 아니다. 어쩌면 여자들이 문화적으로 계속 과소평가 받아 왔기 때문이거나, 낮은 자존감(self-esteem)에 시달렸을 어머니와 자신을 동일시하기 때문일 수 있다. 우리는 서점이나 도서관의 자조(self-help)에 관한 책들이 꽂혀 있는 서가에서 이런 낮은 자존감에 대해 쓰여 진 책들을 발견한다. 여자들과 자존감, 자신에 대한 생각과 느낌을 이해하고 발전시키는 방법, 사랑과잉의 여자들, 완벽한 여자, 숨겨진 갈망과 성취욕, 신데렐라 콤플렉스, 여자들의 숨겨진 욕구에 대한 두려움, 나는 왜 남자가 없으면 무가치하게 느끼는가?, 여자들을 혐오하는 남자들과 남자들을 사랑하는 여자들 등. 남자들을 위해 쓰여 진 이와 같은 책들을 서가에서 찾는다는 것은 상상하기 어렵다. 이런 책들은 여자들이 내면의 공허감을 채우려다 걸려 넘어지기 쉬운 여러 가지 함정들에 대해서 논하고 있다.

탐욕스러운 괴물

우리 자신의 가치를 증명하려는 욕구는 결코 채워지지 않는다. 그 아름다운 질은 자신의 아름다움에 결코 만족하지 않는다. 우리 내면의 자아는 주린 배를 채우기 위해 점점 더 많은 처녀들을 요구하는 전설 속의 용처럼 되어 간다. '내가 나에게 딱 맞는 남자만 만날 수 있다면, 내 삶은 멋질 텐데.' '그가 술만 끊는다면 또는 더 좋은 직장을 얻는다면, 또는 골프를 좀 줄인다면, 또는 교회에 나온다면 내 삶은 더이상 바랄 것이 없을 텐데.' '내 딸이 하버드에 들어가기만 한다면, 내가 좋은 엄마였다는 것을 인정받을 수 있을 텐데.' '내가 원하는 집을 가질 수만 있다면, 행복할 텐데.' '내가 학위를 따고 원하는 직장을 얻기만 하면, 성취감을 느낄 텐데.' 우리는 모두 성취의 기쁨이 대략 30초 정도 지속되며 그 후에는 우리를 확신시켜 줄 더 많은 것을 필요로 한다는 것도 알고 있다.

그 괴물은 만족하지 않을 것이다. 성공이 남자들을 만족시키는 것보다 여자들을 만족시키는 정도가 약할 수도 있다. 조사한 바에 의하면, 대부분의 여자들은 자신의 실패를 자신의 능력 부족 탓으로 돌리고 성공은 행운으로 여긴다.[9] 남자들은 자기가 이룩한 것에 대해 정반대로 평가하는 경향이 있다.

여자들이 자기불신에 대해 반응하는 방법은 다양하다. 여자들은 자기가 할 수 있다고 생각하는 것들로 삶을 점점 더 가득 채우면서 그 가치를 증명하려고 할 것이다. '그래, 나는 발레학교에 가서 기초 발레반을 지도할 수 있어.' '그럼요, 그 연극에 필요한 의상을 만들 수 있어요.' '네, 그 만찬에서 접대를 도울게요.' '뮤지컬 티켓을 팔아 달라고요? 못할 게 뭐 있겠어요?' 우리가 '예'라고 말할 때, 우리의 내면을 들여다보고 동기가 무엇인지 알아내야 한다. "일을 성취하고자 하는 강박감을 가진 모든 여자들의 마음속에는 끊임없이 괴롭히는 열등감이 존재하고 있다."[10]

어떤 사람이 나에게 "당신이 그 모든 일을 어떻게 다 해내는지 모르겠어요."라고 말한다면, 나는 스스로에게 물어 보아야 한다. '왜 내가 이 모든 일을 다 해야 하는가?' 어쩌면 거절하기 힘들어서 일수도 있고, 나에게 자존감이 부족할 때, '안전한' 자질구레한 일들로 내 삶을 채우는 것이 쉽다는 것을 알기 때문인지도 모른다. 어떤 때에는 여자

들이 실제로 학대를 조장하기도 한다. '어서 나를 짓밟아요. 나는 그런 가치밖에 안 되는 존재예요.'

그렇기 때문에 우리는 이런 유혹의 목소리를 듣는다. '이것을 해봐라. …그러면 네 자신에 대해 만족감을 느낄 것이다. …그러면 네 마음속의 그 외로움은 사라질 것이다.' 우리는 자존감에 대한 갈망이 우리를 무수한 막다른 골목- 불건전한 관계를 맺거나, 정신없이 자원봉사에 뛰어들어 갈채를 받기 원하거나, 더 최신 유행의 고급 옷에 관심을 갖거나, 아이들을 완벽한 아이들로 만들기 위해 교묘하게 다루거나-으로 몰고 갈 수도 있다는 것을 인식해야 한다. 이렇게 애를 써 봐도 우리 삶의 한가운데 입을 벌리고 있는 갈증을 채워줄 수 있는 것은 아무것도 없다.

사실상 그 간극은 더 커지기만 할 뿐이다. 자존감의 결여는 자만심의 또 다른 모습으로 다른 치명적인 죄 -탐욕, 탐식, 나태, 분노, 욕정 그리고 질투-가 들어올 수 있도록 우리를 교란시킨다. 불행히도, 우리가 우리 삶의 중심 무대를 하나님께 드리지 않았기 때문에, 우리는 하나님 대신 다른 것으로 그곳을 채웠다.

예수님과 유혹

우물가의 사마리아 여인은 자기가 하잘것없는 존재라는 것을 알고 있었다. 그녀는 여자였고, 사마리아인이었으며, 문란한 성생활로 인해 사회에서 추방된 사람이었다. 이 여인에게는 자존감이란 전혀 없었기 때문에 예수님께서 그녀에게 말씀하셨을 때 그녀는 깜짝 놀라면서 그분에게 물었다. "유대인이신 당신이 어떻게 사마리아 여인에게 물을 달라 청하십니까?" 이 여인은 오랜 세월 동안 누군가가 자신에 대해 만족감을 느낄 수 있게 해주기를 항상 기대하면서, 끊임없이 남자들과의 관계로 삶을 채우려고 했다. 그녀가 예수님을 만나지 않았다면, 일생 동안 얼마나 많은 남자들과 관계를 시도했을지 어떻게 알겠는가?

예수님께서는 이 여인에게 어떻게 대답하셨는가? 그분은 그녀의 수많은 성적인 죄가 그분을 메시아로서 알게 되었을 때에만 채워질 수 있는 더 깊은 욕구의 징후라는 것을 아셨다. "이 물을 먹는 자마다 다시 목마르려니와 내가 주는 물을 먹는 자는 영원히 목마르지 아니하리니 나의 주는 물은 그 속에서 영생하도록 솟아나는 샘물이 되리라"(요 4:13, 14). 예수님께서는 그녀의 죄를 묵인하지 않으셨다. 그분은 그녀가 자기의 죄를 규명하고 인정하도록 도우셨다.(이것이 이 책의 2부에서 다루고 있는 주제이다.) 예수님께서는 그녀의 죄가 가증스러울지라도, 그녀의 내면 깊숙한 곳에 존재하는 하나님을 알고자 하는 욕구만큼 중요하지는 않다고 생각하셨던 것이다.(이것은 3부의 주제이다.)

예수님은 사마리아 여인의 뿌리 깊은 욕구가 채워진 후에도 여전히 유혹받을 수 있다는 것을 아셨다. 그러나 그분은 또한 이 여인의 삶이 근본적으로 경이롭게 변할 것이라는 것도 아셨다. 그분은 그분과 이 여인의 만남으로 인해 발생할 몇 개의 개별적인 사건 이상의 일을 기대하셨다. 그분은 그녀가 새 삶의 시작을 기대하시는 듯했다.

2부 _ 증상들: 상처를 덮으려는 시도

이 세상이 변형시켜 놓은 것에 안주하고픈 유혹, 누군가가 나를 찾아와서 행복하게 해주기를 바라고, 하나님 외의 다른 것에서 삶의 근원을 찾으려는 유혹은 매우 강력하다. 우리는 우리 자신을 알고, 이 세상이 우리에게 미치는 영향력을 구별해 내고, 우리 개인의 삶에 대한 하나님의 선하신 계획과 그리스도인 공동체 속에서 관계를 키워 나가도록 만들어 놓으신 하나님의 방식을 찾아 나가야 한다.

외적인 것에 의지하기

열네 살짜리 소녀 세 명이 호숫가에 서 있다. 그들은 머리를 뒤로 쓸어 넘기고 태연자약하게 고개를 라이터 쪽으로 숙여 담배에 불을 붙인다. 그들은 한사코 열아홉 살처럼 보이기 위해 애쓰며 연기를 깊이 들이마셨다가 위로 뿜어낸다. 그들을 지켜보고 있는 사람은 나 하나뿐이었는데도 그들은 마치 영화라도 찍는 양 한껏 폼을 내며 걷는다. 그들이 자신의 진정한 모습보다 다른 사람들에게 비쳐지는 외양을 무엇보다도 중요하게 생각하는 모습이 나를 황당하게 만들었다. 이 소녀들은 무조건 멋지게 보이기 위해 온갖 애를 다 쓴다. 아름다운 저녁을 즐기며, 미래의 건강을 위협하는 것이 부모의 말에 순종하는 것보다 더 중요하다. 나는 그들을 잡아 흔들며 말하고 싶다. '애야, 다른 사람들이 너에 대해 어떻게 생각하는가는 중요하지 않단다. 그냥 네 자신이 돼라. 너는 네 건강과 미래를 위험에 빠트리고 있단다.' 물론 나는 그렇게 하지 않는다. 그들은 나를 한번 흘낏 보고 친구들을 쳐다볼 것이다. '진정하세요, 아주머니.' 그 아이들은 내가 하는 말도 이해하지 못할 뿐 아니라, 내가 그들에게 그런 말을 할 자격도 없다고 생각한다.

자기 과시 욕구

십대들에게서 볼 수 있는 사람들의 시선을 끌고 싶어 하는 강한 욕구는 측은해 보인다. 그러나 우리도 모두 그와 같은 욕구를 가지고 있다. 나는 내 안에 도사리고 있는 그 충동을 분명하게 인식하고 있다. 여자들도 그렇지만 남자들은 서로에게 인정받고 싶어 하는 것 같다. 여자들이 자만심을 드러내는 방법과 이유는 남성들과 다를지 모르나, 그 죄가 치명적이기는 마찬가지이다. 그것은 우리를 하나님으로부터 멀어지게 만들기 때문에 모든 다른 죄의 근원이다. 제럴드 휴즈(Gerald Hughes)는 말했다. "교만은 모든 피조물이 하나님이 아닌 우리를 찬양하고, 경외하고, 경배하기를 원하는 것이다."[1] 성경에 의하면, 교만한 자들은 자신을 높이고(사 2:12), 자신을 자랑스럽게 여기며(예 9:23, 갈 6:4), 낮은 데 처한 자들과 마음을 같이하지 않기(롬 12:16) 때문에 심판받을 것이다.

　나는 모든 사람들이 나를 훌륭한 사람으로 인정해 주기를 바란다. 훌륭한 요리사, 심오한 사색가, 뛰어난 작가, 선생, 명민하며 나이에 비해 뛰어난 체력의 소유자이기를 바란다. 몇 년 전 내가 나 자신을 너무 몰아치고 있다는 것을 깨닫고, 좀 더 인간적이 되기 위한 프로그램을 시작했다. 줄을 서 있을 때 내 뒤에 있는 여자가 "이 말썽꾸러기 같으니라구. 내가 너를 다시 데려오나 봐라."고 말하는 것을 들으면, 나는 이렇게 말한다. "나도 내 아이들에게 그럴 때가 있지요." 또는 9월 학기가 시작되어 새 클래스에서 나를 소개할 때 이렇게 말한다. "나는 아이가 셋 있는데, 이제 학교가 다시 시작되어서 얼마나 기쁜지 몰라요. 아이들을 사랑하지만, 여름방학이 끝날 때쯤이면 서로가 지겨워지게 되지요." 꽤 겸손한 말이다.

　그러나 내심 여전히 모든 사람들이 나를 훌륭한 사람으로 생각해 주기를 원한다. 나는 내 자신을 미화시키기 위해 과장하거나 거짓말을 하고 싶은 유혹을 느낄 때 내 안에 있는 이런 면을 보게 된다. "당신에게 여러 번 전화했었어요."(글쎄, 아마 한 번밖에 안 했을 것이다.) "우리는 이제 거의 소고기를 먹지 않는답니다."(지난주에 두 번 먹은 것을 기억하면서도.) "그가 나에게 그런 말을 했다면, 나는 가만히 있지 않았을 거예요."(나는 아마도 아무 소리 못하고 속만 부글거리면서 앉아 있었을 것이다.) 내가 하는 말 속에 과장이나 거짓이 섞이게 되는 것은 다른 사람들에게 내가 얼마나 특별한 존재인지 알리고 싶기 때문이다. 도대체 나는 왜 그래야 하는 걸까?

트로피 과시하기

교만에의 유혹, 내 자신에 대해 좋은 감정을 느끼기 위해 외적인 것에 의지하고자 하는 유혹은 자기 자신이나 성취한 일에 대해서 순수하게 좋은 감정을 느끼는 것과는 다르다. 그것은 사실상 정반대일지도 모른다. 내가 얼마나 가치 있는 존재인지 증명하기 위해 트로피를 쌓아 놓으려고 하는 것은 빈약한 자아상에서 기인한다. 나는 내가 사랑받지 못하고 인정받지 못해서 그 공백을 외적인 성공으로 채우려고 발버둥친다고 생각한다.

여자로서 우리가 낮은 자존감(self-esteem)을 가지고 있다면, 추락하는 자아상(self-image)을 끌어올리기 위해 외적인 요소들을 사용하려고 하는 우리의 욕망은 이해하기 쉽다. 그런 노력은 여러 가지 방법으로 이루어질 수 있다. 우리 자신을 물질로 둘러싸고, 완벽한 몸매를 가지려고 노력하며, 전문인으로서 성공을 거두려고 하는 것 등이다. 30년 전에 우리는 우리의 트로피를 집안과 가족에게서만 찾으려고 했을 것이다. 이제 우리는 직장에서도 찾을 수 있다. 어디에서 찾게 되든지, 이 트로피들은 내적인 만족을 주지는 못할 것이다.

3년 전쯤 나는 기도하며 성경을 읽고 하나님의 음성을 들으면서 하루를 보내기 위해 한 수양관에 갔다. 주님께서 나에게 교만에 대해 말씀하셨다. 자존감을 드높이기 위해 내가 얼마나 외적인 것들에 많이 의존하고 있었는지, 사람들이 나를 좋은 사람이라고 생각해 주는 것이 나에게 얼마나 중요한지 깨닫게 되었다. 내가 출판한 논문들, 박사학위 논문, 뛰어난 아이들, 아름다운 집 등 이런 모든 외적인 것들이 나를 가치 있는 존재로 만들어 주었다. 그러나 이런 업적들을 움켜쥐고 있는 이상, 나는 빈손으로 하나님께 다가갈 수 없었다. 나는 야고보가 왜 다음과 같은 말을 썼는지 이해가 됐다. "하나님이 교만한 자를 물리치시고 겸손한 자에게 은혜를 주신다"(약4:6, cf. 벧전 5:5, 6). 하나님께서는 자기가 얼마나 훌륭한지 증명하려고 하지 않는 사람들에게만 은혜를 주실 수도 있다. 나는 하나님께 용서를 구하고 내가 외적인 것들에 의지하고자 하는 유혹에 빠질 때 나에게 그것을 계속 보여 달라고 기도했다. 나는 지난 몇 년간 교만과 싸우면서, 이 유혹의 뿌리가 얼마나 깊은지 깨닫게 되었다. 사람들의 주목을 받고자 하는 욕망은 내 유년시절로까지 거슬러 올라간다.

    나는 형제들 중에서 중간이었다. 오빠는 나보다 거의 다섯 살이나 나이가 많았고 나는 아주 어렸을 때부터 오빠의 조숙한 장난을 당해낼 수 없다는 것을 알았다. 내 남동생은 나보다 18개월이 어렸다. 남동생은 언제나 사랑스러운 아기였다. 나에게 남겨진 것은 착한 아이의 역할이었다. 내가 착하고 사랑스럽게 행동하면, 어른들(가장 중요한 사람들)은 내가 훌륭한 아이라고 생각했다.

    내가 네 살 되던 해 성탄절 아침, 우리는 모두 크리스마스트리 주위에 모여 있었다. 큰 고모가 에디 말했다. "우리 메리 엘렌이 선물을 먼저 뜯어볼까?" 나는 상자를 가져와 포장을 뜯었다. 상자 안에는 굽실굽실한 검은 머리와 짙은 밤색의 눈을 가진 인형과 웨딩드레스와 노란 쉬폰으로 만든 파티 드레스, 그리고 붉은 색의 스퀘어 댄스 드레스도 들어 있었다. "메리 엘렌, 이것은 아주 귀중한 인형이니까 진짜 아이를 다루듯이 잘 보살펴 주거라." 나는 벌떡 일어나 에디 고모에게 뽀뽀를 했다.

오빠에게도 선물 상자가 주어졌고 관심은 오빠에게로 옮겨졌다. 나는 인형을 들고 내 방으로 갔다. 나는 바닥에 무릎을 꿇고 앉아 팔에 인형을 안고 어르면서 기다렸다. 나는 곧 있으면 사람들이 내가 없는 것을 알고 와서 내가 이렇게 사랑스러운 자세로 앉아있는 모습을 발견하게 되리라는 것을 알았다. 사람들은 내가 사랑스러운 아이라고 생각할 것이다.

나는 아빠가 속삭이면서 문 쪽으로 오는 소리를 들었다. "그레이스, 에디, 여기 와서 좀 봐요." 나는 엄마와 에디 고모의 발소리가 문 쪽으로 다가오는 동안 그 자세를 계속 유지했다. "귀엽지 않아요?" 엄마가 말했다.

"저 애가 인형을 정말 좋아하는구나. 그럴 거라고 생각은 했지만, 그래도 안 좋아하면 어쩌나 했었는데." 에디 고모가 말했다.

4년 후 나는 여전히 외적으로 인정받으려고 애쓰고 있었다. 나는 문을 열고 책들을 테이블 위에 놓았다. "엄마? 어디 있어요?" 아무 대답도 없었다. 나는 성적표가 들어 있는 봉투를 흔들어 성적표를 꺼냈다.

수학에서 B⁺를 맞은 것만 빼고는 모두 A였다.

나는 명치끝이 차가워지면서 긴장되는 것을 느꼈다. 나는 B⁺를 원치 않았다. 엄마가 이렇게 말하는 것을 상상해 보았다. '잘 했구나, 메리 엘렌, 모두 A를 받다니.' 오빠는 모두 A를 받지 못했다.

나는 연필을 찾아서 B를 지우기 시작했다. 얼룩으로 그 부분이 매우 지저분해졌다. 나는 그 얼룩 위에다 A라고 썼다.

차가 집 앞 진입로로 들어오는 소리를 듣고 나는 성적표를 봉투에 집어넣고 분홍색의 지저분한 지우개 부스러기를 마루로 쓸어 내렸다. "엄마, 성적표 받았어요. 엄마가 와서 열어볼 때까지 기다리고 있었어요." 누군가가 성적을 지웠다는 것을 엄마가 눈치 채지 못할 리가 없었다. 지혜로운 엄마는 나를 야단치지 않았다. 그러나 나는 왜 그렇게 뛰어난 아이가 되고 싶어 했을까?

내가 기억하는 한 누구도 사랑스럽게 행동하거나, 공부를 잘 하라고 나에게 압력을 가하지 않았다. 그럼에도 불구하고 나는 외적인 성공이 나를 중요하고 훌륭한 존재로 인정받도록 만들어 줄 거라고 생각했다.

"무슨 일을 하십니까?" 이것은 여자들에게 두려운 질문이 될 수 있다. 3년 전 내가 교만의 문제에 직면하기 전까지는 나는 무슨 일을 하느냐는 질문을 그다지 싫어하지 않았다. 수년 동안 나는 "아, 저는 아이들 키우면서 집에 있어요."라고 대답했었다. 이제 나는 주저하지 않고 이렇게 대답할 수 있다. "저는 작가예요. 박사과정을 밟으면서 대학생들에게 작문을 가르치고 있지요." 이것은 내가 마치 이렇게 말하는 것처럼 들렸다. "그래요, 나는 똑똑하고 창조적이고 정열적인 사람이죠." 그러나 이런 것들은 모두 세상이 떠받들고 보상해 주는 외적인 것들이다. 혼자 수양관에 갔던 그날 이후, 나는 내가 했던 대답이 내가 더 열심히 애쓰고 있다는 것을 뜻할 뿐이라는 사실을 깨달았다. 사실 나는 친구 조앤보다 내가 더 보잘것없고 열등하다는 것을 알고 있었다. 그녀는 그 질문에 대한 멋진 대답을 가지고 있지 않았지만, 사람들에게 자기 시간을 내어줌으로써 그들을 사랑하고 돌본다.

내가 외적인 성공을 내 삶의 중심에 놓았을 때, 우리의 문화가 여자들에게 귀중하다고 말하는 것이 정말 여자들에게 귀중하다고 믿게 되었다. 그것은 곧 나는 내가 누구이며, 나를 사랑스럽고 가치 있는 존재로 만드는 것이 무엇인지에 대한 하나님의 관점을 잊게 했다. 나는 내가 어떤 사람인가 보다는 무슨 일을 하는가로 가치가 매겨지는 이 세상의 거짓말을 곧이 듣게 되었다.

우리 자신이 직장이나 학교에서 성공을 추구하지 않았다 하더라도, 성공에 대한 열정을 다른 가족들에게 전가하고 내가 훌륭해 보이도록 그들이 잘 해내기를 요구할 수도 있다. 한 가족 캠프에서 어떤 부부와 대화를 나누었다. 아내는 의학 공부를 끝내가는 중이었고 남편은 유명한 법률회사의 공동 경영자였다. 나는 그 아버지에게 그들의 십대 딸은 무엇을 하는지 물어보았다. 그는 딸의 어깨에 자기 팔을 두르며 자랑스러운 얼굴로 대답했다. "재키는 직업 훈련을 마쳐가고 있습니다. 식당 직원으로 일하게 될 겁니다. 그렇지 애야?" 그녀 얼굴에는 환한 미소가 떠올랐고 그녀의 어머니는 그녀의 손을 꽉 잡았다.

이 장면이 왜 그렇게 특별하냐고? 우리들 대부분은 아이들이 우리를 자랑스럽게 만들어 주기를 원하며, 아이들을 세상의 기준으로 판단하는 경우가 많다. 우리는 아이들이 우리에게 자랑거리를 만들어 주기를 원한다. 우리는 자녀들이 행복하며 잘 적응하는지에 대한 것보다는 자녀들이 음악에 뛰어나다거나, 스탠포드에 합격했다거나, 스포츠 장학금을 얻은 일 따위에 더 감명을 받는다. 그런데 이 부부는 그들의 딸이 자기가 원하는 일을 하고 있으며, 그 일을 즐기고 있다는 사실을 매우 흡족해 하는 것 같았다. 그 사실이 그들의 자존심을 드높여 주는 것은 아니지만 자랑스럽고 행복해 했다.

나는 종종 외적인 성공에 대한 욕망을 내 아이들에게 전가시키는 잘못을 한다. 우리가 아이들 성적표의 A학점이나, 음악회나, 축구 경기에서의 승리에 야단법석을 떠는 이유는, 외적인 성공에 감동하고 자랑스러워하기 때문이다. 엄마로서의 내 모습을 돌아볼 때, 나는 아이들이 나처럼 훌륭해지기를 바란다. 또는 나는 아이들에게 최고의 교육환경을 제공했으니, 조금이라도 더 완벽해지기를 바라는 마음도 있다.

우리는 아이들이 부모의 자랑거리가 되기를 원한다. 세배대 부인도 그랬다.(예수님의 제자 야고보와 요한의 어머니-역자 주) 그녀는 이 사내아이들을 잘 키웠다. 그녀는 예수님의 좌우에 앉을 만한 자격이 있는 뛰어난 아들들을 가졌다는 사실을 알고 있었다. 그녀는 아들들이 그들에게 적합한 지위를 얻음으로 그녀의 자랑거리가 되기를 바랐다.

다른 제자들은 모두 불만을 터트리기 시작했다. 우리는 이 이야기에서 우리 자신이 경험한 사실을 발견한다. 교만은 분열을 조장한다는 것 말이다. 우리가 외적인 성공에만 집중하면, 다른 사람들은 우리에게서 멀어지게 되고, 우리를 시기하고 불쾌하게 생각한다.

완벽한 엄마

아들 앤드류가 태어나자, 나는 완벽한 엄마가 되리라 생각했다. 나는 아이가 원할 때마다 즉시 젖을 먹이고, 언제나 집을 깔끔하게 치워놓고, 과자와 통밀 빵을 굽고, 결코 화가 난 상태에서 아이를 야단치지 않으며, 언제나 남편의 필요에 귀를 기울일 준비가 되어 있고, 나 자신을 위한 시간을 요구하지 않았다. 갓난아기 때부터 책을 읽어주어서 아이들이 책 읽기를 좋아하도록 만들며, 아이들이 기념이 될만한 일들은 하나도 놓치지 않고, 아이들에게 브람스도 들려줄 것이다. 천을 덧대어 장식한 청바지도 만들어 주고, 선을 사랑하도록 하며, 볏 달린 후투티새를 구별해 내도록 도와주어야 했다.

앤드류 동생 스티븐이 태어나면서 나는 그 아이들에게 풍부한 경험을 제공해 주기 위해 더 많은 시간을 할애했다. 교육적인 장난감을 찾기 위해 장난감 가게들을 찾아다니고, 매일 식물원, 박물관, 항구, 조류 보호 구역 등으로 소풍을 다녔다. TV를 전혀 보지 않고 몇 시간씩 책도 읽었다. 앤드류가 세 살이 되었을 때 나니아이야기 여덟 권을 모두 다 읽었다. 나는 증기기관차가 지나가는 것을 보기 위해 바느질감을 던지고 뛰어나가곤 했다. 앤드류가 50파운드짜리 밀가루 봉지를 부엌 바닥에 쏟았을 때, 교육적인 체험이 될 거라는 생각에 그가 오후 내내 그 밀가루 봉지를 가지고 놀도록 했다.

외부의 관찰자가 나를 평가했다면, 나는 아마 '장한 어머니 상'을 받았을 것이다. 그러나 밤이 되면 나는 괴로웠다.

나는 앤드류에게 뽀뽀를 해주고 스티븐을 살펴보곤 했다. 나는 잠들 때까지 젖을 빨며 칭얼대는 갓난아기 수잔나를 안아 올려 아기 침대에 누이고 부엌으로 가 차를 한 잔 끓여서 응접실에 앉았다. 저녁 예배 시간에 사람들이 부르는 찬송가 소리가 길 건너편에서 밤공기를 가르며 들려왔다. 나는 오만과 편견이라는 소설을 펴들고 읽기 시작했다.

그때 문득 생각이 났다. 그날 아침 나는 앤드류가 스티븐의 기차를 가져갔을 때 앤드류에게 소리를 질렀다. 소리를 지른 정도가 아니었다. 나는 앤드류에게 계속 고함을 질러댔다. "앤드류, 스티븐이 잘 놀고 있잖니. 동생 좀 가만히 놔둬라!" 가서 마음을 풀어 주는 것이 좋다는 생각에 나는 이층에 있는 앤드류 방으로 올라갔다. 앤드류는 팔다리를 뻗고 입을 약간 벌린 채 천사 같은 모습으로 자고 있었다. 내가 어떻게 이 아이에게 소리를 지를 수 있었을까? 이 아이는 너무나 작고, 집에 새로 생긴 아기를 질투한다. 이 아이에게 그런 식으로 소리를 질러서 내가 무엇을 가르칠 수 있었을까? 나는 그에게 부드럽게 뽀뽀를 했다. 그 행동이 그날 내가 했던 잘못을 보상해 주는 면죄부가 되기를 바라면서.

'엄마의 죄책감'(mother-guilt)은 흔히 볼 수 있는 현상으로써 엄마가 되는 과정의 일부이다. 헤리엣 러너는 '친밀함의 춤'(*The dance of intimacy*)이라는 책에서 이 문제에 대해 언급하고 있다. "죄책감은 어머니들의 마음속 가장 깊은 곳까지 파고들어 뿌리를 내림으로써, 어머니들은 가장 먼저 비난받고, 가장 먼저 자신을 책망하게 된다." 그러나 그녀는 그런 죄책감은 개인적인 차원의 문제가 아니라는 것을 지적한다. 왜냐하면 우리 사회는 "남자들이 참다운 아버지 역할을 하지 못하고 자녀와 가족들의 실제적인 욕구를 만족시키는 데 거의 도움을 주지 못하는 것은 눈감아 주면서 어머니들에게 모든 가족의 문제에 대해 가장 일차적인 책임을 부과하기 때문이다. 어머니는 자녀에게 가장 많은 영향을 미치는 존재이므로, 어머니가 '훌륭하다면' 그녀의 아이들은 잘 자랄 것이라고 믿게 된다.[2]

우리는 어머니로서 결코 우리 자신과 우리가 속한 사회를 만족시킬 만큼 훌륭해질 수 없다. 그리고 예수님께서 우리가 훌륭한 어머니가 되는 것을 가장 중요한 우선순위에 놓으시는지조차 확실하지 않다. 어떤 사람이 예수님께 어머니와 형제들이 밖에서 기다리고 있다고 말했을 때, 예수님은 이렇게 대답하셨다. "누구든지 하늘에 계신 내 아버지의 뜻대로 하는 자가 내 형제요 자매요 모친이니라"(마 12:50).

나는 운이 좋았다. 내 딸이 나의 완벽한 가족의 완벽한 셋째 아이가 되는 데 협조하기를 거부했던 것이다. 나는 내가 수잔나의 삶을 풍성하게 해주는 것을 그 아이가 허용할 것이라고 단정했다. 그러나 그 애는 그것을 거부했다. 수잔나는 나처럼 되려고 하지 않았고, 나에게 속하려고도 하지 않았다. 그 애는 자기 자신이 되기를 원했다.

수잔나는 검고 곱슬거리는 머리카락을 가지고 태어났다. 의사가 소리쳤다. "여자 아이입니다!" 나는 눈물을 흘렸다. 몇 주 동안, 내가 딸을 낳았다는 사실을 생각할 때마다 눈물이 나왔다. 내 삶을 나눌 수 있는 딸아이가 생긴 것이었다. 우리는 서로 친구처럼 지내며 꽃도 함께 키우고 요리도 하고 뜨개질도 할 수 있겠지.

나는 수잔나의 가녀린 몸을 껴안았다. 그러나 그 애는 소리를 지르고 몸을 비틀면서 나를 밀어냈다. 그 애는 불안해했고 발육이 좋지 못했다. 젖을 빨려고 하지도 않았다. 7개월이 되었을 무렵, 10시에 아이를 깨워서 젖을 물릴 때만 졸음 때문에 저항하지 않고 젖을 빨았다.

수잔나는 9개월 때 스스로 젖을 뗐고 한두 달 후에는 가짜 젖꼭지도 팽개쳤다. 그 애는 어떤 것에도 의지하기를 원치 않았다. 그 애의 오빠들은 조용한 독서가들이었다. 수잔나는 토요일 5시 30분에 일어나 있는 힘을 다해 큰 소리로 노래를 불렀다. 수잔나는 사람들에게 그들의 옷, 자동차, 의견과 습관 등에 대해 그녀가 생각하는 바를 직설적으로 말했다. 수잔나는 담배 피는 사람들에게 담배를 끊어야 한다고 말했다. 그 애는 내가 조심스럽게 전도하고 있는 친구들에게 이렇게 물었다. "왜 교회에 안 다녀요? 그리스도인이 아닌가요? 왜 아니죠?"

나는 수잔나를 통해서 내가 책임지고 있는 세 아이들이 내 소유물이 아니라는 것을 배웠다. 그 아이들은 궁극적으로 하나님의 자녀들이며,

또한 자기 자신에게 속한 존재들이다. 그들은 나를 과시하기 위한 목적으로 내가 보살펴 주도록 위탁된 것이 아니었다. 나의 사람 됨됨이와 그들의 외적인 성공이나 실패를 연결시킬 때는 신중해야 한다.

사라는 하나님께서 그녀와 아브라함에게 하신 약속을 성취하실 수 있도록 하기 위해 완벽한 아들을 갖기 원했다. 그녀는 하나님을 돕기로 결심하고 그녀의 하녀 하갈을 아브라함에게 들여보냈다. 사라의 동기는 선한 것이었을 수도 있다. '하나님께서 이 상황을 처리하시는 데 어려움을 겪으시는 것 같으니 내가 도와드려야겠다. 다행히도 나는 이런 일들을 해낼 수 있어.' 그러나 상황을 자신의 뜻대로 지배하려던 그녀의 의욕은 재앙을 낳고 말았다. 우리가 우리의 아이들을 지배하려는 욕구도 파괴적인 것이 될 수 있다. 우리는 자의든 타의든, 외적인 성공이 우리의 삶을 충족시켜 주고, 우리가 훌륭해 보이도록 우리 삶을 지배할 수 있다는 통념을 버려야 한다.

새로운 관점을 찾아서

어떤 외적인 성공도 만족을 주지 못한다. 외적인 것은 자기가 가치 있는 존재인지 의심스러워하는 여자의 공허감을 채워줄 수 없다. 내 친구 중 하나는 프리랜서로 큰 출판사의 책을 편집하는 일을 한다. 그녀가 어느 날 나에게 말했다. "나는 2주 동안만 출판사로부터 원고를 받지 못해도 완전히 의기소침하고 말아. 그리고 내가 원고를 편집하면서 큰 실수를 저질렀거나 출판사 측에서 나한테 다시는 일거리를 주지 않기로 결정했다고 단정하지. 왜 이런 감정이 사라지지 않는 걸까?" 외적인 성공은 결코 우리를 만족시키지 못할 것이다. 우리가 이 사실을 깨닫지 못한다면, 우리는 우리 가족과 세상을 우리 뜻대로 지배하려고 하고, 자신이 만사를 제대로 돌아가게 만들어야 한다고 생각하게 될 것이다.

우리는 성공을 추구한다. 그리고 나를 포함한 많은 사람들은 외적인 성공과 목표가 그 공백을 채워주지 않는다는 것을 경험을 통해서 알고 있다. 내 논문이 성과를 거두거나 아이들이 잘하고 있어서 희열을 느꼈다가도, 다음 날이면 그 공백을 채우기 위해 또 다른 성공을 향해 달려간다. 그러나 분명한 것은 예수님만이 그 공백을 채워주실 수 있다.

교만의 문제를 다루기 위해서는, 먼저 내가 의지하고 있는 외적인 성공을 세심하게 살펴야 한다. '새로운 사람들을 만나면 내가 중요하고 관심의 대상이 되며 훌륭한 사람이라는 인상을 심어주기 위해 애쓰는가? 다른 사람들이 나에 대해 어떻게 생각하는지, 내가 사람들에게 어떤 인상을 주는지 궁금한가? 내가 어떤 특별한 직업을 가지거나 내 아이가 특별한 성공을 거두어야 행복과 성취감을 느낄 것이라고 생각하는가? 특정한 학위가 없거나, 가정이나 직장에서 성공을 거두지 못하면 자신이 가치 없는 존재로 생각되는가? 하나님을 떠나서는 얻을 수 없는 안정을 얻기 위해, 외적인 성공으로 자신의 존재를 내세우고 있는가?'

만약 세상이 중요한 업적이라고 평가하는 것에 내 마음이 너무 쏠려 있다면, 그릇된 소리에 귀를 기울이고 있는 것인지도 모른다. 헨리 나우웬은 우리의 "생산성"-수많은 활동과 성공들 - 은 실제로는 아무것도 생산할 수 없다는 느낌으로부터 벗어나기 위한 절박한 충동일 경우가 많다고 지적한다.[3] 나는 '내가 하는 일'과 하나님을 맞바꾸고 있다. 나는 나의 박사 학위, 잡지에서 오려낸 내 글과 내 아이들의 사진을 내 삶의 중심에 놓고 이렇게 말하고 있다. "이것이 나를 소중한 존재로 만들어 주는 것들이다."

나는 여자들이 자기의 재능을 사용하고, 지적인 능력을 펼치고, 지평을 확장시키는 것이 중요하다고 믿는다. 그러나 이런 외적 성공에서도 약간의 성취감은 얻겠지만 만족하지는 못할 것이다. 바울은 갈라디아에 있는 신자들에게 그들의 은사를 성실하게 관리해야 한다고 말하고 있다. "각각 자기의 일을 살피라. 그리하면 자랑할 것이 자기에게만 있고 남에게는 있지 아니하리니 각각 자기의 짐을 질 것임이라"(갈 6:4). 우리가 가진 재능은 하나님이 주신 것이다. 우리의 소유물이 아니다. 우리는 그것을 가지고 있으면서도 언제든지 내놓을 준비가 되어 있어야 한다. 때때로 주변 사람들이 우리가 성취한 외적인 성공을 하나님의 관점에서 볼 수 있도록 도와줄 수도 있다. 그들은 우리가 새로운 영역으로 뻗어 나가도록 격려하고, 실패할 때 다시 일으켜 주며, 우리가 하는 일이 중요한 것이 아니라 우리가 어떤 사람인가가 중요하다는 사실을 깨닫도록 도와줄 수 있을 것이다.

우리는 안정감과 성취감을 그리스도와의 관계 속에서 더 많이 찾아야 하며, 우리의 성공에 지나치게 의존하지 않으면서 그것을 즐길 수 있어야 한다. 나는 자신에게 이렇게 말하는 것을 연습해야 한다. "글쎄, 이 글이 출판될 것이 기뻐. 이것이 꽤 좋은 글이긴 하지만 이것이 나의 전부는 아니지. 나는 나 자신일 뿐이며, 이 글이나 내가 하는 다른 일들 때문이 아니라 하나님이 나를 사랑하시기 때문에 나는 사랑받고 가치 있는 존재야."

세상이 성공이라고 칭하는 영역은 하나님이 보시기에는 정말 중요하지 않은 것들일 수도 있다. 제자들은 그들이 섬기는 바쁘고 존귀한 스승에게 아이들이 접근하지 못하도록 했지만, 예수님은 어린아이들을 반기셨고 소중히 여기셨다. 가난하고 정치적으로 소외된 사람들과 예수님은 함께하셨고 관심을 보이셨다.

한나는 주님께 사무엘을 바치면서 이렇게 기도했다. "여호와와 같이 거룩하신 이가 없으시니 이는 주밖에 다른 이가 없고 우리 하나님 같은 반석도 없으심이니이다. 심히 교만한 말을 다시 하지 말 것이며 오만한 말을 너희 입에서 내지 말지어다. 여호와는 지식의 하나님이시라. 행동을 달아보시느니라"(삼상 2:2, 3).

예수님은 우리의 모델이다. 그분은 천국의 모든 영광을 가지셨지만 그것을 버리고 여인의 자궁과 말구유, 희생적인 사역과 십자가상에서의 죽음을 택하셨다. 바울은 빌립보에 있는 그리스도인들에게 그분의 본을 따르라고 가르쳤다. "너희 안에 이 마음을 품으라. 곧 그리스도 예수의 마음이니 그는 근본 하나님의 본체시나 하나님과 동등 됨을 취할 것으로 여기지 아니하시고 오히려 자기를 비어 종의 형체를 가져 사람들과 같이 되었고 사람의 모양으로 나타나셨으매 자기를 낮추시고 죽기까지 복종하셨으니 곧 십자가에 죽으심이라"(빌 2:5~8).

예수님께서는 제자들의 발을 씻기시면서, 발 씻는 일을 '하찮은' 사람들에게 맡기는 세속적인 계급제도를 의도적으로 무시하셨다. "내가 주와 또는 선생이 되어 너희 발을 씻겼으니 너희도 서로 발을 씻기는 것이 옳으니라"(요 13:14).

나는 한 만찬 모임에서 아르네를 만났다. 그날 밤에는 내 자신이 특별히 더 총명하고 발랄하게 느껴졌다. 내 농담과 말장난은 꽤나 재치 있는 듯했고 모든 사람들을 웃게 만들었다. 나는 내 글과 연구에 대해 이야기했고, 아르네는 자기 자리에 앉아 미소짓고 있었다. 그는 만찬 테이블에 앉을 때 내 의자를 빼 주었는데, 그런 그의 행동은 약간 구식이지만 친절해 보였다. 그는 농담이나 시사문제에 관심이 없는 듯했다. 그는 미소를 지으며 식사를 즐기고 있었다.

얼마 후 응접실에서 커피를 마실 때, 아르네의 아내가 그에 대한 이야기를 들려주었다. 그는 오랫동안 교사생활을 했다. 어느 해 가을 밤 자전거를 타고 집으로 가던 중 차 한 대가 갑자기 그의 앞에서 급정거를 했다. 그는 차를 들이 받으면서 차 위로 날라갔고, 헬멧이 벗겨지면서 머리를 땅에 부딪쳤다. 아르네는 28일 동안 의식불명 상태에 있었다. 가족들은 절망했다. 그러던 어느 날 그는 눈을 떴고 가족들을 다시 볼 수 있었다. 6년 전의 일이라고 그의 아내는 말했다.

이야기를 들은 후 우리는 모두 조용히 앉아 있었다. 그때 아르네가 말했다. "나는 예전처럼 총명하지 않습니다. … 사물을 이해하는 데 시간이 걸리죠. …그렇지만 나는 한층 더 강렬하게 느끼고, 사람들에게 더 깊이 공감하게 되었습니다. 나는 사람들을 더 깊이 사랑한다고 생각합니다."

나는 그의 말을 들으면서 하나님이 보시기에 총명함보다 긍휼과 공감이 얼마나 더 중요한가를 생각했다. 그때 아르네가 다시 말했다. "하나님께서는 신비한 방법으로 일하십니다."

우리 삶 속에서 무엇이 중요한지 구별할 수 있는 새로운 관점을 얻기 위해 우리는 하나님의 도움이 필요하다. 우리는 우리가 성취한 것이 아니라 하나님 안에서 우리 자신을 찾아야 한다.

물질로 채워진 삶

나는 우리 골든 리트리버 종 캐디가 물어 오도록 풀이 무성한 강둑을 따라 테니스공을 던진다. 캐디는 공을 쫓아 힘차게 달려갔다가 내 발 앞에 공을 떨어트린다. 캐디는 내가 공을 다시 던질 것을 예상하며 잽싸게 몸을 날린다. 내 아들 스티븐은 주머니에서 또 다른 테니스공을 꺼내서 캐디에게 준다. 캐디는 그 공을 물려고 다른 공을 놓는다. 공 두 개를 다 입에 물려고 하지만, 하나가 굴러간다. 캐디는 하나를 놓고 다른 하나를 물려고 갈팡질팡하면서 자기 재산을 지키는 데 너무 바빠서 6월의 한낮에 강둑을 달리는 기쁨을 잊어버렸다.

캐디와 마찬가지로, 나도 물질을 쌓아놓고 그것에 마음을 빼앗긴다. 카탈로그에서 진한 감색 코듀로이 스커트를 보면 그 스커트가 계속 눈앞에 어른거린다. 강의할 때 입으면 얼마나 멋있고 실용적일까! 나는 2층을 하늘이 보이는 창문이 있는 거실 겸 침실로 개조하는 상상을 한다. 학교에서 하는 중고 물품 바자회에서 봉사하면서 이런 생각을 하고 있는 나를 발견하게 된다. "이 등은 정말 멋있는데…. 그리고 정말 싸잖아!"

탐욕: 그 유혹

옛날 이야기들도(알리바바와 40인의 도적들, 럼펠스틸츠킨 등) 탐욕에 대해 말하지만, 내 생각에 우리 삶을 물질로 채우려는 욕망은 현대에 더 널리 퍼져 있는 것 같다. 우리가 속한 사회에서 탐욕은 당연하게 여겨지며, 심지어는 조장된다. 탐욕은 엄밀한 의미에서 우리 소비사회의 중심이다. 회사들은 교묘하게 우리를 자극하는 광고에 수백만 달러를 지출한다. '나는 당연히 이 정도의 대접을 받을 자격이 있어!' '쟤도 이걸 가지고 있는데 얼마나 유용한지 몰라. 나도 하나쯤 가져도 될 거야.' 우리는 탐욕이 죄라는 사실을 망각한다.

예수님은 탐욕을 매우 심하게 다루셨고, 부활이나 심판보다도 돈에 대해 더 많이 말씀하셨다. 예수님은 인간의 본성을 이해하셨고 돈과 재산이 우리를 하나님으로부터 멀어지게 할 거라는 사실을 알고 계셨다. "삼가 모든 탐심을 물리치라. 사람의 생명이 그 소유의 넉넉한 데 있지 아니하니라"(눅 12:15). 우리는 예수님의 말씀에 동의한다. 우리는 돈이 전부가 아니라는 것을 안다. 그러나 우리의 문화는 우리에게 또 다른 메시지를 들려준다. '너의 삶은 네가 가진 것으로 이루어져 있어. 보트가 없다고? 안됐군. 집이 없다고? 너는 정말 집이 필요해. 잊지 마, 살아 있는 동안 원하는 것을 가장 많이 얻은 사람이 이기는 거야.'

우리는 이 메시지를 어떤 때는 희미하게, 어떤 때는 노골적으로 계속 듣는다. 그리고 물질이 만족을 주지 못한다는 사실을 잊기 시작한다. 하나님께서 물질에서 만족을 얻도록 우리를 창조하지 않으셨다는 사실을 망각한다.

그 생각—우리는 정말 그 새 소파가 필요하다—은 슬그머니 스며들어 우리의 마음을 괴롭히기 시작한다. 우리는 그것을 계속 생각하다가 마침내 그것을 찾아 나선다. 마침내 찾던 바로 그 물건을 발견하게 되고 점원은 우리가 운이 좋다는 것을 확신시켜 준다. 250달러만 더 내면 그 소파에 어울리는 의자를 주는 특별 단기세일이 있다. 우리는 그것도 주문한다. 2주 동안을, 좀 과장해서 말하면 숨조차 제대로 쉬지 못하면서, 그 새 소파와 의자가 오기를 기다린다. 응접실을 지날 때마다 우리는 도대체 어떻게 저 낡아빠진 물건을 그렇게 오래 참을 수 있었는지 놀라워한다. 드디어 그날이 오고 일꾼들이 소파와 의자를 들여온다. 생각했던 것보다도 훨씬 더 멋지다!

그러나 이런 고조된 기분은 하루나 이틀 정도밖에 지속되지 않는다. 왜냐하면 물질은 결코 만족을 주지 못하기 때문이다.

우리는 그 새 소파와 의자가 궁극적인 만족감을 주지 않은 이유가 카펫이 싸구려이기 때문이라고 생각한다. 새 카펫을 깔면 응접실은 화사해질 것이다. 그러면 정말 만족하게 될 것이다. 세상은 우리가 물질에서 만족을 찾을 수 있을 것이라고 계속 말한다.

언제나 이 세상의 메시지가 우리를 에워싸고 있기 때문에 우리는 우리의 삶을 물질로 채우고 싶어 한다. 그러나 이런 메시지들은 우리 자신, 즉 우리의 육신 안에서 반향을 일으킨다. 새 옷, 차, 의자, 그릇, 또는 화초 등으로 만족을 얻으려는 욕망은 언제나 새롭게 느껴진다. 우리가 갖게 된 새 물건(그것이 무엇이든)은 결코 만족을 줄 수 없기 때문에, 우리는 언제나 그 다음 유혹에 노출되어 있다. 간교한 우리의 원수는 우리가 지난번에 산 것이 만족을 주지 못했음을 기억 못하게 한다는 사실에 주목하라.

우리는 이런 말을 듣지 못한다. "글쎄, 그 새 소파가 너를 만족시키지 못했을지 모르지만, 카펫에는 만족하게 될 거야!" 사탄의 메시지는 훨씬 더 교활하며, 많은 경우 단순히 그 물건의 이미지—예쁜 블라우스, 아름다운 여름 날 오후의 잔디밭에 놓일 의자—만으로 우리를 매혹시킨다.

우리 사회는 탐욕을 용납하고 조장한다. 그리고 세상이 그렇게 성공적으로 팔았던 메시지가 교회로 스며들어 왔다. 돈을 산더미처럼 쌓아

놓고 BMW를 모는 것이 오늘날 대다수 대학생들의 궁극적인 목표이다. 놀라운 것은(놀라지 않을지도 모르지만) 이런 이상이 기독교 대학에서도 똑같이 받아들여지고 있다는 것이다.

교회(또는 기독교 대학)는 종종 부도덕에 대해서는 강력하게 말을 하지만 탐욕과 욕심은 간과한다. 부자들이, 마치 가난한 자들보다 더 중요한 존재이기라도 하듯이, 교회와 대학교 이사회에서 대우받는 것에 대해서 예수님은 뭐라고 말씀하셨을까?

탐욕은 우리의 가치를 왜곡시키기 때문에 단순한 문제가 아니다. 탐욕은 시간도 낭비시킨다. 우리의 시간과 돈이 새 마루바닥이나, 우리가 항상 원했던 마루 깔린 발코니나, 새 차를 얻는 데 사용되기 때문에 하나님 나라를 확장시키는 일은 뒷전으로 밀려난다. 사람들은 그다지 중요하지 않다. 중병을 앓고 있는 환자 옆에서 시간을 보내는 것은 수지타산이 맞지 않기 때문이다. 이 세상의 정신이 우리의 생각에 영향을 미치면서, 돈이 최대의 관심사가 되었다.

사도 바울은 성장하는 교회들을 향해 이렇게 경고했다. "음행과 온갖 더러운 것과 탐욕은 너희 중에서 그 이름이라도 부르지 말라. 이는 성도의 마땅한 바니라"(엡 5:3). 우리는 모든 다른 사회 구성원들이 하는 것을 할 뿐이므로 문제될 것이 없다고 생각한다. 우리는 선택을 해야 한다. 하나님을 사랑하고 섬기든지, 맘몬(부의 신. 정신을 떠난 물질욕의 상징-역자 주)을 사랑하고 섬기든지.[1]

탐욕이라는 종교

펜실베이니아 주의 턴파이크(Turnpike)에 있는 대형할인매장의 거대한 간판에는 이렇게 쓰여 있다. "먹고, 자고, 그리고 쇼핑하십시오." 수십 대의 관광버스들이 그 매장 주차장에 줄지어 서 있는 것을 볼 수 있는데, 한 사람이 일생 동안 하기 원하는 것이 정말 이 외에 무엇이 있을까?

이 사회에서 우리는 '우리가 믿는 하나님 안에서'라고 습관적으로 말하지만, 실제로는 '우리가 믿는 물질 안에서'라고 말해야 옳을 것이다. 그것이 우리가 사는 방식이다. 하나님에 대한 순전한 믿음을 상실한 사회는 스스로를 위해 다른 신들을 만들어낸다. 진정으로 하나님을 믿지 않는 사회에서는 물질주의가 그 사회의 종교가 된다. 예수님께서 맘몬에 대해 말씀하셨을 때, 단지 돈에 대해서만 말씀하신 것이 아니라 우리의 삶 속에서 우상이 될 수 있는 모든 것에 대해 말씀하신 것이다(마 6:24; 눅 16:13). 탐욕은 우리 삶의 중심에 놓아서는 안 될 것으로 그 자리를 채우기 때문에 우상숭배라고 바울은 골로새에 있는 그리스도인들에게 말했다(골 3:5).

쇼핑은 물질주의라는 종교의 예배 행위이며 성찬식이다. 쇼핑이 언제나 국가적인 취미이자 레크리에이션이었던 것은 아니다. 로라 잉걸스 와일더의 큰 『숲 속의 작은 집』을 생각해 보라. 로라가 가족들과 처음 시내에 나가서 잡화점에 갔던 장면을 기억하는가? "그들은 짐승의 모피를 주고 약간의 차, 그리고 손님이 왔을 때를 대비해 작은 설탕 한 봉지를 샀다."[2] 그리고 아빠의 셔츠를 두 벌 만들 수 있는 몇 야드의 천을 고르고, 침대 시트와 속옷을 만들기 위한 약간의 천을 샀다. 상점 주인이 모두에게 사탕을 하나씩 주자 그들은 깜짝 놀랐다. 쇼핑은 일년에 몇 차례 생활필수품을 구입하거나 특별한 일이 있을 때 하는 필요불가결한 일이었다. 20세기의 미국 같지 않았다. 쇼핑이 취미가 되면, 누가 가장 기뻐하겠는가? 돈을 버는 소매상인들, 쇼핑객들이 필요하지도 않은 물건을 사기 위해 지불능력 이상의 채무를 지면 이자를 받아 고액을 벌어들이는 신용카드 회사들이다.

탐욕의 병

36세의 변호사인 주디는 물질이 만족을 주지 않으며, 탐욕이 그녀의 삶을 파멸로 몰고 가고 있다는 사실을 깨닫는 데 몇 년이 걸렸다. 그녀는 자신이 쇼핑 중독자라고 했다.

남편과 이혼한 뒤 주디는 경제적으로 넉넉지 못한 생활을 했다. 그녀는 자신과 아들의 생활비를 벌면서 법률학교를 다니고 자기 옷을 모두 손수 만들어 입었다. 그리고 그녀는 많은 소득을 올리는 변호사와 동업을 하고 이제 막 사업을 시작한 남자와 결혼했다. 그녀가 고급 옷을 사기 시작한 것은 그때부터였는데, 정작 큰 변화는 그녀가 사업차 유럽에 갔을 때 일어났다.

유럽에서 주디는 한 '고상한' 여자를 만났다. 주디는 부유한 여자들이 미국 상점에서 엄청난 양의 돈을 써가며 옷을 사는 것을 봐왔지만, 이 여자는 달랐다. 그녀는 자기의 창조성을 발휘해서 아름다운 옷감과 멋진 의상을 골랐다. 주디는 그 여자처럼 옷을 입고 싶다는 특별한 목표를 가지고 프랑스와 포르투갈을 경유한 여행에서 돌아왔다. 그녀는 옷장에 옷이 가득 차기를 원치 않았다. 유명상표나 최신 유행제품도 원치 않았고, 고상해 보이기만을 원했다.

점차로 주디의 소비 행태는 걷잡을 수 없게 되었다. 그녀는 일단 좋은 품질의 옷을 사기 시작하면, 싼 제품을 원치 않게 된다는 사실을 깨달았다. 그녀는 자기가 다른 스타일의 옷을 입어야 하는 두 가지 라이프스타일을 가지고 있다고 자신을 일깨우곤 했다. 하나는 아내와 엄마의 삶이고 다른 하나는 전문 직업인으로서의 삶이다. 그녀는 옷장에 그냥 걸려있을 옷이 아니라 자기가 정말 좋아하는 것을 사고 있다고 생각했다. 그녀는 자기 옷들이 평생 입을 수 있는 옷이라는 사실에 자부심을 느꼈다. 그리고 그녀는 언제나 자기보다 더 심한 사람들을 찾을 수 있었다. 그녀는 도널드 트럼프의 무절제와 이멜다 마르코스의 수천 켤레의 신발에 대한 이야기를 들었고, 저널리스트인 킴 라이트윌리가 묘사한 여자처럼 쇼핑으로 인생을 망친 사람들에 대한 기사도 읽었다. 그 여자는 연간 수입이 7만 달러였지만, 채무액이 너무 커져서 난방도 못해 자기 아파트의 파이프가 얼 정도였다.[3]

가끔 주디는 마음이 편치 않았다. 그녀는 "나는 그 새 쟈켓에 어울리는 에머랄드색 구두가 필요해." "나는 어중간한 가을 날씨에 입을 빨간색 코트가 필요해."라고 말하면서, 필요라는 단어의 진정한 뜻을 혼동하게 되었다. 그녀는 자기가 보기 좋은 의상을 입지 않고는 어디에도 갈 수 없다는 것을 깨닫기 시작했다. 어느 날 그녀는 지난 한 해 동안 사치품을 구입하는 데 얼마나 많은 돈을 썼는지 계산하다가 옷을 구입하는 데 쓴 돈의 액수를 알고 깜짝 놀랐다.

가장 큰 충격은 어느 날 7백 불을 주고 스커트, 상의, 스카프와 벨트를 사가지고 집에 왔을 때였다. "나는 집에 와서 실제로 배가 아팠어요." 주디는 말했다. "나는 쇼핑과 옷이 나를 그렇게 강하게 구속하고 있었다는 사실을 깨닫고 놀랐지요. 내가 옷에다 이렇게 많은 돈을 쓸 때 굶주리고 있는 사람들이 있다는 생각이 떠올랐어요." 주디는 그녀의 쇼핑 행태가 그녀가 처리하고 통제해야 할 악한 행위라는 사실을 깨달았다.

세상이 들려주는 메시지

탐욕은 우리 문화와 교회에 잠식해 들어왔기 때문에 어려운 문제이다. 나는 이 세상에 살고 있는 사람 중에서 탐욕이 없는 사람이 한 사람이라도 있는지 의심스럽다. 여자들은 진지한 쇼핑객으로 희화화되어 왔다. 아마도, 가정과 가족과 분리될 수 없는 우리 여자들이 대체로 상품을 구입하는 역할을 담당해 왔을 것이다. 결국, 내가 열 살짜리 우리 아이의 속옷을 사지 않는다면 아무도 사지 않을 것이다. 그렇지만 우리의 쇼핑 습관을 자세히 살펴보면 다른 면을 보게 된다. 우리는 우리가 옷이나 취미로 쇼핑을 하거나 집안을 장식하는 데 너무 많은 에너지와 감정을 쏟아 붓고 있다는 것을 발견하게 된다. 다시 말하면 우리는 우리 마음의 중심을 차지하고 있는 욕구를 전보다 더한 공허감만 남겨주는 것으로 채우려고 하는 것이다.

왜 여자들은 이런 거짓말에 속는 것일까? 어쩌면 여자들은 특정한 식이장애와 유사한 "채찍과 당근(reward-punishment) 신드롬"으로 인해 돈을 쓰는 문제와 씨름하고 있는지도 모른다.[4] 한 여자가 소외감을 느끼고 새 구두를 사기 위해 쇼핑을 간다. 콜렛 다울링(여성 심리에 대한 유명한 책을 다수 저술한 작가—역자 주)은 물건을 사는 행위를 이렇게 썼다. "깊게 뿌리내린 상실감, 내면의 충족되지 않은 느낌을 보상해 준다. 내가 아는 한 남성의 말에 의하면, 구매 행위는 여장부적인 행위이다. 그렇지 않다면 여성의 자포자기적인 행위이다. 우리는 강하다고 느끼기 위해 소비한다. 우리는 박탈감이 우리를 통째로 집어삼키는 느낌에서 벗어나기 위해 소비한다."[5]

탐욕: 지배의 환상

아름다운 옷감들, 도자기 소장품, 집 꾸미기 등 이런 것들이 본질적으로 잘못된 것은 아니다. 많은 사람들에게 집안을 장식하는 것은 소중한 창조적 표현 수단이다. 문제는 우리가 삶 속에서 그것들에 어떤 위치를 부여하는가 하는 점이다. 기분이 좋아지기 위해 새 옷을 입거나, 더 새롭고, 더 큰 집이 우리를 만족시켜 줄 거라고 믿거나, 또는 새 세탁기나 새 차가 우리의 삶을 관리해 줄 것이라는 허언을 무턱대고 받아들일 때, 우리는 이 세상의 거짓말을 받아들이고 바울이 디모데에게 한 말을 무시하고 있는 것이다. "부하려 하는 자들은 시험과 올무와 여러 가지 어리석고 해로운 정욕에 떨어지나니 곧 사람으로 침륜과 멸망에 빠지게 하는 것이라. 돈을 사랑함이 일만 악의 뿌리가 되나니 이것을 사모하는 자들이 미혹을 받아 믿음에서 떠나 많은 근심으로써 자기를 찔렀도다"(딤전 6:9~10).

그런 망상 – '내가 새 옷, 새 소파, 새 부엌을 가진다면' – 은 하나님이 우리 삶의 중심에 계시지 않는다는 사실을 말해 준다. 하나님께서 우리 삶의 중심에 계실 때 우리는 예수님의 권고를 믿을 것이다. "그러므로 내가 너희에게 이르노니 목숨을 위하여 무엇을 먹을까 무엇을 마실까 몸을 위하여 무엇을 입을까 염려하지 말라 목숨이 음식보다 중하지 아니하며 몸이 의복보다 중하지 아니하냐"(마 6:25).

우리가 내면의 공허감을 채우기 위해 물질을 사용하려고 할 때, 우리의 삶을 조심스럽게 살펴보고, 이 절박한 욕구가 하나님과의 관계에 대해서 무엇을 의미하는지 물어보아야 한다. 옷, 가구, 가전제품 등, 이것들 자체가 나쁜 것이 아니지만 우리의 삶을 지배하고자 하는 인간적인 욕구를 일부분 충족시켜 주는 것은 사실이다.

케이프타운에 있는 아름답고 고풍스러운 사제관을 떠나야 한다는 것을 알았을 때, 어떤 집에서 살게 될지도 모르고, 심지어 어느 대륙에서 살게 될지조차 전혀 알지 못하면서도, 나는 앞으로 살게 될 집을 꾸미기 시작했다. 나는 거실에 등의자를 놓는다든지, 부엌에 찬장 대신,

문이 없는 선반을 사용한다든지 하는 돈을 절약할 수 있는 아이디어를 얻기 위해 *Better homes and gardens*(베터 홈스 앤 가든스)나 *Ladies Home Journal*(레이디스 홈 저널)등을 꼼꼼히 읽었다. 수공예품 시장에서 바구니를 몇 개 사서 타닥거리면서 불이 타고 있는 벽난로 앞에 모아 놓은 모습을 머리 속에 그려보기도 했다.

나는 가구들을 신중하게 배치하면서 그림도 그리고, 평면도도 스케치하기 시작했다. "이 티크 나무로 만든 이층장이 거실에 더 어울릴까 아니면 식당에 더 어울릴까?" "기회가 있을 때 아프리카산 옐로우 우드로 만든 가구들을 사 놓는 것이 좋지 않을까?" 나는 몇 번이고 그림을 고치면서 경매를 통해서나 골동품상에서 물건을 구입하고, 골든 에이커 쇼핑 몰에서 커튼 세일을 찾아냈다.

나는 그저 내 가족을 위한 집, 아이들을 위한 보금자리, 피곤에 지친 남편을 위한 멋진 장소를 만들고 싶은 것 뿐이라고 스스로에게 말했다. 나에게는 그것이 그리스도인다운 일로 여겨졌다. 그런데 어느 날 마태복음 8장을 읽던 중, 예수님께서 이렇게 말씀하신 대목이 눈에 띄었다. "여우도 굴이 있고 공중의 새도 거처가 있으되 오직 인자는 머리 둘 곳이 없다"(20절). 나는 예수님께서 내가 읽은 그리스도인 주부에 대한 책들과 반대되는 듯한 말을 하실 수 있었다는 사실에 놀랐다. 나는 내 자신과 가족들의 거처를 안락하고 아름다운 물건들로 장식하는 것이 하나님의 뜻에 부합하는 행위라는 생각을 가지고 있었다.

나는 내가 왜 스케치를 하고 쇼핑을 하며, 왜 꼭 세일을 할 때 상점에 가야 한다고 생각하는지 의문이 들기 시작했고, 내가 물질에서 안정감을 찾고 있었다는 사실을 깨달았다. 내가 만약 램프를 사면 비록 어느 대륙에서 사용될지 모르더라도, 그것은 내가 만지고 볼 수 있는, 언젠가 어느 곳에선가 불이 켜질 물리적인 것이다. 그것이 나를 무척 기분 좋게 만들었다. 그리고 내가 내 삶을 지배하고 있듯이 느끼게 해주었다.

아직도 나에게서 그런 모습을 본다. 최근에, 어떤 대규모 컨퍼런스의 연사로 초청받았을 때, 나는 작문법을 가르치는 한 그리스도인의 식견에 대해 청중들이 특별한 관심을 보이지 않을지도 모른다는 생각에 긴장하기 시작했다. 비행기 타기 이틀 전, 나는 고급 여성 의류점에 가서 새 옷을 사야 한다고 생각했다. 최고급으로. 그러면 안심이 될 것이다. 어쩌면 머리 모양을 바꾸면 더 좋을지도 모르겠다. 나는 콘택트렌즈까지 교체할 생각을 했다.

그렇게 쇼핑을 하고 싶은 욕망이 생길 때, '상점은 아직 닫지 않았어. 그냥 들어가서 사면 돼.'라는 내면의 소리가 나를 괴롭히기 시작할 때, 그때가 나의 내면을 들여다보고 내가 그렇게 절실히 새 물건을 원하는 이유를 살펴봐야 할 때라는 것을 나는 안다.

소유가 지배라는 착각

나는 내 삶을 지배하기 원한다. 그렇게 하기 위한 한 가지 방법은 물질을 소유하는 것이다. 나는 그것이 내 것이라는 사실을 알기 원한다. 매

년 여름 우리는 부모님 소유의 작은 집이 있는 퓨젯 사운드(워싱턴 주 북서부, 태평양의 긴 만(灣)에 있는 한 섬-역자 주)에서 3주를 보낸다. 날씨는 상쾌하고 서늘하며, 바닷물은 푸르게 빛나고, 아이들은 해변에서 뒹굴고, 물총새가 바람을 가르며 머리 위로 날아다닌다. 더이상 바랄 게 없다. 그런데 남편과 내가 이야기를 나누며 산책을 하던 중 경치가 아름다운 값비싼 부지에 지어진 집들을 발견하고 그런 집을 갖고 싶은 마음이 들기 시작한다.

우리는 만약 갑자기 얼마간의 돈이 생긴다면 무엇을 하고 어떤 것을 사고 싶은지 말하기 시작한다. 우리는 만족하지 못하고 탐욕스러워진다. 지금 이렇게 멋진 곳에 있으면서, 작은 집을 사용하는 데 만족하지 못한다. 우리는 이 섬의 일부를 소유하기 원한다. 우리는 그곳에서 언제나 여름을 지낼 수 있도록 우리의 미래를 우리 마음대로 만들기 원한다.

실체에 접근할 수 있는 가장 확실한 방법은 사람들이 100피트짜리 요트와 70피트짜리 범선, 수상 비행기들을 정박시켜 놓은(어떤 곳들은 갑판에 헬리콥터 착륙장이 있다) 그 지역의 호화 휴양지에 가 보는 것이다. 사람들은 유명상표의 옷과 신발을 과시하며 걸어 다니고, 어떤 레스토랑에서 가장 질 좋고 신선한 연어와 최상의 카베르네 소비뇽(프랑스 보르도 지방에서 재배되는 적포도주용 포도로 만든 포도주-역자 주)으로 저녁 식사를 할 수 있는지에 대해 대화를 나눈다. 우리는 벤치에 앉아서 그들을 본다. 그들의 눈은 공허하다. 그들은 서로에게 너그

럽지 못하다. 날씨가 좋아도 좋은 줄 모른다. 날씨가 나쁘면 투덜댄다. 그들은 낮잠을 자지 못한 아이들처럼 불만에 가득 차 있다. 분명, 물질이 만족을 주지 않는다. 소유가 삶을 지배하지도 않는다.

슬프게도, 그들의 눈빛은 수많은 그리스도인들의 눈빛과는 다르다. 그들의 눈빛은 세상의 허탄한 말을 받아들인, 만족감이란 여러 종류의 안락함과 우리를 둘러싸고 있는 물질을 소유에서 찾을 수 있다고 믿는 눈빛이다. 서구에 살고 있는 우리들 대부분은 세계적인 기준으로 볼 때 안락하고, 부유하기까지 하다. 예수님께서 이렇게 말씀하신 것이 옳았던 것 같다. "내가 진실로 너희에게 이르노니 부자는 천국에 들어가기가 어려우니라"(마 19:23).

부유하고 탐욕스러운 서구인들이 천국에 들어가기가 그렇게 어려운 이유는 무엇일까? 우리가 소유한 물질이 우리에게 일시적인 만족감을 주기 때문이다. 그리고 새 물건을 살 때 우리가 느끼는 만족감은 너무나 빨리 사라져버린다는 것을 우리는 기억하지 못하는 듯하다. 우리가 소유한 물질은 우리가 지배하고 있다는 착각을 일으킨다.

바울은 디모데에게 이렇게 썼다. "네가 이 세대에 부한 자들을 명하여 마음을 높이지 말고 정함이 없는 재물에 소망을 두지 말고 오직 우리에게 모든 것을 후히 주사 누리게 하시는 하나님께 두며"(딤전 6:17). 우리는 우리 자신을 안락함과 물질로 둘러싸고, 우리의 삶을 지배하고 있다고 믿기 시작한다.

드니스 이야기

드니스와 그녀의 남편 존은 영국의 작은 마을에서 오스트레일리아로 이주했다. 그들은 더 큰 집과 두 살짜리 아들 매튜에게 그들이 갖지 못했던 기회를 주기 원했다. 내 남편 어니와 나는 우리가 결혼하기 몇 달 전 1974년 영국의 히드로 공항에서 떠나는 그들을 배웅했다. 2, 3년 동안 우리는 가끔씩 그들에게서 소식을 들었다. "존은 낮에 일하고 나는 밤에 일을 하기 때문에 집을 살 계약금을 모을 수 있어. 우리는 우리가 좋아하는 바닷가 근처의 동네를 하나 찾았어. 나는 지난주에 건조기를 샀고, 멋진 안방 가구들을 골라 놓았어. 기후는 아주 좋아."

어느 해 여름 밤 케이프타운에서 어니가 드니스에게서 온 편지를 집에 가져왔다. 우리는 앉아서 함께 편지를 읽었다. 그녀는 매튜가 아주 희귀한 암에 걸려서 그리 오래 살지 못할 것이라는 소식을 전했다. 그 당시 네 살이었던 매튜가 일곱 살에 세상을 떠날 때까지, 우리는 드니스로부터 암이 진전되는 상황과 치료에 대해서 간간히 전해오는 소식을 들었다. 그들이 사는 집 근처에 있는 한 교회에서 어려움에 처한 그들을 돕고 돌봐주고 있다는 소식도 들었다. 매튜가 세상을 떠나고 몇 년이 지난 후 드니스는 아들 쌍둥이를 낳았다. 그 교회 사람들이 쌍둥이들을 키우는 그녀를 도와주었다.

지난 여름 드니스가 우리를 방문했다. 15년 만에 그녀를 만났을 때 우리는 그녀 삶의 많은 부분이 변화된 것을 알 수 있었다. 그녀는 그리스도인이 되어 있었다. 그녀는 한 아이를 잃었고, 이제 쌍둥이의 엄마가 되어 있었다. 우리는 그녀가 달라졌으리라고 생각했지만 이렇게 완전히 변화되었으리라고는 예상하지 못했다. 15년이라는 세월이 흘렀지만, 그녀는 눈이 부실 정도로 아름다웠다. 그녀는 장애 아동들을 위한 일을 하고 있었는데, 돈을 많이 받지는 못하지만 그들을 사랑하고 그들의 삶에 기쁨을 주는 일에 큰 만족을 느끼고 있었다.

며칠 동안 그녀의 변화에 놀라고 나서, 나는 매튜의 죽음이 그녀에게 어떤 영향을 주었는지 물어보았다.

"나는 물질이 얼마나 하찮은 것인지를 깨달았지." 그녀는 말했다. "아이가 병에 걸렸을 때, 아이의 병을 고칠 수 있는 무엇이라도 돈으로 살 수 있다면, 내가 가진 것 중에서 무엇이라도 줄 수 있다면… 그런 일을 겪고 나면 물질이 얼마나 하찮은 것인지 알게 되지."

"나는 이것도 깨달았어." 그녀는 말했다. "물건을 사는 행위가 내가 삶을 지배하고 있다고 느끼게 만들었다는 것을. 내가 물건을 살 수 있고, 집을 꾸밀 수 있고, 새 차를 가질 수 있는 한, 나는 내 삶을 지배하고 있다고 느꼈지. 물론 우리는 아무도 우리 삶을 지배할 수 없지. 나는 결국 그걸 깨닫게 된 거야."

우리가 물건을 구매함으로써 삶을 지배하기 원하는 것은 망상에 불과하다. 자기를 따르는 사람들에게 어리석은 부자에 대한 이야기를 들려주신 후, 예수님은 이렇게 말씀하셨다. "적은 무리여 무서워 말라. 너희 아버지께서 그 나라를 너희에게 주시기를 기뻐하시느니라. 너희 소유를 팔아 구제하여 낡아지지 아니하는 주머니를 만들라. 곧 하늘에

둔 바 다함이 없는 보물이니 거기는 도적도 가까이 하는 일이 없고 좀도 먹는 일이 없느니라. 너희 보물 있는 곳에는 너희 마음도 있으리라"(눅 12:32~34).

탐욕의 반대: 만족과 관용

바울은 디모데에게 이렇게 썼다. "그러나 자족하는 마음이 있으면 경건이 큰 이익이 되느니라. 우리가 세상에 아무것도 가지고 온 것이 없으매 또한 아무것도 가지고 가지 못하리니 우리가 먹을 것과 입을 것이 있은즉 족한 줄로 알 것이니라"(딤전 6:6~8). 만족과 충족감은 소비 사회와 광고, 탐욕의 큰 적이다.

만족을 얻기 위해서, 우리의 탐욕을 살펴보고 그것이 우리에 대해 무엇을 말하고 있는지 알아내야 한다. 나는 내 삶 속에 존재하는 탐욕에 대해서 솔직한가, 아니면 필요하지도 않은 물건을 필요하다고 정당화 시키는가? 나는 꼭 필요하지도 않는 물건에 필요 이상의 돈을 쓰고 있는가? 물질이, 내가 그것들을 소유할 수 있다면 만족을 줄 것이라고 생각하는가? 여자들은 쇼핑을 해야 행복하다는 거짓말을 믿은 적이 있는가? 내가 좋은 옷을 입지 못하거나, 집이 없거나, 내 집을 아름답게 꾸미지 못한다고 자신을 별 가치 없는 존재라고 생각했는가? 하나님을 떠나서는 얻을 수 없는 안정감을 얻기 위해 나 자신을 물질로 채우려 하고 있는가?

우리 안에 있는 욕심이 말하는 만족은 거짓이라는 사실을 기억해야 한다. 우리는 그 거짓말에 대답할 준비가 되어 있어야 한다. "새 옷이 나를 참신하고 자신감 있는 사람으로 만들어 주리라고 생각하는가? 과거에 한 번도 들어 먹힌 적이 없는데도! 새 식탁을 갖게 되면 내가 만족할 거라고 생각하는가? 내가 오지항아리를 하나 사면, 그것을 넣어 둘 찬장이 더 필요할 테지. 이사갈 때는 그것도 싸들고 가야겠지. 광고 사진은 그 오지항아리가 중국 냄비와 밥솥, 그리고 그밖에 뭐가 있는지 조차 모르는 찬장 밑바닥에서 먼지만 뒤집어쓰고 있는 모습은 보여 주지 않는군! 나는 필요 없어! 내가 왜 내 인생을 복잡하게 만들어야 하지?"

우리가 이 사회와 미디어보다 더 큰 소리를 낼 수 없다면, 다른 사람의 도움을 받는 것이 유익하다. 남편과 나는 물건이 30불을 초과할 경우 아무리 좋은 가격이라고 해도 48시간을 기다리며 의논해 보기 전에는 사지 않기로 규칙을 정했다. 우리는 균형을 잃지 않도록 서로 도와 준다.

바울은 그리스도인들에게 자기가 가진 것에 만족하라고 권고하고 있으며, 우리는 '유혹에 빠지지 않도록' 도와주는 행동을 선택함으로써 우리 자신을 독려할 수 있다. 딱히 꼭 필요한 것이 없는데도 카탈로그를 들여다보거나 쇼핑을 가는 것은 《플레이보이》를 넘겨 보는 것과 같은 행위이다. 이는 우리를 '유혹에 빠지게 만드는' 행위이다. 우리는 우리가 가지지 않은 모든 것들을 본다. 우리가 그것들을 가질 자격이 있다고 생각하기 시작한다. 특별히 어떤 물건이 필요하지 않을 때는 쇼핑을 가지 않고, 쇼핑을 해야 할 때는 쇼핑 목록을 적어감으로써 불필요한 쇼핑을 피할 수 있다.

　여기에 중요한 원칙이 있다. 쇼핑을 가지 않으면 물건을 사지 않는다. 엉뚱하게 들릴지도 모르지만, 내가 너무 바빠서 백화점이나 할인점에 가지 못했을 때 통장 기록을 보면 불필요한 물건들을 사기 위해 쓴 돈이 훨씬 줄어든 것을 알 수 있다. 중고품 세일이나 다른 세일 행사 때 물건을 사면 돈을 절약하는 것 같지만, 필요 이상으로 물건을 사 모으게 될 수도 있다. 얼마나 많은 사람들이 싸게 산 물건들을 모아놓은 지하실(또는 다락방이나 옷장)을 가지고 있는가? 쇼핑은 그 자체가 자신에게 몰두하게 만든다. 우리는 우리 자신과 우리의 필요와 욕구를 생각한다. 대체로 다른 사람들을 위해 하는 크리스마스 쇼핑까지도 우리가 이 스웨터를 선물하면 우리에 대해서 어떻게 생각할지, 작년에 그 사람들이 우리에게 준 선물에 비해서 가격이 어떤지 하는 생각을 하게 된다.

　충족감을 얻기 위해서, 우리가 가진 모든 것을 살펴보고, 우리에게 더 많은 것이 필요하다고 말하는 세력에 노출되는 것을 피해야 한다. 만약 "나는 옷이 많아, 이 세상에 사는 대부분의 사람들보다 많은 옷을 가지고 있어. 그리고 이것보다 옷이 더 많아진다면 그건 낭비일 뿐이야."라고 생각한다면, 우편 주문 상품 카탈로그에 눈길을 주지 말고 재활용품 상자에 던져 넣어야 한다. 광고를 피하는 방법도 있다. 광고는 우리의 만족감을 부지중에 약화시키고 욕심을 부추긴다. 내 관심을 끌기 시작한 광고를 자세히 보기 시작하면, "헤이, 저건 참 예쁜 블라우스군. 내 새 스커트와 함께 입으면 멋져 보이지 않을까? 게다가 이렇게 싸다니. 40퍼센트나 절약할 수 있네!" TV에 나오는 광고를 보면, 나는 새로 나온 잔디 깎는 기계가 '필요'하다는 생각이 들기 시작한다. 광고, 그리고 실제로 우리의 전 경제체제가, 사람들로 하여금 절대로 만족할 수 없는 마음 상태에 머물러 있도록 하는 데 기초를 두고 있다. – 충족감을 느끼는 사람은 물건을 사라고 권하는 끈질긴 광고에 넘어가지 않기 때문이다. 우리의 적은 우리가 근본적으로(그리고 영원히) 불만족스러워 하기를 원한다.

만족감은 사물을 바라보는 관점과 밀접하게 연관되어 있다. 우리는 우리를 비교할 대상을 선택할 수 있다. 부유한 친구들과 함께 있을 때 나는 이렇게 생각하게 된다. '세상에, 나도 이런 별장을 가졌으면. 우리는 왜 아이들과 아직 즐길 수 있을 때 유럽 여행을 갈 수 없는 걸까? 나는 늙고 가난해!' 나는 아이들의 옷을 사고, 집세를 내기 위해 갖은 고생을 하는 친구들을 기억할 필요가 있다. 아니면 제 3세계의 수많은 가난한 사람들에 비하면 우리가 얼마나 과분하게 잘 사는지를 기억해야 한다. 우리가 글 쓰는 법을 가르치는 프로그램이나, 식품 저장소, 그밖에 무엇이 됐든, 우리보다 더 가난한 이웃들을 돕는 일에 적절하게 참여한다면, 좀 더 분명한 관점을 가지게 될 것이다.

우리의 충족감을 키우는 또 다른 방법은 베푸는 것이다. 관용은 탐욕의 반대말이다. 내가 아는 케이프타운에 사는 한 가족은 일 년에 한

번씩 그들 소유의 물건을 모두 점검해서 지난해에 점검한 이후로 사용하지 않은 물건을 모두 꺼낸다. 그리고 그들은 과감하고 파격적인 일을 단행했다. 중고품 세일을 하지 않고 물건들을 나누어 준 것이다. 이것은 우리 소유를 새로운 시각으로 보게 해 준다.

리처드 포스터는 우리의 삶 속에서 탐욕이 그 흉악한 얼굴을 드러낼 때 보일 수 있는 위대한 반응이 무엇인지 말했다. 베풀라.[6] 우리가 어떤 소유에 지나치게 집착하고 있는 것을 발견하면, 그것을 남에게 주어라. 베풂은 우리가 가지고 있는 것이 우리 소유라는 생각을 깨트린다. 관용이 흘러나오고, 탐욕은 억제된다.

탐욕으로부터의 자유는 많은 경우 제3세계 그리스도인들이 베푸는 관용에서 명백히 드러난다. 나는 리지로부터 탐욕에 대한 가장 중요한 교훈을 배웠다.

우리가 남아프리카 공화국에서 살 때에 나는 매우 가난한 리지라는 흑인 친구를 알게 되었다. 그녀는 매일 쉬는 날도 없이 무게가 40파운드나 나가는 엔쥬조를 등에 업고 다른 사람들의 집을 청소해 주면서 자신과 두 아이들을 위한 생활비를 겨우 벌었다. 그녀는 기차 삯을 절약하기 위해서 몇 마일씩 걸어 다녔다.

리지가 일하는 한 주인집 여자가 시내 가장 좋은 상점에서 엔쥬조의 옷을 사서 그녀에게 주었는데 그 상점은 물건을 반품해 주는 상점이었다. 그 옷은 엔쥬조에게는 너무 작았다.

리지는 내게 와서 말했다. "메리 엘렌, 이웃을 스티븐에게 주고 싶어요."

"리지, 이 옷을 가져가면 엔쥬조가 입을 수 있는 다른 좋은 옷으로 바꿀 수 있어요."

"알아요." 그녀는 대답했다. "그렇지만 나는 당신에게 이걸 주고 싶어요. 스티븐이 이 옷을 입은 모습을 보고 싶어요."

"그렇지만 리지… 이건 아주 비싼 옷이야. 잘 생각해 봐. 네가 바꿔서 엔쥬조에게 입히도록 해."

"나도 옷을 교환할 수 있다는 걸 알아요" 그녀는 끈기 있게 말했다. "그렇지만 사랑에 비하면 돈이 뭐가 그렇게 중요하겠어요? 당신에게 이걸 주고 싶어요."

내 의식 속에, 내가 베푸는 관용조차도(결국, 나는 아프리카에서 살기로 선택하지 않았는가?), 돈의 가치를 기준으로 재단된다는 생각이 슬그머니 들었다.

리지는 돈에 대한 올바른 관점을 가지고 있었다. 예수님께서는 우리가 일시적인 만족과 지배, 자존감을 얻기 위해 돈과 재산을 이용하고 싶어 하리라는 것을 아셨다. 그래서 예수님께서는 자기를 따르는 자들에게 우리 삶의 중심에 보물을 쌓아 놓으라고 권유하신다.

음식

많은 사람들이 너무 많이 먹고, 우리가 원하는 것보다도 음식에 대해 더 많이 생각하고, 너무 많은 돈을 음식에 소비한다. 우리는 계산대 옆에 진열된 고급 스위스 초콜릿, 라스베리 캔디와 새로 생긴 쇼핑센터에서 파는 자모카 피칸 퍼지 아이스크림과 시내 중심가에 모여 있는 초밥집과 아프칸 델리에 유혹을 받는다. 음식은 항상 우리를 압박한다. 불량식품, 별미식품, 건강식품과 특별 다이어트식품. 식당마다 특별 '올 유캔 잇'(양의 제한 없이 마음껏 먹을 수 있는 메뉴 - 역자 주)

저녁 메뉴를 기획하고 유람선은 하루에 서너 번의 푸짐한 식사를 제공한다. 미국을 방문하는 사람들은 이 나라 사람들이 음식에 대해 그렇게 많이 말하고, 심지어 식사를 하는 중에도 다음에 할 식사(또는 전에 했던 기억에 남는 식사)에 대해서 말하고, 사회생활의 상당부분이 외식을 중심으로 이루어진다는 사실에 놀란다. 음식은 균형을 상실했다. 우리의 초점은 하나님으로부터 우리가 다음에 무엇을 먹을 것인지, 부엌에서 우리를 유혹하고 있는 초콜릿 케이크로 옮겨졌다.

우리는 탐식이라는 심각한 죄를 거론할 때, 소작농들이 밖에서 묽은 죽을 먹으면서 길게 늘어서 있는 가운데 사슴고기와 새끼 돼지구이와 꿩, 그리고 엄청난 양의 후식을 먹어댔던 중세의 연회를 떠올린다. 아니면 배가 터지도록 음식을 먹고 난 후 더 먹기 위해 음식을 토하던 로마 시대의 연회를 생각한다. 그렇지만 음식을 지나치게 강조하는 탐식은 오늘날 우리 사회에 여전히 존재하며 번성하고 있다.

인간에게 육체적 욕구는 매우 강력한 것이다. 우리의 위는 음식을 달라고 아우성치고, 더 심한 경우에는 부엌에 있는 과자가 관심을 끌기 위해 소리친다! 다이어트를 하면서 먹어서는 안 된다는 것을 알고, 먹기를 원치 않으면서도, 결국에는 먹는 여자의 모습은 로마서 7장에 나오는 바울의 말을 생각나게 한다. "나의 행하는 것을 내가 알지 못하노니 곧 원하는 이것은 행하지 아니하고 도리어 미워하는 그것을 함이라"(15절).

대학교 때 내 룸메이트는 아이스크림 케이크를 들고 들어오면서 이렇게 말하곤 했다. "우리 그리스도인들이 할 수 있는 것은 먹는 것뿐이야. 우리는 술도 못 마시고, 담배도 못 피우고, 아무하고나 잘 수도 없으니까 먹기라도 해야지."

탐식의 반대는 절제된 식사이다. 음식을 절제하는 사람은 음식을 하나님의 선물이며 나누어야 할 것으로 인식한다.

구약에서는 음식을 우리를 만족시키고 기쁘게 하는 하나님께서 주신 선물로 보았다(사 55:2). 그리고 음식은 곤궁한 사람들과 나누도록 되어 있었다. 하나님께서는 그의 백성들에게 "또 주린 자에게 네 식물을 나눠주며"(사 58:7)라고 요구하신다. 의로운 사람은 "주린 자에게 식물을"(겔 18:7) 준다.

신약에서 예수님은 자기를 따르는 사람들에게 생명이 "음식보다 소중"(마 6:25)하므로 먹을 것에 너무 집착하지 말라고 말씀하셨다. 예수님의 살이 "참된 양식"(요 6:55)이라고도 하셨다. 구약에 나오는 이스라엘의 자녀들처럼, 그리스도인들은 "먹을 것과 입을 것"(딤전 6:8)이 있으면 만족하고 가난한 자들과 나눌 것(약 2:15)을 권유받았다. 그러나 우리의 문화는 가난한 자들이 굶주리는 것은 아랑곳하지 않고 음식을 더 먹기 위해 접시를 돌리면서도 만족하지 못하고 인색하다. 만족하지 못하고 나누지 않는 것은 빙산의 일각에 지나지 않는다.

우리 사회의 탐식 현상은 초콜릿에 지나치게 탐닉하거나 심지어 부활절 달걀까지 사재기하는 단순한 충동이 아니다. 내가 다이어트를 하는 데 소비한 정서적인 에너지의 양을 생각하면 거의 믿을 수 없을 정도이다. 나는 거의 기도조차 할 수 없을 정도로 나를 무기력하게 만드는 죄의식의 악순환을 기억하고 있다. 때때로 내 허리 사이즈가 걱정될 때, 나는 나 자신을 타이른다. '메리 엘렌, 네가 얼마나 행운아인지 알아? 지난 세기 동안 과식과 살찌는 문제에 신경을 쓸 만큼 운이 좋은 사람들이 얼마나 된다고 생각해?' 아주 소수일 것이다. 대부분의 사람들은 전염병에 걸리고, 작은 상처에도 치명적인 병에 감염되고, 출산하다가 죽을 것을 두려워했다. 그리고 그들이 음식에 대해 걱정한다면, 그것은 대체로 살아남기 위해 충분한 음식을 섭취하는 문제였으며, 그것은 오늘날에도 여전히 많은 사람들을 괴롭히고 있는 문제이다.

딜레마

탐식이 갖는 문제의 본질은 먹는 행위가 아니다. 과식이나 금식을 비난하는 것은 진정한 문제의 핵심에 접근하는 것이 아니다. 먹는 행위는 너무 많이 먹는 것에 대해 여자들이 느끼는 죄의식과 비난에 비하면 가장 작은 부분일 경우가 많다. 우리는 죄의식으로 인해 무기력해져서 우리가 무가치하고 이전보다 더 사랑받지 못한다고 느낀다. 그리고 이런 행동을 하게 되는 원인을 규명하는 대신에 우리는 위로받기 위해 더 먹고, 그리고 더 기분이 나빠질 때가지 자신을 비난한다. 음식이 단지 음식에 지나지 않는다면, 우리는 이와 같은 곤경에 빠지지는 않을 것이다.

여자들을 위한 잡지들은 우리가 가진 더 큰 딜레마를 생생하게 보여준다. 잡지 표지에는 크림과 초콜릿이 잔뜩 얹혀진 달콤한 디저트 사진이 실려 있다. "이 먹음직스러운 디저트를 단 15분 안에 만드는 방법!" 표지 사진 옆에는, "2주 안에 히프 사이즈를 줄이는 방법", "프레디 박사의 고통 없는 다이어트 법" 같은 표제가 우리를 유혹한다. 음식과 몸매가 바로 잡지 표지에서 싸우고 있는 것이다!

음식과 완벽한 몸매가 동시에 과시되기 때문에 탐식이 문제가 되는 것이다. 많은 여자들에게 먹는 행위는, 사람들이 선호하는 이상적인 몸매를 표현하는 말이나 사진과 대립된다.

음식과 몸매: 내 이야기

일곱 살 된 수잔나가 식탁에서 나에게 말을 하고 있지만, 실제로 그 아이는 찬장에 달려있는 거울에 비친 자기 모습을 보고 있다. 그 아이는 웨이브 갈색 머리를 뒤로 넘기며, 몸을 꼬기도 하고 흔들기도 하는 매력적인 존재로부터 눈을 뗄 수가 없다.

나는 어린 시절부터 거울 보는 것을 좋아하지 않았다. 나는 욕실에 있는 거울을 통해 엄마가 머리를 빗거나 입술을 오므리는 모습을 지켜보았다. 엄마는 앞머리를 위로 세우기 위해 빠른 손놀림으로 머리를 매만졌다. 그러나 나는 내 모습은 절대 보지 않았다. 어쩐 일인지 내가 내 모습에 관심을 가지고 있다는 것을 엄마에게조차 나타낼 수 없었다. 나는 2학년 때 끝이 뾰족한 갈색 안경을 쓰게 되었다. 내 코 위에 올라앉은 안경은 내가 모범생처럼 보이게 했지만 예쁘지는 않았다. 그리고 양 옆으로 원래 뻗치는 머리에 웨이브를 만들기 위해 엄마가 밤마다 머리 양쪽을 핀으로 고정시켜 만들어 준 머리가 꼬불거리며 내려뜨려져 있었다. 나는 상관하지 않았다. 나는 성적이 좋았고 책을 많이 읽었다.

나는 *McCall's*(맥콜스) 잡지에 나온 어린이 모델에 관한 기사를 발견하고 그것을 접어서 일기장에 보관했다. 내가 가장 좋아하는 모델은 커다란 파란 눈과 갈색 머리를 가졌고, 머리는 파도가 부서지기 직전에 만들어내는 것과 같은 완벽한 고리 모양으로 감겨 있었다. 나는 신상명세서를 읽고 또 읽었다. "여덟 살인 데비는 두 살 때부터 모델을 하고 있다. 그녀는 어느 장소에나 어울리는 완벽한 머리를 연출해 수많은 잡지들이 매우 선호하는 모델이다. 그녀의 아버지는 뉴욕에서 외과 의사로 일하고 있으며, 엄마는 데비의 매니저로 활동하고 있다." 나는 내 인형에게 데비라는 이름을 붙여주었고 그 해 6월에 토니에게 집에서 내 머리를 파마하도록 허락했다. 집 옆의 마당에서 색 바랜 빨간 의자에 앉아 머리를 말고 집에서 만든 라즈베리 잼을 바른 토스트를 먹으면서 나는 데비를 생각했다. 지독한 파마약 냄새를 맡으면서 여섯 시간 동안 머리를 말고 나니, 내 머리가 그림처럼 완벽해 보였다. 나는 안경을 벗고 눈을 가늘게 뜨고 거울을 보았다. 다음 날 내 머리는 다시 납작해졌고 다시 핀으로 웨이브를 만들어야 했다.

7학년이 되자 여자 아이들은 화장실 거울 앞에서 족집게로 다듬은 눈썹 바로 아래까지 앞머리가 내려오도록 물이나 헤어젤을 발라서 빗었다. "아, 징그러, 여드름이잖아! 네 화장품 좀 빌려 줄래?" 나는 볼일을 마치고 나와 손을 씻을 때에도 거울은 쳐다보지도 않았다.

바로 그 해에 리사와 나는 리사 아버지의 《플레이보이》 잡지를 보면서 비 오는 봄방학의 며칠간을 지냈다. "이것 좀 봐. 이 여자는 바비 인형 같아." 나는 한숨을 쉬며 리사에게 말했다. 거대한 가슴, 가는 허리, 긴 다리. 이것이 우리 몸이 보여 주어야 할 모습이었다. 리사는 B사이즈 컵 브라를 입었다. 나는 아예 브라가 필요 없었고 내 다리는 짧은 편이었다.

《라이프》지 표지에 트위기(Twiggy, 1960년대에 유명했던 마른 체구의 모델-역자 주)가 실렸다. "트위기는 정말 못생겼어." 엄마가 말했다. "남자 같은 여자는 사람들이 좋아하지 않아" 아빠가 말했다. 9학년 때의 어느 날 반에서 제일 날씬한 아이 하나가, 그 아이는 세븐틴 잡지에 나오는 옷을 입었는데, 한숨을 쉬며 말했다. "나는 정말 살을 빼야 돼." "더 뺄 데가 어디 있어?" 우리는 물었다. "여기 봐" 그녀는 다리를 뒤로 구부려 쭈그려 앉으면서 무릎 옆에 살짝 볼록해진 부분을 가리키며 말했다.

나는 다이어트를 시작했다. 2주 동안 굶다가 2주 동안 진탕 먹어댔다. 피자, 햄버거, 콜라, 아이스크림. 내가 뚱뚱하다고 생각될 때마다 나는 몸무게를 쟀다-150파운드. 아니 이럴 수가. 그리고는 남동생의 운동복을 입고 4마일을 뛰었다.

졸업반이 되기 전 여름, 내가 일하고 있는 도서실에 가기 위해 나는 6마일씩 자전거를 탔다. 나는 양지바른 곳에 앉아 다 먹은 후에도 좀처럼 포만감을 느낄 수 없는 소량의 샐러드를 점심으로 천천히 먹었다. 나는 일을 마치고 돌아온 후 부엌으로 가서 엄마가 오븐에서 블루베리 머핀을 꺼내는 것을 보았다. "엄마," 나는 비탄에 잠겨 말했다. "나한테 어떻게 이럴 수 있어요? 내가 살 빼려고 애쓰고 있는 걸 몰라요? 정말 너무해요!" 나는 내 방으로 뛰어 들어갔다.

나는 10년 후에 남아프리카에서 이와 동일한 감정을 느꼈지만 좀 더 정중하게 표현했다. 어느 날 밤 편히 앉아서 책을 읽으려고 할 때 현관 벨이 울렸다. 한 교구 신도가 과자 접시를 들고 미소 짓고 있었다. "과자를 좀 가져왔어요."

"너무나 고맙습니다. 정말 친절하시군요," 나는 말했다. 속으로는 '도대체 나에게 어떻게 이럴 수 있죠? 지금 당장 이걸 다 먹어치우든가 아니면 저녁 내내 부엌에 있는 과자 생각에 제인 오스틴의 소설을 건성으로 읽으면서 지내게 될 텐데.' 라고 말하면서.

스티븐이 태어나고 나는 스티븐에게 젖을 먹였기 때문에 정상적인 식사를 하려고 노력했다. 나는 몸무게가 30파운드나 줄었다. 날아갈 것 같았다. 내 옷은 전부 헐렁해졌고 새 옷을 사야 했다. 나는 내 허리가 얼마나 날씬하며, 허벅지가 얼마나 가는지 과시할 수 있는 디자인의 옷을 샀다. 젖을 먹였기 때문에 가슴도 커졌다. 나는 내 몸에 대해 다른 느낌을 가지게 되었다. 스물여덟 살이 되어서도 나는 여전히 바비 인형같이 보이고 싶어 했던 것이다. 내가 시선을 끌어야 할 사람이 누가 있단 말인가?

아직도 머리를 자르고 미용사가 드라이를 한 뒤에 의자를 돌려 거울에 비친 내 모습에 감탄하기를 은근히 강요할 때, 나는 거울 속에서 살색과 갈색만 희미하게 볼 수 있도록 안경을 잘 쓰지 않는다. 나는 오로지 미용사가 나를 바보로 생각하지 않도록 하기 위해서 안경을 달라고 요청할 뿐이다. '도대체 이 여자는 어떻게 생겨 먹었길래 20불이나 내고 머리를 자르면서 거울에 비친 자기 모습을 볼 용기가 없는 거야?'

정말 어떤 여자일까? 아직도 자기 자신을 핀을 꼽아 머리에 웨이브를 만들고 뾰족한 안경을 쓴 어린 소녀로 보고, (대부분의 여자들이 그렇듯이) 남들에게 인정받을 수 있는 몸매가 무엇보다도 중요하다는 메시지에 귀를 기울이는 여자이다.

거울 속의 얼굴

당신은 거울에 비친 당신의 모습을 좋아하는가? 만약 그렇다면, 당신은 선택된 소수에 속한 사람이다. 글래머지가 33,000명의 여자들에게 설문조사를 한 결과, 6퍼센트의 여자들만이 자기 몸에 대해 만족감을 느꼈다.[1] 대다수의 여자들은 자신에 대해 말할 때 자기의 신체 사이즈를 더 부풀렸다.[2] 우리 문화에서는 여성이 존중받지 못했기 때문에, 여자들은 열등감에 사로잡히기가 더 쉽다. 그러므로 그들이 거울에 비치

는 자기 모습을 좋아하지 않는다면, 모든 것이 영향을 받는다.[3]

완벽한 몸매

표준적인 몸이란, 그리스도인들이 세상이라고 표현하는 사회적인 기준에 의해 강요된다. 표준적인 여자의 몸은 어느 시대를 막론하고 남자에게 매력적으로 보이는 몸이었다. 스타일이 바뀜에 따라, 이미지도 변했다. 르네상스 시대의 그림에 등장하는 이상적인 여자는 오늘날 우리에게 보여지는 이미지와는 다르다. 루우벤, 티티안, 라파엘, 미켈란젤로는 오늘날에는 에어로빅 교실에서 웃음거리가 될 여자들을 이상형으로 그렸다.

금세기의 첫 20년 동안, 마른 몸매는 건강하지 못하며 매력 없는 사람으로 여겨졌다. 20년대에 여성 참정권 운동이 일어나면서 여자들은 남자처럼 보이고 싶어 했다. 마르고, 머리를 짧게 자르고 심지어 가슴을 동여매는 것까지 유행했다.

우리 모두가 도달해야 할 20세기 말 서구 사회의 미의 기준은 무엇인가? 패션 쇼, 광고, 여성 잡지들이 그 이상형을 전달한다. 여자들은 자신을 '보기 좋게' 만들기 위해 시간과 노력을 투자한다. 여자가 아름다워지기 위해서 무엇을 해야 하는가? "흉한 지방을 제거하기 위해 다이어트를 하고, 머리는 퍼머넌트를 하거나 곧게 펴거나 염색을 해야 한다. 화장법을 배우고, 옷 입는 법, 적절하게 앉고 서고 걷는 법을 배워야 한다. 예의에 어긋나지 않도록 다리와 겨드랑이의 털을 깎고, 눈썹을 다듬으며, 팔과 얼굴의 털을 탈색시켜야 한다. 절대로 향수와 탈취제 사용을 잊어서는 안 된다."[4] 여자의 몸은 있는 그대로 용인되지 않는다. 사회가 용인하지 않으며, 여자 자신도 용인하지 않는다.

여자들이 지방은 거의 없고, 날렵해 보이며, 키가 크고 가늘며, 가슴까지 큰 이상적인 몸매에 자기의 몸을 비교하게 되면 자신의 몸을 어떻게 용인할 수 있겠는가? 이상적인 여자는 바비 인형같이 생겼고, 그 메시지는 우리가 어렸을 때부터 장난감, 만화, 시트콤과 잡지 등을 통해서 우리에게 계속해서 전달되었다. 완벽한 여자의 몸매는(남성 심사 의원에 의해서) 미스코리아선발대회에서 수영복 심사로 평가된다. 그러나 이런 완벽한 여자조차도 아름다운 곡선을 만들어내기 위해 자기 몸을 테이프로 감아야 한다. 완벽한 여자의 몸은 상점에 있는 마네킹이나 특히 미디어를 통해서 우리를 억압한다.

모델이나 여배우들 중에서도, 완벽한 몸매를 지닌 여자들은 극소수이다. 컴퓨터로 그들의 사진을 수정하고, 기술적으로 허벅지를 가늘게 만들고 눈썹의 굴곡진 부분을 돋보이게 만든다. 평범한 여자가 균형잡힌 몸매를 가지고 있고, 유전적으로 통통한 타입이 아니라고 할지라도, 미디어가 변형시킨 여자의 이미지에 필적할 수는 없다.

완벽한 몸매는 불안정하고 그런 몸매를 갖는 것은 거의 불가능하지만, 우리가 진정으로 용인받기 위해서는 그런 완벽한 몸매(또는 적어도 그것에 가까운)를 가져야 한다고 믿는다. 이런 견디기 힘든 압력, 우리의 몸을 있는 그대로 받아들이지 않고, 우리의 식욕을 나쁜 것이라고 거부하는 이런 과도한 압력은, 어떤 여자들에게는 더 참기 힘들다. 최악의 경우에는 오늘날 젊은 사람들 사이에서 급격히 늘어나고 있는 거식증이나 폭식증 같은 자기 혐오적인 증상이 나타나게 된다. 어떤 심리학자들은 거식증은 십대들이 계속 가치가 저하되는 것을 보아온 여성성에 대한 거부현상이라고 주장한다.[5] 대부분의 희생자들이 여자들이라는 것은 우연의 일치가 아니다. 여자들이야말로 완벽한 몸매의 기준에 맞추기 위해 가장 큰 압력을 받고 있는 존재들이다.

누가 패자인가? 여자들이다. 신기루를 추구하며, 세상이 정해 놓은 기준을 쫓으면서 우리의 시간과 정력을 쏟아 붓는 우리가 패배자들이다. 음식이 지나치게 중요한 이슈가 되고, 죄의식과 절망감의 악순환에서 헤어나지 못할 때 우리는 피해자이다. 다이어트에 성공해서 몸무게를 줄인 사람들 중 90퍼센트가 다시 몸무게가 늘어난다는 것을 많은 연구 결과가 보여 준다. 얼마나 고무적인 통계인지! 이 통계가 의미하는 것은 음식과 완벽한 몸매에 대한 이 사회의 이미지에 사로잡힌 사람들은 절망할 수밖에 없다는 것이다. 우리가 우리 몸을 싫어함으로써 어리석은 짓을 하게 될 때 우리는 패자이다.

누가 패자인가? 시간과 정서적인 에너지, 돈을 낭비하는 여자들이 패배자이다. 다시 말하면 나는 내 삶의 중심에 예수님 대신 아름다운 몸을 놓으려고 발버둥친다. 그것은 아마도 사탄이 주입시킨 정욕과 세속 때문일 것이다. 내가 몸무게를 줄이고 X자 같은 몸매를 가진다면, 나는 행복할 것이다. 그러면 나는 자신감을 가질 것이고, 가치 있는 사람이 될 것이라 생각한다. 결국 우리는 그리스도를 위해 사는 삶과 거리가 멀어지고, 대신 음식과 우리의 모습에만 신경을 쓰게 된다. 사탄은 그렇게 많은 돈과 정서적인 에너지와 시간이 이상적인 여자의 몸이라는 무의미한 신기루를 추구하는 데 우리가 몰두하는 것을 기뻐할 것이 분명하다.

이 게임에서 승자는 누구인가? 우리를 더 멋있어 보이게 하고, 우리를 만족스럽고 행복하게 만들어 주는 여러 가지 옷과 화려한 화장품을 계속 팔 수 있는 패션 전문가들이다. 또 다른 승자는 다이어트 산업이다. "미국은 지난 해 다이어트 관련 서적, 비디오테이프, 식욕 억제제, '가벼운' 음식, 저칼로리 음료, 체중 감량 프로그램 등으로 300억 달러 이상을 썼다."[6] 성형 수술과 지방 흡입술을 시술하는 사람들 또한 이러한 강박관념으로 인해 많은 돈을 벌었다.

뚱뚱할 수 있는 자유

날씬할 수 있는 자유, 다이어트 계획 탈출기, 가늘고 균형 잡힌 몸매 그리고 승리, 하나님의 도움으로 살을 빼는 방법, 완벽한 변신과 같은 제목의 그리스도인 서적들은 여성의 아름다움에 대한 사회적인 기준이 교회로까지 침투했음을 시사한다. 바울은 그리스도인들은 세상을 본받아서는 안된다(롬 12:1, 2)고 주장하고 있다. 그러나 세상을 따르라는 압력은 매우 강력하다. 세상에 순응하지 않기 위해서 우리는 바비 인형의 이미지에 의문을 제기하고 왜 여자의 몸매가 세상에 의해 강요되는지 물어 보아야 한다.

'그리스도인의 다이어트' 같은 책이 여자들에게 미치는 가장 큰 해악은, 여자들이 과식 문제에서 벗어나 균형 잡힌 몸매를 갖게 되면(그러기 위해서 세상의 가르침과 다이어트 계획과 패션 업계의 거물들이 하는 말을 따르면), 행복과 충족감을 느끼게 될 것이라는 암시이다. 물론 그것은 우상 숭배이다. 우리와 하나님과의 관계 외에는 어떤 것도 우리를 충족시킬 수 없다. 바울에 의하면, 여자의 아름다움은 외모에 있지 않고 내면에서 우러나오는 것이다(벧전 3:3).

그리스도인 여성들에게 다이어트를 통해 세상의 유행을 따를 수 있다고 제시하는 것은 깊은 상처에 일회용 반창고를 붙이는 것과 같다. 많은 '그리스도인' 다이어트 관련 서적들이 뚱뚱한 것이 죄라는 암시를 함으로서, 여자들의 낮은 자존감이라는 깊은 상처에 소금을 문지르는 것과 같은 행위를 하고 있다. 빈약한 자아상에 더해진 죄의식은 어떤 것에도 도움이 되지 않으며, 이렇게 축적된 죄의식의 무게가 점점 더 심한 자기 거부의 악순환으로 몰고 간다. 우리들 중에 브라우니를 두 개나 먹었거나 다이어트로 인한 허기로 괴로워서 아이들에게 신경질을 내거나 친구에게 화를 내 본 경험이 있는 사람이 얼마나 많을까? 그리고 교회가 쉽게 눈으로 확인할 수 있는 비만을 죄의 징후로 본다면, 다른 모든 죄인들도 간음한 자가 그 머리글자인 알파벳 A를 걸고 다녔던 『주홍글씨』에서처럼 자기 죄를 나타내는 무언가를 걸고 다니도록 해야 할 것이다. 교만(pride)한 죄에 대해서는 대문자 P를, 정욕

(lust)에 대해서는 대문자 L을 달고 다녀야 할 것이다.

악순환에서 벗어나기

결혼을 주제로 한 그리스도인을 위한 서적들도 아름다움에 대한 세상의 개념을 강조하고 있는 것을 보면 세상이 얼마나 교회 속으로 깊이 잠식해 들어왔는지 알 수 있다.

『그 남자의 욕구, 그 여자의 갈망』(*His needs, Her needs*)이라는 책을 쓴 윌라드 할리(Willard Harley)는 "그는 아름다운 아내─매력적인 배우자─를 원한다."라는 제목의 장에서 남자의 가장 큰 욕구에 대해서 논하고 있다. 할리는 낸시라는 여자의 이야기를 하고 있는데, 그녀는 해롤드와 결혼한 뒤에 몸무게가 늘었다. 해롤드는 당연히 자기 아내가 매력적이지 않으며, 그녀와 함께 다니는 것이 자랑스럽지 않다는 사실을 감당할 수 없었다. 이 남자를 상담하면서, 할리는 법적인 별거를 제안했다. "아내에게 살을 뺄 때까지 별거하겠다고 말하십시오."[7] 다행스럽게도, 낸시는 자극을 받고 다이어트를 시작했다. 그녀는 살을 뺐고 해롤드는 다시 돌아왔다. 이제 그는 그녀가 매력적인 배우자를 원하는 남성의 욕구를 채워주었기 때문에 그녀와 함께 다니는 것이 자랑스러울 수 있게 되었다. 그녀는 자기에게 그렇게 깊고 무조건적인 관심을 보여 준 남자에 대해서 강한 확신과 행복감을 느껴야 마땅하다!

세상의 영향으로 인해 할리는 결혼할 때 두 사람이 행복할 때나 불행할 때나 함께 살기로 서약했다는 사실을 잊어버렸다.

같은 장의 후반부에서, 그는 만약 여자가 화장을 잘 안하고 눈썹 다듬는 것을 잊어버렸다면 얼마나 불행한 일이겠냐고 지적하면서 여자들이 자신을 꾸미는 일에 신경을 써야 한다고 제안하고 있다.(얼마나 충격적인가!) 그는 너무 일찍 겉늙은 여자들을 위해, 몇 년에 한 번씩 다시 해야 함에도 불구하고, 성형수술을 권한다. '그리스도인 상담가들'이 남자의 '욕구'가 아름다움에 대한 성경적인 메시지보다 우위를 차지한다고 제시하는 것은 우려할 만한 일이다. 세상이 얼마나 속속들이 교회를 오염시켰는지 모른다.

우리는 교회 안에서 조차도 아름다움에 대한 세상의 기준과 싸워야 한다. 당신을 진심으로 사랑하는 사람들은 당신의 몸매 때문에 당신을 사랑하는 것은 아닐 것이다. 내가 만약 모델 같은 몸매를 가졌다면 더 사랑받고 사랑스러울 것이라고 정말 확신하는가? 탐식의 죄는 우리에 대한 하나님의 사랑을 신뢰하지 못하고, 사람에게 부여된 선하고 존엄한 가치를 사회의 기준과 맞바꾸는 더 큰 죄일지도 모른다.

그리고 이것은 뚱뚱하건 날씬하건 상관없이 모두에게 영향을 미친다. 날씬한 사람들은 교만해지기 쉽다. 그들은 자기 몸에 자부심을 느끼고, 몸무게와 싸우고 있는 사람들에 대해서 우월감을 가질 수 있다. 또는 자기가 너무 말랐다고 생각하는 사람들은 자기가 너무 뚱뚱하다고 생각하는 사람들과 마찬가지로 자기 혐오에 빠질 수 있다. 하나님은 절대로 우리 몸이 완벽하다고 해서 우리를 더 사랑하시지 않는다. 한 여자가 자기가 완벽한 몸을 갖게 되면 어떨까 생각해 본 후에, 거울에 비친 자신의 모습을 보고 이렇게 썼다. "나는 여자의 몸을 가지고 있다. 부드럽고 굴곡진 것이 결코 이상한 것이 아니다."

위대한 그리스도인 작가인 도로시 세이어(Dorothy L. Sayers)는 매력적이지 않다는 이유로 여자들이 바지를 입는 것을 좋아하지 않은 남자들에 대한 답변으로 이런 글을 썼다. "바지가 당신에게 매력적이지 않다면 유감스러운 일이다. 마찬가지로 나도 당신에게 매력적으로 보이기를 원치 않는다. 나는 한 인간으로서 나 자신을 즐기기 원한다."[8] 세상은 우리가 남자들에게 어떻게 보이는가가 가장 중요하다고 말할 것이다. 우리가 여성의 아름다움에 대한 이 세상의 이미지를 받아들였다면, 그것을 버려야 한다. 아름다운 몸은 결코 만족감을 주지 못한다. 우리가 가질 수 있는 유일한 만족감은 하나님 안에서만 찾을 수 있다.

우리가 '그대는 날씬해야 한다. 그렇지 않으면 죄인 취급을 받으리니'라고 사회가 전하는 메시지의 겉포장을 벗겨낼 수 있게 되면, 그때 비로소 음식이 본연의 위치를 찾을 수 있게 될 것이다. 우리가 단순히 초콜릿 케이크 한 조각을 먹을 것이냐 말 것이냐 하는 문제를 놓고 고심할 때, 거창한 죄의식과 비난과 득의양양하게 우리를 보고 있는 소위 완벽한 이미지를 개입시키지 않는다면, 우리 자신을 바라보는 우리의 시각을 훨씬 감당하기 쉬워질 것이다. 우리가 우리의 육체를 변화시키려고 애쓰고 있다면, 우리는 이렇게 스스로에게 물어 보아야 한다. "내가 보여 주려고 하는 것이 무엇인가? 이유는 무엇인가? 그리고 누구를 위해서인가?"

또 다른 탐식

탐식에는 여러 종류가 있다. 음식이 우리 삶의 많은 부분을 차지하도록 하는 다른 형태의 유혹들이다. 이러한 것들은 음식을 제공해 주시는 하나님께 감사하고 그 중의 일부를 베푸는, 음식에 대한 성서적인 관점을 왜곡시킨다.

집에서 주로 음식을 만드는 사람으로서, 우리는 우리가 식탁에 올리는 음식에 지나치게 많은 의미를 부여함으로써 자신의 존재의 중요성을 강조하려고 한다. 우리는 가족이 먹을 수 있는 것보다 더 많은 양의 음식을 준비하느라 몇 시간을 소비할 수도 있다. 내가 놀랄 만큼 요리를 잘한다거나 빵을 굽는 데 비범한 재주가 있다고 사람들로부터 인정받는 것이 너무나 중요하다면, 내가 왜 내 삶의 영역 중에서 이 영역에 이렇게 많은 것을 투자하고 있는지 자문해 보아야 한다.

C. S. 루이스는 『스크루테이프의 편지』에서 또 다른 형태의 탐식에 대해 썼는데, 거기에는 한 대식가가 "피로에 지친 웨이트리스가 그녀 앞에 차려놓은 접시를 보고 신경질적으로, '오, 저건 너무나 양이 많아요! 다시 가져가서 4분의 1만 갖다 주세요.'"라고 말하는 장면이 나온다. 루이스는 그 여자는 '내가 원하는 것은 무엇이나' 식의 사고방식, 즉 완벽하게 삶아진 달걀이나, 언젠가 그랬던 것처럼 딱 알맞게 구워진 토스트 등을 끊임없이 요구하는 성격의 희생자라고 지적한다.[9]

또는 식도락이나 점점 더 색다른 음식, 더 비싼 버섯, 더 훌륭한 레스토랑을 찾아다니는 것도 탐식과 관련되어 있다. 이러한 종류의 고도로 세련된 탐식은 우리로 하여금 음식을 지나치게 강조하도록 만들고 우월감에 빠지게 할 수 있다. 건전한 의식을 가진 그리스도인이 세상 어디에선가 사람들이 굶어 죽고 있는데 희귀한 버섯 1파운드를 사기 위해 15.99불을 쓸 수 있을까?

또 다른 형태의 매우 현대적인 탐식은 내가 '음식을 통한 구원'이라고 부르는 것이다. 실제로 우리는 우리 몸의 청지기이며 좋은 음식, 건강한 음식을 먹어야 하지만, 이것을 너무 과장해서 우리가 건강식품을 먹고, 우리 가족들에게 바른 먹거리를 제공하면, 영원히 살 것이라고 믿게 될 수 있다. 우리는 자신의 건강이나 가족의 건강에 대해 자부심을 갖는다. 우리는 우리 자신의 구원을 책임진 것이다.

10년 전 다이안이라는 한 젊은 그리스도인 여성이 암에 걸렸다. 그녀가 수술을 받을 때, 많은 사람들이 그녀를 위해 기도했다. 빌과 데프니라는 다른 그리스도인 부부의 영향으로 다이안은 정제된 설탕 섭취를 금하는 특별한 식이요법을 시도했다. 다이안이 암으로 판명된 지 2년째 되었을 때, 통밀로 만든 토스트와 꿀로 단맛을 낸 딸기잼을 먹으면서 나는 빌과 데프니와 이야기를 나누었다.

"다이안은 어때요?" "훨씬 좋아졌어요" 데프니가 대답했다. "무설탕 식이요법 덕분이죠."

나는 어안이 벙벙해졌다. 다이안이 좋아진 것이 식이요법 때문인지 또는 기도나 다른 요인 때문인지 잘 모르겠다고 말했다면 이해할 수 있었다. 나는 또한 그런 심한 병으로 고통 받고 있는 사람을 봐야 하는 중압감 속에서 병을 물리치고, 무언가를 하고 싶은 욕구가 무척 강할 것이라는 것도 이해할 수 있었다. 그렇지만 그들이 설탕 대신 꿀을 섭취하게 하는 식이요법으로 다이안을 치료했다고 단정하는 것은 나에게는 우상 숭배로 비쳐졌다. 우리는 성실한 청지기가 되어야 하지만, 우리의 구원을 우리 손으로 이룰 수는 없다. 우리의 건강과 생명을 음식을 통해 구하는 것은 하나님의 자리를 차지하는 것이다.

오해하지 말기 바란다. 우리 몸을 잘 관리하는 청지기가 되기 위해 아마 몸무게를 줄여야 할 때도 있을 것이다. 우리가 우리 자신의 건강을 전적으로 지킬 수는 없지만, 우리 몸을 성령의 전으로 여기고 혹사시켜서도 안 된다. 절제는 성령의 열매이다. 우리가 몸무게를 관리해야 하는 실제적인 이유가 있을 수도 있다. 나는 요즘 내 허리 사이즈에 신경을 쓰고 있다. 옷이 작아져서 새 옷을 사고 싶지 않기 때문이다. 그렇지만 내가 매력적으로 보여야 한다거나, 남편이나 아이들이 나를 더 사랑할 거라거나, 하나님이 나를 더 많이 사랑하실 것이라는 이유로 그러는 것은 아니다.

우리는 그렇게 외모에 많은 영향을 받기 때문에 정작 중요한 것이 무엇인지 잊어버리게 된다. 여자들은 살이 찌지 않도록 하기 위해서 담배를 계속 피우는 경우도 많다. 피부를 검게 태우는 것은 위험한 일인데도 많은 사람들이 중요하게 여기는 듯하다. 연구에 의하면 피부암으로 수술을 받은 사람들 중 40퍼센트는 그 후에도 피부를 검게 태우는 습관을 버리지 못한다고 한다. 여자들은 발과 척추를 손상시키는 굽 높은 구두를 신는다. 여자들은 외모를 통해서 성취감을 얻고자 애를 쓰기 때문에, 정작 그들에게 가치를 부여해 주는 것이 무엇인지는 올바로 보지 못한다.

자유: 에리카 이야기

에리카는 특별한 사람이었다. 그녀는 자신감에 차 있고 쾌활하며 매우 실력 있는 의사였다. 그녀는 친절하고 잘 웃었다. 그녀는 자기가 어떤 사람인지 잘 알고 있으면서 그런 자신에 대해 만족하는 태도를 가지고 있었다. 그녀는 오랜 세월을 그리스도인으로 살아왔다.

에리카는 약간 과체중이었지만, 그녀의 외모에서 가장 눈에 띄는 것은 얼굴이었다. 그녀의 얼굴에는 대략 30개쯤 되는 사마귀가 있었다.

그녀는 수년 동안 우간다에 있는 선교 병원에서 일했다. 그 당시에, 쉰 살 정도 된 한 남자가 말라리아에 걸려 외딴 지역으로부터 실려 왔다. 에리카는 몇 주 동안 그 남자를 치료했고, 그 남자가 사용하는 방언을 말할 수는 없었지만, 그들은 친구가 되었다. 마침내 그가 집에 갈 수 있을 정도로 회복되어서, 그의 가족들이 그를 데리러 오는 날이 되었다. 그 남자의 동생이 스와힐리어를 할 수 있어서 통역을 해 주었다.

"어떻게 감사하는 마음을 다 표현할 수 있을지 모르겠다고 하는군요." 동생이 그 나이 많은 남자가 하는 말을 통역했다. "그리고 당신 얼굴에 대해서 너무 안 됐다고 합니다."

"내 얼굴요?" 에리카는 스와힐리어로 물었다.

그 남자는 다시 무어라고 말했고 동생이 통역을 했다. "당신 얼굴의 사마귀 말입니다. 그가 말하기를 당신 얼굴에 사마귀가 흉하게 나서 안 됐다고 하는군요."

"걱정 말라고 하세요." 에리카는 말했다. "우리나라에서는 사마귀가 미의 상징이랍니다."

에리카의 진정한 나라인 천국에서는, 그녀의 얼굴이 실제로 아름답게 여겨질 것이다. 그녀가 그녀의 주님께 그렇게 헌신하고 있으며 하나님께 얼마나 많은 사랑을 받고 있는지 확신하기 때문이다. 이것이야말로 진정한 자유이다.

사소한 것들로 채워진 삶

스물두 살 때 나는 재혼한 남편과 함께 남아프리카공화국의 케이프타운으로 이주했다. 어니는 신학교 교육 외에도 유전학 박사 학위를 가진 스물아홉 살의 자신감에 차 있는 청년이었다. 우리가 도착한지 열흘 후에, 그는 케이프타운에 있는 영국 국교회 교회의 목사로 임명되었다. 그는 자기 임무인 심방과 설교, 여러 가지 모임을 시작했다.

나는 문화적인 충격을 겪었다. 우리는 워싱턴 주의 벨링햄에 방 하나짜리 아파트에서 살았었다. 그런데 지금은 가구를 갖추어야 할 방이

다섯 개나 되는 사제관을 갖게 되었다. 나는 운전석이 반대편에 있는 폭스바겐 '비틀'을 운전하는 법을 배워야 했고 슈퍼마켓에 있는 물건 중에서 어떤 것이 미국 제품과 비슷한 것인지 알아내야 했다. 미국에서 콘스타치라고 불리고 영국에서는 콘플라워라고 불리는 것이 남아프리카공화국에서는 메이제나(Maizena)라는 이름으로 불린다는 것도 알게 되었다.

나는 당황스러웠고, 그래서 내가 잘할 수 있다고 생각하는 일들을 하면서 시간을 보냈다. 나는 직접 그래놀라, 땅콩버터, 빵을 만들었다. 앤드류가 태어나자 분쇄기를 이용해 이유식을 만들었고, 아이 방을 꾸미고, 앞면에 여러 가지 모양의 헝겊 조각을 붙인 청바지를 만들었다. 많지 않은 목사 월급으로 쿠션에 수를 놓고, 벽걸이용 퀼트, 커튼과 전등갓 등을 만들었다. 성탄절에는 *McCall's*(맥콜스), *Better Homes and Gardens*(베터 홈스 앤드 가든스), *Good Housekeeping*(굿 하우스키핑) 같은 잡지의 성탄절 특집판을 서둘러 입수했다. 나는 아이들에게 마술 같은 성탄절 추억을 만들어 주고 싶었다. 펠트지로 만든 작은 스케이트, 아플리케를 한 인형 장식품, 십자수를 놓은 화환, 견과류 껍질로 만든 요람 등. 나는 생강 과자로 집을 만들고, 가족과 친구들을 위해서뿐만 아니라 크리스마스 만찬을 위해 우리 집에 올 많은 사람들을 위해서 헝겊 조각을 붙여 만든 화환과 바늘꽂이, 티슈 주머니, 작은 백과 같은 크리스마스 선물을 만들었다. 나는 바빴다, 너무 바빴다. 그렇지만 내 시간과 재능을 책임 있게 사용하고 있는지 나 자신에게 물어보지 않았다.

우리 삶에서 중요한 것들은 우리를 계속해서 정신없이 바쁘게 만드는 것들 사이로 새어나가 버린다. 사람들은 이것을 "긴급한 일의 횡포"라고 부른다. 나는 설교가들과 시간 관리 전문가들이 이 '횡포'에 대해 장황하게 설명하는 것을 들었다. 그들은 급한 일을 검토하고 걸러내서 정말 중요한 일을 이루어야 한다고 조언한다. 그들이 여자들에게 하기를 바라는 일은 무엇인가? 아이들을 프렌치 호른 레슨에 남겨두는 것인가? 장을 보지 않고 음식을 하는 것인가? 가족들이 짝짝이 양말을 신게 하는 것인가? 아마 그 목사와 시간 관리 전문가는 여자들에 대해 생각하지 않고 있었던 것 같다. 여자들의 삶은 끊임없이 이어지는 정신없는 활동으로 가득 차 있으며 대부분의 여자들은 그것을 피할 수 있는 다른 삶의 방식을 알지 못한다.

'나태'라는 말 속에서 우리는 무엇을 떠올리는가? 대체로 게으름이라는 단어일 것이다. 성경은 게으름에 대해서 약간 언급하고 있는데 대부분이 잠언과 전도서에 나온다. 여기에서 게으른 사람들은 개미에게 가서 배우라고 말하고 있다. "게으른 자여 개미에게로 가서 그 하는 것을 보고 지혜를 얻으라"(잠 6:6). 어떤 사람들은 게으르다. 그런 사람들은 하는 일없이 빈둥거리며 다리를 올려놓고 TV 보는 것을 좋아한다. 그러나 우리들 대부분은 청교도적 노동 윤리관에 깊은 영향을 받아왔기 때문에 너무 활동을 안 하는 것보다는 지나치게 많은 활동을 하는 것 때문에 고통 받는 경우가 더 많다. 몇 시간씩 하릴없이 빈둥거리는 것은 내가 아는 한 대부분의 여자들에게는 유혹의 대상조차 되지 않는다. 그런 생각을 해 볼 시간조차도 없다.

나태라는 말의 원뜻은 "영적 무관심"이라는 뜻이다. 나태란 어떤 사람이 그리스도인으로서 성숙하는 데 게으르다는 뜻을 내포하고 있다. 신약 성경은 영적 게으름에 집중하고 있다. 예수님은 자기를 따르는 사람들에게 이렇게 말씀하셨다. "썩은 양식을 위하여 일하지 말고 영생하도록 있는 양식을 위하여 하라. 이 양식을 인자가 너희에게 주리니"(요 6:27). 그리스도인들은 "나태해지지 말고" 오직 "믿음과 오래 참음으로 말미암아 약속들을 기업으로 받는 자들을 본받는 자"(히 6:12)가 되라고 권유한다. 내가 하나님과 함께하는 시간에 관심을 기울이지 않고, 하나님과의 관계를 중요하게 생각하지 않으며, 다른 활동들이 하나님과 나와의 관계보다 더 중요한 자리를 차지할 때, 그때 나태의 유혹에 빠지게 되는 것이다. 나는 하나님을 정신없이 바쁜 활동들과 바꾸고 있는 것이다.

나태의 유혹에 빠지면, 우리는 우리의 시간과 재능이 하나님을 위해 사용하라고 하나님이 주신 선물이라는 사실을 잊기 쉽다. 우리는 시간은 우리가 임의로 써버리거나 채울 수 있는 것이라고 믿기 시작한다. 우리는 바울이 한 말을 잊어버린다. "너희는 너희 것이 아니라. 값으로 산 것이 되었으니"(고전 6:20). 주인은 자기가 받은 달란트를 땅에 묻은 하인에게 이렇게 말했다. "악하고 게으른 종아!"(마 25:26). 그 주인이 화난 이유는 무엇인가? 하인은 자기의 달란트를 청지기로서 책임 있게 사용하지 않았다. 많은 사람들에게 나태의 유혹은 급한 일로 우리의 시간을 채우는 것, 즉 우리의 시간과 재능을 책임 있게 사용하지 않는 것이다.

하나님 밀어내기

3년 전 나는 하루 동안 묵상 기도를 하기 위해 우리 교회 근처에 있는 수양관에 갔다. 나는 서너 시간 동안 묵상 기도를 하거나 성경을 읽고, 얼마 동안 하나님의 임재를 느끼며 그냥 앉아있었다. 갑자기 이런 생각이 떠올랐다. "나는 거의 20년 동안을 그리스도인으로서 살아왔어. 수천 시간을 성경공부에 참여했고, 그것은 매우 좋았지. 나는 하나님께 나와 다른 사람들을 위해 하나님께서 해주셔야 할 것을 말하는데 몇 시간을 썼지. 설상가상으로, 나는 집을 청소하는 데 며칠을 썼고 빵을 굽는 데 몇 주를 썼지. 나는 하찮은 작은 주머니를 얼마나 많이 꿰매고, 바보 같은 소설을 끝까지 읽기 위해 얼마나 많은 시간을 소모했을까? 이전에는 결코 그분이 나에게 하시는 말씀을 들으면서 이렇게 많은 시간을 하나님 앞에 조용히 있어본 적이 없어." 지난 20여년 간 하나님께서는 나와 통화를 연결하려고 애쓰셨지만 언제나 선이 통화 중이었기에, 하나님이 나에게 하실 말씀이 많은 것은 당연했다.

"가장 큰 죄는 기도하지 않는 것이다."라고 P.T. 포시스는 썼다.[1] 기도하지 않는 것은 내가 가장 많이 지은 죄이다. 나는 언제나 기도하기 원했고, 언제나 기도해야 한다고 생각했지만, 끊임없이 내 삶을 기도 외의 다른 것들로 채우고, 나의 분주함이 계속 하나님과 함께하는 시간을 밀어내도록 했다.

세상은 무엇이 중요한지에 대한 메시지를 전달한다. 우리의 성취, 우리의 돈, 우리의 몸매가 무엇보다도 중요하다는 메시지를 우리는 듣는다. 이것은 보편적인 메시지이고, 게다가 여자들은 자기의 시간이 남자들의 시간만큼 소중하지 않다는 메시지를 많이 들어왔다. 그리고 여자들은 이 사회가 전하는 메시지를 믿게 되었다.

평가 절하

미디어는 여자들의 시간이 남자들의 시간보다 덜 중요하다고 표현한다. 여자들의 위대한 업적이라고 해봤자 창문을 깨끗하고 반짝이게 닦는 따위의 일들이다. 남자들의 시간이 더 소중한 것이 틀림없다. 그렇지 않고서야 같은 일을 하고도 남자들은 1달러를 받는데 여자들은 67센트를 받겠는가?

나는 전업 주부로 사는 남자들을 몇 명 안다. 그들은 사람들이 이렇게 말하곤 한다고 나에게 말했다. "언제 진짜 일을 시작하실 거죠?" 또는 "제대로 된 직업을 갖고 싶지 않으세요?" 사람들은 여자들에게 이렇게 말하곤 했다. "오 그냥 집안 일만 하시는 주부신가요?" 이제 더 이상 그렇게 말하지는 않지만, 한 사람이 집에서 아이들과 시간을 보내야 한다면 그것은 여자여야 한다. 여자의 시간이 남편의 시간보다 본질적으로 가치가 덜하기 때문이다.

우리의 문화는 전통적인 여자들의 일(주부의 일)을 상대적으로 중요하지 않게 여긴다. 세상의 관점에서 보면 아이를 키우는 일은 실제로 그다지 중요한 일이 아니다. 돈이 생기는 일도 아닌데, 뭐가 그렇게 중요하단 말인가?(의회에서는 출산 휴가 제도를 통과시키는 데 어려움을 겪었는데, 이는 아이들이 태어난 첫 한 달 동안 부모가 아이들을 돌보는 것이 엄청난 시간과 돈의 낭비라는 생각을 보여 주는 것이다.)

교회는 세상의 메시지에 많은 영향을 받는다. 교회 내에서도, 여자들에게 하찮은 일들로 삶을 채울 것을 권유하는 경우가 많았다.

내 친구 한 명은 자기 교회의 봄철 다과회에 어머니를 모시고 갔다. 연사는 많은 그리스도인 여성 기관에서 강연할 때 사용하는 100개의 토끼 인형 수집품을 가지고 나왔다. 연사는 그녀의 토끼 인형 수집품을 정면에 전시하고 그 토끼들을 가지고 여러 가지 이야기를 들려주기 시작한다. 선, 즉 그리스도인 토끼를 상징하는 흰 토끼가 있고, 회개하고 예수님을 찾아야 하는 검은 토끼가 있다. 그녀의 이야기는 20분 정도 계속되고, 이야기가 끝난 후 다른 여자들이 올라가서 토끼 인형들을 볼 수 있다. 내 친구는 여자들이 "와, 정말 너무 귀엽네요!"라고 일제히 외치는 소리를 들었다고 말했다.

오해하지 않기 바란다. 나도 토끼 인형을 좋아한다. 그렇지만 교회는 시시한 모임을 후원하면서 여자들의 시간은 별로 가치가 없다는 세상의 메시지에 쉽게 힘을 실어 주는 듯하다. 그렇다면 교회는 여자들을 유혹에 빠지게 하는 죄를 짓는 것이다. 그 유혹은 여자들의 시간을 하찮은 것으로 채우게 하는 유혹이다. 우리는 교회가 여자들에게 전달하고 있는 메시지와 그런 활동들이 의미하는 바를 거의 깨닫지 조차 못할지도 모른다.

당신이 다른 나라, 예를 들면 자이레 같은 나라에서 온 그리스도인이라고 상상해 보라. 당신은 그 나라에서 사역에 적극적으로 참여해 왔고 지금은 이 나라를 방문 중이다.

당신은 주일 아침 교회 예배당으로 들어간다. 앞에서 예배를 인도하고, 성경을 읽고, 기도와 설교를 하는 것은 남자들뿐이다. 당신은 이 교회가 남자들 전용 교회라고 생각할지도 모르겠다. 그렇지만 신도들 자리에는 실제로 남자들보다 더 많은 여자들이 눈에 띈다.

그때 당신은 주보를 본다. 여자들이 참여할 수 있는 기회가 있다! 당신은 여자들을 위한 그룹에 참여하고 크리스마스 장식을 만드는 법을 배우고 다음 주에는 "절기에 어울리는 장식"을 만드는 방법을 배울 수 있다는 것을 알게 된다. 그게 다가 아니다. 좀 더 훑어보면 당신이 중요하다고 생각하는 사역들을 발견한다. 유아실에서 아이들을 돌보거나 주일 학교에서 가르칠 수 있고, 노숙자들을 위해 음식을 배급하는 일을 돕거나 선교사들을 위해 기도할 수도 있다.

여자로서 당신에게 허용된 활동에는 다소 사소한 것도 있고 중요한 활동들도 있다. 만약 당신이 남자라면 어떨까? 당신이 남자라면, 조찬 기도회에 참석해서 "심판에 대한 바울의 신학"에 대한 강연을 들을 수 있을 것이다. 강단에 서서 성경을 봉독하거나 기도를 인도할 수도 있다. 봉사나 아이들을 대상으로 일할 기회는 거의 없다. 남자에게는 절기별 소품이나 크리스마스트리 장식을 만드는 법을 배울 기회는 전혀 없다. 여자인 당신은 이 교회에 한번 나왔을 뿐인데도, 당신의 시간이 남자의 시간보다 덜 소중하다고 단정하는 말을 들었다.

세상과 교회 안의 세상은 우리에게 분명한 메시지를 주고 있다. 여자의 시간은 덜 소중하다는 것이다. 사탄은 교회 교인의 반 이상을 차지하는 사람들이 그들의 시간을 사소하고, 정신없는 활동에 낭비하도록 만들 수 있다면 필경 기뻐할 것이다.

강요된 섬김

샐리는 영국의 한 교구 목사의 아내였다. 그녀의 남편 서재는 집에 있었고, 그래서 그녀는 담임 목사를 만나기 위해 기다리고 있는 사람들에게 과자와 차를 대접할 기회가 많았다. 그녀는 계속 일이 중단되기 때문에 독서나 글쓰기에 집중하는 것이 어렵다는 것을 깨달았다. 그래도 그녀는 그리스도의 종이 되는 것에 대한 글을 읽었고, 그리스도의 종으로서 자신의 역할을 충실히 이행했다.

어느 날 그녀의 남편이 들어와서 저녁 식사를 차려달라고 말하고, 그날 밤 하기로 되어 있는 강연을 마무리하기 위해 서재로 급히 들어갔다. 샐리는 갑자기 의아한 생각이 들었다. "만약 니겔이 매 시간마다 손님들을 위해서 차를 준비해야 한다면 어떻게 될까? 그러면 그도 그리스도를 본받는 주의 종이 될까? 아니, 그는 그렇지 않을 거야. 그는 자기 시간과 재능을 낭비하고 있다고 생각할거야. 나도 내 재능을 낭비하고 있는 것 같아." 샐리는 자기의 시간을 남편의 시간보다 소중하지 않게 생각했다는 것을 깨달았다. 그녀는 그렇게 믿음으로써 세상이 중요하게 평가하는 것을 받아들이고 있다는 사실을 깨달았다.

샐리는 남편에게 그녀의 생각을 솔직하게 말했다. 니겔은 자기가 그녀의 섬기고자 하는 의지를 이용해 왔으며, 그 결과 그녀 자신의 사역을 발견하지 못했다는 것을 깨달았다. 현재 샐리는 훌륭한 상담 사역을 하고 있는데, 그 사역을 통해서 사람들을 배려하고 남의 말에 귀를 기울이는 그녀의 재능이 실제로 잘 발휘되고 있다.

주님을 섬기는 것은 우리의 은사를 발견하고 그리스도의 몸의 유익을 위해 그것을 사용하는 것이다.

때때로 여자들은 일반적인 봉사활동을 통해서 하나님께서 주신 그들의 은사를 사용해야 하는 부담에서 벗어나려고 한다. 우리는 섬김을 일반적인 봉사활동으로 대치해 왔다. 샐리는 교구 신자들에게 수없이 많은 차를 대접하면서, 사실상 자기 자신과 남편에 대해서 무책임한 일을 하고 있다는 것을 깨달았다.

이스턴뱁티스트칼리지의 학장인 로버타 헤스텐스(Roberta Hestenes)도 역시 섬김의 문제에 대한 딜레마를 겪었다.

여자로서 나는 봉사하는 문제로 계속 고심했다. 왜냐하면 모든 사람들이 나의 봉사를 기대한다고 해서 항상 봉사하는 것은 쉬운 일이 아니기 때문이다. 나는 약 50명의 남자들과 회합을 갖고 있었고, 그 방에는 여자가 2명 있었던 걸로 기억한다. 나는 그 모임에서 순서 하나를 담당했지만 거기 모인 사람들 중에서 오직 두 사람만 그 사실을 알고 있었다. 그 회합은 다음과 같은 말로 시작되었다. "자 봅시다. 서기가 한 사람 필요하군요." 흥미롭게도 그 방의 모든 시선이 여자들에게로 쏠렸다. 때때로 우리는 특별한 상황에서 "안됩니다"라고 말해야 한다. 그러나 언제나 우리는 섬기는 자로 부름 받았다. 우리가 섬기는 사람들이 그럴만한 가치가 있어서가 아니라, 예수 그리스도께서 섬김을 받으실 자격이 있기 때문이다.[2]

많은 경우 여자들은 "그리스도께서 섬김을 받을 자격이 있기" 때문이 아니라 필요한 존재가 되고 싶어서 봉사한다. 이것은 그들이 행복을 느끼는 데 꼭 필요한 요소이다.

"엄마, 물 좀 주세요." 아홉 살짜리가 파티에서 소리친다. "엄마, 나 목말라요."

"네가 직접 갖다 마시면 안 되니?" 나는 묻는다.

"할 수 있어요. 그렇지만 엄마가 갖다 줄 거예요." 그 아이는 대답한다. 정말 그 아이의 엄마가 물을 갖다 준다. 그 아이는 나를 쳐다보며 싱긋 웃고 윙크를 한다.

이 아이에게 엄마가 물을 갖다 주어야 할 시기가 있었다. 여자들은 더이상 도움이 되지 않는데도 돌보는 일을 계속 하는 경우가 많다. 우리는 필요한 존재가 되어야 한다. 이런 식의 베풂은 어두운 그림자, 즉 여자가 가치 있는 존재로 인정받기를 원하는 욕망의 그림자를 드리우고 있다. 우리는 우리 자신의 정서적 욕구에 때문에 헌신을 하는 것이다. 어떤 여자가 아이들이 자기 방을 치울 수 있게 된 후에도 방을 치우고, 학교에 놔두고 온 숙제를 가져오기 위해서 아이들을 학교에 다시 데려다 주거나, 아홉 살짜리 아이에게 물을 떠다 준다면, 그녀는 그 이유를 자문해 보아야 한다.

아마도 우리는 우리의 시간에 대한 이 세상의 관점을 받아들인 것 같다. 어쩌면 우리는 우리 자신에 대한 확신이 없고, 자존감이 낮기 때문에 '안돼요'라고 말하는 것이 매우 어려울 수도 있다. 우리는 레스토랑에서 차를 마실 때 웨이터가 다른 필요한 것이 없냐고 물어보면, 어떤 경우에는 정말 무언가를 주문해야 할 것 같은 생각이 든다. 또는 타파웨어(플라스틱 주방 용기의 상표명-역자 주) 파티에서 친구를 실망시키고 싶지 않을 수도 있다. 아니면 어떤 사람이 전화를 걸어 주일 학교 선생을 해달라고 부탁하면, 우리는 시간을 갖고 우리의 재능과 시간을 가늠해보지 않는다. 우리는 '예'라고 말해야 한다는 강박관념을 가지고 있다. 당연히, 우리의 시간은 해야 할 일들로 넘쳐나게 된다.

케이프타운에서 살았던 몇 년을 되돌아보면, 여러 가지 감정이 교차한다. 아이들에게 철저히 집중할 수 있었던 것, 전적으로 아이들의 필요에 나를 맞췄던 것은 무척 좋았다. 그렇지만 내가 빵을 굽고 바느질을 하면서 보낸 모든 시간들을 생각해 볼 때, 엄청난 낭비라는 생각이 든다. 빵을 굽는 일이나 바느질이 본질적으로 소모적인 일이라고 생각해서가 아니다. 나는 지금도 이런 일에 시간을 쓴다. 그러나 어떤 사람이 내가 했던 것처럼 전심을 다해 빵을 굽고 바느질을 한다면, 그 이유는 오직 무언가를 증명하기 위해서라는 사실을 깨달았다. 나는 정말 무언가를 증명하고 싶었다.

나에게 있어서(그리고 많은 여자들에게도 마찬가지라고 생각한다) 모든 사람들에게 '네'라고 말하고, 요리하고, 빵을 굽고, 바느질하고, 수없이 많은 차를 끓이는 것은 인정받는 한 방법이 되었다. 내가 만약 아이에게 철저하게 모유 수유를 하고, 완벽한 빵을 굽고, 최고의 코스 요리를 상에 올리고, 가족들의 옷을 꿰매고, 누구를 만나든지 언제나 줄 수 있는 선물을 만들고, 집을 꾸며서 우리 집이 *Better homes and gardes* (베터 홈스 앤드 가든스)에 나오는 집같이 보이게 만들었다면, 나는 분명히 훌륭한 사람인 것이다.

물론, 그것은 생각했던 대로 이루어지지 않았다. 사소한 일들은 만족을 주지 못했고 나는 내가 해줄 수 있는 것에 대해서 점점 더 초라하게 느꼈다. 나는 나에게 어떤 재능이 있으며, 무언가를 변화시킬 수 있는 능력(나는 정말 남아프리카공화국의 인종 차별 정책이나 노숙자들 문제나 그들이 모여 있는 지역에 음식을 배급하는 계획에 대해 아무것도 할 수 없었다. 나는 바늘꽂이를 만드느라 너무 바빴다.)이 있다는 사실을 망각했다. 나는 훌륭하게 이타적이라고 생각했다. "여기 내가 만든 작은 물건이 있어요. 이건 바늘꽂이고, 이 무늬는 골동품에서 본 딴 거예요. 당신이 좋아해 줘서 너무 기뻐요." 이것은 모두 나를 선전하기 위해서, 내 기분이 좋아지도록 하기 위해서, 사람들이 "그 메리 엘렌은 정말 바느질 솜씨가 좋고 얼마나 훌륭한 엄마인지 몰라요."라고 말하도록 만들기 위해 한 일들이다.

우리의 생활은 가정과 가족, 음식, 옷 같은 것들 주변을 맴도는 경우가 많다. 살림은 가정을 쾌적한 장소로 만들기 위해 우리의 모성애적 재능을 사용한다면 훌륭한 기술이 될 수 있다. 그러나 흔히 미국의 중산층 가정에서 받아들인 대로 살림을 하는 것은 축복이라고 생각하기 전에 신중하게 생각해 볼 필요가 있다.

내가 아는 한 여자는 집안이 얼룩하나 없이 반짝거리기 전에는 집을 나가지 못했다. 그녀는 스토브가 깨끗해지기 전에는 나를 만나지 못했다. 집안이 어질러진 채로 집을 나서면 기분이 나빴다. 인테리어 잡지를 구독하고, 집안 장식품을 파는 가게를 다니고, 쿠션을 만들고 벽지를 바르는 등 집을 꾸미는 일은 시간과 돈이 많이 드는 일이다. 신약성경의 어디에서도 가정에 대해서 이런 점을 권장하는 내용은 찾아볼 수 없다.

나는 남아프리카공화국에서 내 시간을 사용할 방법을 선택했다. 나는 깊은 관계를 발전시키거나, 가난하고 억압받는 사람들과 함께하거나, 내 재능을 발전시키거나, 하나님과 함께하는 시간을 가질 기회를 흘려보냈다. 나는 조용한 시간을 갖거나, 영적으로 깊이 뿌리내리고 하나님께 더 다가가기 위한 시간을 전혀 갖지 못했다. 인정받기 원하는 욕구 때문에 보이지 않는 것에 자신을 투자할 수 없었던 것이다.

정말 중요한 것

명망 있는 선생이자 지도자인 한 여성이 자기 삶의 한 전환점이 되었던 일을 말해 주었다.

나는 태어난 지 한 달이 채 되지 않은 아기가 있었고, 치쳐 있었죠. 나는 여자들을 위한 수양회에 아기를 데리고 가야 했어요. 나는 영적인 허기를 느끼고 있었습니다. 친정아버지의 죽음을 극복하기 힘들었어요. 절실하게 강사의 강연을 듣기 원했지만 아이가 울어서 밖으로 나가야 했지요. 그리고 나는 울었습니다. 영적으로 곤고했기 때문이지요. 목사 사모님이 무리에서 나와 아기를 데려가시면서—생각만 해도 다시 눈물이 나네요—말했습니다. "들어가서 들으세요." 그분의 베풂이 내 삶을 변화시켰습니다. 그건 아주 작은 행동에 불과했지요. 그리고 그분은 모르겠지만, 내가 강사의 성경 강해를 들을 수 있도록 기꺼이 나에게서 아이를 받아 안고 달래 주었던 그분의 행동은 내 삶을 변화시킨 선물이었습니다.

이 여성은 그때의 강사(신실하고 유능하며 매력적이었던 여인)와 그 목사 사모님(매우 여자다운 행동을 했던)이 모두 동일하게 그녀의 영적인 필요를 채우고 그녀가 그리스도인 지도자로서 인생의 진로를 결정하는 데 도움을 줬다는 사실을 깨달았다.[3]

우리가 이 세상을 믿으면, 우리는 어떤 사람들의 시간을 다른 사람들의 시간보다 더 중요하게 생각하게 된다. 정치가들은 한쪽 눈으로는 당신과 인사를 나누면서 다른 쪽 눈으로는 더 중요한 사람(더 돈이 많고, 권력이 많으며, 더 지적인)이 당신 뒤에 있지 않나 보기 위해 당신의 어깨 너머를 바라본다.

예수님께서는 각 사람을 소중한 존재로 인식하시고, 각 사람에게 전적인 관심을 보이셨다. 그분은 소외된 자들과 함께 시간을 보내신 것으로 알려져 있다. 세리, 행실이 나쁜 여자들, 가난한 자들. 예수님은 만나는 사람들이 거룩한 사람이든 죄인이든 그들의 외모를 취하지 않으셨다. 우리 사회의 문화는 특히 외적인 면을 본다. 우리는 TV에서 보았거나, 부자이거나, 부유한 동네에 살거나, 외모가 출중하고 잡지 모델이거나, 회사나 정계에서 높은 위치에 있는 사람들을 중요하게 생각한다. 하나님께서는 우리가 다국적 기업의 부사장이건, 유명한 영화배우건, 주부건, 수위건 상관없이 우리의 시간을 똑같이 중요하게 여기신다. 우리에게 주어진 시간은 하나님을 위해 최대한 신중하게 사용하도록 하나님께서 주신 선물이다. 하나님을 위해 시간을 사용하는 것은 예를 들면 기도나 공부를 통해 그리스도의 마음을 본받는 것이나, 그분이 소명을 주신 일을 하는 것 등이 있다.

세상은 성공을 원한다. 하나님의 우선순위는 화려한 것이 아닐 수도 있다. 우리가 하나님을 위해 전략적인 삶을 살려고 한다면 부유하고, 아름답고, 권력이 있고, 학벌이 좋은 사람들만 중요하다고 주장하는 이 세상의 조언을 받아들이면 안 된다. 하나님께서 예수님을 구유에서 태어나게 하시고, 가난한 삶을 살게 하시고, 힘없는 자들의 삶을 어루만지시도록 하신 것을 생각해 보라.

가톨릭의 학자이자 작가인 헨리 나우웬은 소위 말하는 정상인들이 정신지체자들을 위해 봉사하는 Jean Vanier's L'arche 공동체에서 자신이 경험한 것에 대해 말한다. 나우웬은 우리가 "하나님과 하나님의 가난한 백성들과 함께하면서 시간을 낭비하는 것"을 즐거운 일로 받아들여야 한다고 제안한다.[4]

마르다식 사고

나는 어느 날 아침 베다니에 있는 모습을 상상해 본다. 나는 마르다이다. 내 여동생 마리아와 나는 예수님께서 곧 도착하신다는 소식을 이제 막 전해 들었다.

"마리아, 서둘러. 냉동실에서 새우 좀 꺼내고 나는 파엘라(쌀, 고기, 어패류, 야채를 스페인식으로 찐 밥-역자 주)를 만들게. 전에 만들었을 때 다들 좋아했잖아. 그런데 파가 있어야 하는데. 어쩌면 냉장고에 좀 있을 거야. 그리고 내 사프란은 어디 있지? 맙소사, 누가 벌써 왔네. 마리아 문 좀 열어 줄래?"

"안녕하세요, 예수님. 들어오세요. 편히 앉으세요. 약소하지만 이제 막 점심을 차리고 있었어요. 펀치 좀 드릴까요? 금방되거든요.

자 여기 펀치 만들 레몬이 있고, 블렌더에 얼음을 좀 넣고 갈아야지. 아주 신선할거야. 전채요리가 있으면 좋을 텐데. 브리에 치즈와 처트니(인도산의 매운 양념-역자 주)가 좀 있지. 됐어. 펀치를 내 가고 나서 애피타이저를 내 가야지. 맨 먼저 파엘라를 만들 쌀을 가져와야겠다.

디저트는 어떻게 하지? 세상에, 아이스크림도 다 떨어졌고, 나사로가 마지막 남은 케이크를 다 먹어 치운 걸로 아는데. 라임으로 만든 디저트는 금방 만들 수 있으니까 오늘처럼 더운 날씨에 제격일거야. 조리법이 어디 있지. 아 참 펀치를 먼저 내가야겠다.

"펀치 드세요. 곧 전채요리를 가져올게요. 천만에요.

"오케이, 처트니를 얹은 브리에 치즈와 크래커입니다. 마리아는 저기 예수님 옆에 앉아서 전혀 바쁠 것 없다는 듯이 예수님 말씀을 듣고 있구나. 그리고 나는 여기서 종처럼 일만하고. 그러니까 저 애가 저렇게 여유만만이지. 예수님이 내가 종처럼 일하고 있다는 것을 알아주셨으면. 어머니는 좋아하실 거야. 어머니는 나에게 이렇게 말씀하실 거야. '잘했구나, 마르다. 손님들이 기뻐하도록 잘 대접해 드려라.' 마리아는 최소한 디저트는 만들어야 해. 버터는 어디 있지? 라임도 3개나 짜야 하는데… 왜 나는 여기서 모든 일을 하고 마리아는 그냥 저기 앉아 있는 거지? 이제는 땀이 다 나는구나. 이런 속도라면 한 시간 후에나 식사를 할 수 있을 텐데. 이걸 우선 내 가야겠다.

조금 요기하실 걸 가져왔어요. 무슨 말씀을요. 그렇지만 주님, 내 동생이 나 혼자서만 일하도록 내버려 둔 걸 어떻게 생각하세요? 그 아이에게 저를 좀 도우라고 말씀해 주세요!"

"마르다야, 마르다야, 네가 많은 일로 염려하고 근심하나 그러나 몇 가지만 하든지 혹 한 가지만이라도 족하니라. 마리아는 이 좋은 편을 택하였으니 빼앗기지 아니하리라"(눅 10:38~42).

예수님께서 이 말을 하셨을 때 마르다는 어떤 느낌이었을까? 만약 예수님께서 우리에게 바쁜 일상의 활동들을 중지하라고 하신다면 어떻게 느낄 것인가? 내 생각에는 마르다가 그녀의 모든 '선한' 활동들, 음식과 가정에 대한 봉사가 진정 중요한 것이 아니라는 사실을 받아들이는 데 몇 달이 걸렸을 것이다.

마르다는(우리가 스스로에게 물어보아야 하듯이) 왜 자신이 그렇게 정신없이 일에 정력을 쏟는지 자문해 보았을 것이다. 많은 여자들이 자기들은 선택의 여지가 없으며, 삶에서 희생당한 자들이라고 생각한다. 일을 해야 하는 많은 독신 부모들은 더 선택의 여지가 적다. 그러나 우리는 급히 해야 할 일에 더이상 희생당하지 않고 우리의 삶을 사용하는 방식을 찾아보아야 한다.

짐작컨대 마르다는 자기의 삶을 살펴보고 자기가 얼마나 많은 시간을 훌륭한 음식과 집안을 꾸미는 일에 쓰고 있는지 깨달았을 것이다. 우리가 실제로 우리의 시간을 어떻게 쓰고 있는지 검토해 본다면, 놀라게 될지도 모른다. 우리는 아이들을 하키 경기장에 데려다 주는 시간이 일주일에 10시간이나 된다는 것을 발견하게 될지도 모른다. 아마 그 시간들을 줄여야 할 것이다. 어쩌면 우리가 생각했던 것보다 더 많은 시간을 TV를 보는 데 사용한다는 사실을 발견하게 될지도 모른다. 통계에 의하면 대부분의 사람들은 TV 앞에서 보낸 시간은 훨씬 적게 생각하고 아이들과 함께 보낸 시간은 훨씬 많다고 생각하는 것으로 나타났다.

마르다는 내가 가장 잘 만들어졌다고 생각하는 '병적 분주함' 테스트를 해볼 수 없었을 것이다.

12월 20일, 당신은 보통 어떤 상태인가?

병적 분주함 : 선물을 만들고 구입하고, 포장하고, 태피 캔디를 만들고 생강 과자 집을 만드는 일을 끝내려고 필사적으로 노력한다.

분주함: 학교 음악회, 봉사 활동, 선물준비

여유만만: 모든 일이 이제 막 준비되려고 함.

우리 중에 '여유만만'한 태도를 보이는 사람은 극소수이지만, 크리스마스를 준비하는 우리의 태도를 통해 우리가 얼마나 나태했는지, 우리의 삶을 얼마나 사소한 일들로 채우고 있는지 알 수 있을 것이다. 우리는 하나님께서 역사 속으로 들어오신 사건의 진정한 의미를 제대로 인식하지 못한다. 우리가 가진 평화와 사물을 바라보는 관점을 세상 사람들이 크리스마스에 해야 한다고 생각하는 행사와 바꾸어 버렸기 때문이다.

나는 예수님이 마르다에게 말씀하신 후에 그녀가 자기의 재능에 대해서도 생각했는지 궁금하다. 성경은 우리의 시간과 재능을 사용한 방법에 대해 심판을 받을 것이라고 분명하게 가르치고 있다(고전 3:10~15). 나는 심판의 날에 하나님 앞에 서서 책임을 회피하려고 하고 있는 내 모습을 상상해 본다.

"글쎄요, 제가 가르치는 은사를 사용하지 않았다는 것은 전적으로 맞습니다. 그렇지만 저는 멋진 냄비받침을 만들었어요. 그런 것에는 관심이 없다고요? 제 집은 먼지 하나 없이 깨끗합니다. 마치 잡지에 나오는 집같이 말이죠. 여기 사진도 있어요. 아, 관심이 없다고요? 그렇지만 저는 교회에서 이런 종류의 일을 해야 한다는 느낌을 분명히 받았는데… 아, 그 문제는 따로 처리하실 것이라고요? 알겠습니다."

우리는 마르다가 예수님과 함께 시간을 보내려고 애썼으며, 그녀의 동생이 하는 것을 보고 예수님의 말씀을 들었다는 것을 확신할 수 있다. 분명한 것은 삶 속에서 하나님의 우선순위를 정할 때, 최우선순위는 하나님과의 관계 속에서 성숙하는 시간을 갖는 것이다.

나는 매달 하루씩 침묵하며 기도하는 시간을 정해 놓는 것이 무엇보다도 필요하다는 것을 깨달았다.(조이스 허겟트의 하나님의 음성을 듣는 기쁨이라는 책이 이런 습관을 발전시키는 데 매우 유용하다.5) 침묵과 기도와 성경 읽기 외에, 나는 내 삶 속에서 우선순위가 어떻게 이루어지고 있는지 점검하는 시간을 갖는다. 가족이 중요하다고 하면서 그들에게 많은 시간을 할애하지 못하고 있었다면 변화가 있어야 한다. 우리가 하나님과 교제하는 데 시간을 투자하면, 그분 안에서 더 온전해짐을 느끼기 시작한다. 하나님께서 우리의 시간과 재능을 어떻게 사용하기 원하시는지 더 분명하게 느끼게 되고 이로 인해 우선순위를 정하고 필요할 때 '아니오'라고 말하는 것이 더 쉬워지게 된다.

우리는 하나님을 바라보아야 한다. 이 세상은 마르다에게 잘못된 충고를 했다. "손님들을 위해 훌륭한 음식을 만들어라. 예수님의 말씀을

들을 시간이 없다." 세상은 우리에게도 잘못된 충고를 할 것이다. "언제나 100퍼센트 여자다운 일만 하라."거나 "여자다운 일은 절대 하지 마라. 쓸데없는 일이다." 우리는 하나님의 말씀을 들어야 한다.

조용히 침묵하면서, 마르다와 마리아의 이야기를 천천히 읽고(눅 10:38~42) 예수님께서 당신에게 무슨 말씀을 하실지 묵상해 보라. 그 이야기를 생각한 후에, 예수님의 말씀에 당신의 이름을 넣으라. "_____야, 네가 많은 일로 염려하고 근심하나 그러나 몇 가지만 하든지 혹 한 가지만이라도 족하니라." 하나님 보시기에 정말 중요한 일에 당신의 시간을 사용하기 원한다고 말씀드리라.

분노

앤과 그녀의 남편은 위스콘신의 시골 지역에서 집에 칩거하는 노인들을 돕는 단체에서 활발하게 활동하고 있다. 그 단체에 주말 동안 한 강사가 방문을 했다. 급히 빵을 굽고 모임을 갖는 등 한바탕 소란이 지나간 후, 앤은 그 강사를 메디슨에 있는 공항에 내려주고, 공항 근처에 사는 친구를 찾아가려고 계획했다. 그녀가 막 출발하기 직전에 앤의 남편이 말하기를, 그 강사와 계속 이야기를 나누고 있었는데 그들은 앤이 공항에 가는 것이 너무 피곤할 것 같아서 그녀는 집에서 쉬도록 하고, 다른 사람에게 그를 메디슨에 태워다 주도록 부탁하겠다고 말했다.

앤은 몹시 화가 났다. 그러나 그녀는 자기의 분노를 표출할 수 없었다. 윗사람인 강사에게 화를 낼 수도 없었다. 남편에게 화를 내는 것은 두려웠을 것이다. 앤의 생각에 분노는 '좋은' 그리스도인이 가져야 할 감정의 카테고리에 해당되지 않았고, '좋은' 아내가 남편에게 가져야 할 감정이 아니었기 때문이다.

그래서 그녀는 모임에 나왔어야 했는데 나오지 않은 그 마을 사람들에게 화를 터트렸다. 그 주말에 사람들이 많이 참석하지 않았다. 그렇게 애를 썼는데도 불구하고, 어떻게 그들이 그녀를 그렇게 실망시킬 수 있단 말인가?

누구나 화를 낼 때가 있을 것이다. 사람들의 태도가 우리를 화나게 하고, 아이들이나 부모님, 친구들이 우리를 화나게 만들 것이다. 정치가들과 세상에서 일어나는 일들이 우리를 화나게 할 것이다. 성경은 분노를 삶의 한 요소로 보고 있다. 사울은 에베소에 있는 그리스도인들에게 이렇게 썼다. "분을 내어도 죄를 짓지 말며"(엡 4:26).

분노 자체는 유혹이 아니지만, 우리를 세 가지 파괴적인 유혹으로 몰고 갈 수 있다. 첫째는 우리의 분노를 인정하지 않고 처리하지 않으려는 유혹이다. 둘째는 분노한 상태에서 나중에 후회하게 될 어떤 말을 하거나 행동을 하고 싶은 유혹이다. 셋째는 우리의 분노를 냉소적인 태도와 증오로 발전시키는 것이다.

의로운 분노

사람들은 나의 상냥함에 대해 자주 언급한다(어떤 때는 내가 잘 안다고 생각하는 사람들조차도). 한번은 우리가 교회 주방에서 찻잔의 물기를 닦고 있을 때 한 여자가 말했다. "애슈크로프트 부인, 부인은 정말 태도가 경건하세요." 이런 식의 평가는 나를 불편하게 한다. 내가 너무 겸손해서가 아니라 내가 전혀 상냥하다고 생각하지 않기 때문이다. 내 감정들, 특히 분노가 내 속에서 들끓고 있다. 오랜 세월 동안 무엇이 나를 분노케 하는지 전혀 알 수 없었다.

내 분노가 의로운 분노일 때도 있었다. 남아프리카공화국에서 사는 것 자체가 나의 의분을 들끓게 했다. 한번은 남아공 정부가 여러 곳에 불도저를 보내 사람들이 살고 있는 판잣집을 허물었고, 나는 절망스러운 얼굴과 공허한 눈빛, 혼란 속에서 거의 쓰러질 것 같은 표정의 사람들이 행진하는 것을 목격했다. 나는 격분했고 내 차의 범퍼에 붙일 다음과 같은 글귀가 쓰인 스티커를 만들었다. "아프리카 백인 정부는 불법 체류자들이다. 그들을 쓸어 버려라!" 나는 그 스티커를 우리 72년형 복스바겐에 붙였다.

이틀 후 아이들을 학교에 내려주고 있는데, 한 여자가 말했다. "나는 당신의 생각에는 동의하지만, 누군가가 당신 차 밑에 폭탄을 설치할지도 몰라요. 당신에게 위험을 알려주고 싶었어요." 나는 그 스티커를 떼어냈다. 화가 났지만, 분노를 표출하는 것이 아이들의 생명을 위험에 빠트리게 할 만큼 가치가 있는 것은 아니라고 생각했다.

의롭지 않은 분노

심리학자인 내 친구가 말하기를 그녀가 만나는 대부분의 여자들은 분노를 품고 있는데 그들에게 그 사실을 깨닫게 하는 데 몇 달간의 치료가 필요한 경우가 많다고 했다. 그들은 남편이나 가족들이 그들의 가치를 과소평가한다고 느끼기 때문에 화가 날 수도 있다. 그러나 그들은 좋은 아내는 분노의 감정을 가져서는 안 된다고 생각한다. 그들은 하나님께 화가 나 있는지도 모른다. 하나님은 그들 마음속 깊이 자리 잡고 있는 그들의 삶을 완성시켜 줄 한 남자에 대한 깊은 갈망을 채워 주지 않고 저버리셨다. 그러나 그들은 하나님께 화낼 수 없다. 좋은 여자들은 화내지 않는다. 특히 하나님에게는. 우리의 마음속에 쌓인 분노는 나중에 절망과 냉소적인 태도로 표출되는 경우가 종종 있다. 나도 지금까지 살면서 이런 종류의 분노를 경험한 적이 있다.

어느 일요일 저녁, 나는 앤드류를 침대에 누이고 스티븐에게 젖을 먹이기 위해 자리에 앉았다. 책을 막 펼쳤을 때 전화가 울렸다.

갑자기, 나는 사생활을 침해당한 듯한 느낌을 받았다. 목사의 아내라는 이유만으로 나는 왜 하루에도 몇 십 통의 전화를 참아내야 하는 걸까? 왜 현관에서 술 냄새를 풍기며 기차표 살 돈을 요구하는 부랑자들을 정중하게 대해야 하는 걸까? 왜 남편이 떠나버려서 울고 있는 여자들에게 차를 대접해야 하고 교구 신도들을 위해 집안을 언제나 깔끔하게 치워 놔야 하는 걸까? 나는 전화기가 있는 곳으로 가서 수화기를 집어 들고 계단 아래로 던져버렸다. 전화기는 속절없이 몇 분 동안 삐

삐거리다가 완전히 꺼져 버렸다.

나는 그날 저녁 이후 친구들과 그 전화 이야기를 하면서 웃었다. 그 전화에 대한 이야기는 우리 교회 교구에 펴졌고 사람들을 놀라게 했다. 사람들이 그 사건을 그들이 알고 있는 목사 사모와 연결시키는 것이 힘들었는지, 아니면 여자가 전화기를 계단 밑으로 던졌다는 것이 너무 놀라웠던 것인지 나는 알 길이 없었다. 지금 내가 이상하게 생각하는 것은 내가 그 전화기를 계단 밑으로 던진 이유를 진지하게 생각해 보지 않았다는 점이다. 나는 전화기를 던졌고, 기분이 좋아졌고, 그게 다였다. 빙산의 일각에 불과했던 그 분노의 진정한 이유는 7, 8년이 지나서야 나타났다.

여자와 분노

여자들은 어린 시절부터 싸우지 말고 화내지 말라는 교육을 받는다. 아이들의 놀이를 연구한 결과에 의하면 남자 아이들은 경쟁하고(육체적으로 언어적으로) 싸우는 놀이를 즐기는 반면 여자아이들은 협력적인 놀이를 하는 경향이 있는 것으로 나타났다. 여자 아이들은 의견의 차이를 해결하기 위해 노력한다. 타협은 여자 아이들의 놀이에서 중요한 역할을 한다. "그래, 이번엔 네가 공주하고 내가 왕자를 할게. 그렇지만 다음번에는 역할을 바꾸는 거다. 알겠지?"

여자들은 또한 어떤 대가를 치르더라도 관계를 유지하면서 성숙해 간다. 여자들은 타협하고, 남성의 자아를 보호해 주고, 분노를 가라앉히고, 감정을 위로하면서 모든 사람들이 잘 어울릴 수 있도록 한다. 대부분의 여자들은 어머니나 할머니가 이렇게 말하는 것을 들은 기억을 가지고 있다. "애야, 잘 지내보도록 하자. 지금 그 얘기는 그만하자, 그가 화를 낼지도 몰라." 우리는 풍파를 일으키지 않으려고 필사적으로 노력한다. 우리 사회는 파문을 일으키는 여자들, 분노하는 여자들에게 명칭을 붙여주는데, 이 명칭들은 교양 있는 사람들 사이에서는 쓰이지 않는다. 우리는 단지 사람들의 기분을 맞추기 위해 우리 잘못이 아닌 일에 대해 사과하는 경우가 얼마나 많은가?

우리 마음속에는 보통 두 가지 여성상이 들어 있다. 상냥한 어머니와 신경질적이고 드센 여자. 상냥한 어머니는 '풍파를 가라앉히고' 언제나 기꺼이 다른 사람들을 위해 양보한다. 그녀는 모든 사람들이 만족하고 있는지 확인하기 위해 다른 사람들이 음식을 절반이나 먹을 때까지 자리에 앉지 않는다. 그녀는 아무도 마음이 상하지 않도록 끊임없이 다른 사람들의 기분을 안정시킨다. 우리는 그녀가 화를 내는 것을 상상할 수 없다. 신경질적이고 드센 여자는 언제나 불평불만으로 가득 차 있다. 그녀의 분노는 가정의 평화와 행복을 깨트린다. 우리 머리 속에는 이 두개의 이미지가 들어있기 때문에 화내는 좋은 여자의 모델을 가지고 있지 않다. 우리는 "화를 전혀 안 내거나", "파괴적으로 화를 내는" 두 가지 중에 한 가지를 택해야 한다고 생각한다.[1] 여자들에게는 관계가 무척 중요하고 분노는 너무 압도적이고 잠재적으로 파괴적인 감정을 보이기 때문에 우리는 그것을 두려워한다.

이것이 일반적인 여자들의 실상이라면, 그리스도인 여성들은 얼마나 더 그렇겠는가? 분노는 그리스도인 여자들에게 요구되는 순종적이고, 섬기는 태도를 가진 이상형과는 거리가 멀어 보인다. 그리스도인들을 위한 한 유명한 강의시리즈는 분노를 이런 식으로 정의하고 있다. "내 권리를 하나님께 내어드리지 않는 것." 그러나 이 정의는 분노를 해결하는 데 아무 도움이 되지 않을 뿐더러 죄책감으로 더 복잡하게 만든다.

분노를 부정하는 것은 유혹에서 벗어나게 해주는 것처럼 보일 수도 있다. 그러나 실제로는 우리의 분노를 인정하지 않음으로써 우리 자신을 죄에 노출시키고 있다. 우리가 부정한 분노는 사라지는 것이 아니다. 심리학자인 내 친구는 그녀를 찾아와서 이런 말을 하는 무기력한 여자들의 이야기를 들려주곤 한다. "그는 정말 내 감정에 상처를 주었어요." 라거나 "그가 말했을 때 나는 너무 화가 나고 절망했어요." 이런 여자들은 자기의 분노를 인정하고 있지 않기 때문에 더 수동적인 (그렇기 때문에 더 용인 받을 수 있는) 우울증으로 표출하고 있는 것이다. 우리가 분노의 감정을 억압하면, 문제의 핵심을 더 복잡하게 만들고, 더 많은 문제가 발생하게 된다. 그보다는 오히려 우리의 분노를 신중하게 살펴보고, 그것이 우리에게 말하고자 하는 것이 무엇인가를 인식하고, 그것을 건강하게 처리하는 방법을 찾아내서 분노가 죄로 진전되지 않도록 해야 한다.

분노를 인정하는 것은 우리가 무엇에 대하여 진심으로 분노하고 있는지 알아내는 것을 포함한다고 헤리엣 러너는 '분노의 춤'(*The Dance of Anger*)²이라는 그녀의 책에서 설명한다. 내가 그날 밤 사제관에서 전화를 계단 밑으로 던져버렸을 때 정말로 화가 났던 것은 전화가 울려서가 아니었다. 나에게 주어진 의무에 대하여 그렇게 화가 났던 것도 아니었다. 나는 내 분노의 원인을 알기 위해 더 깊은 곳을 들여야 봤어야 했다.

3년 전 나는 내가 무엇 때문에 그렇게 분노했었는지 알게 되었다. 나는 매일 아이들이 학교에 있는 시간 동안 학생들을 가르치며 공부를 하고 있었다. 우리가 케이프타운에 이사 온 지 5년 밖에 지나지 않았는데도 나는 남아공에 무척 오래 있었던 것처럼 느꼈다. 나는 케이프타운에서의 한 크리스마스 만찬에 대한 단편을 막 쓰기 시작했다. 나는 내가 요리한(케이프타운 여름의 더위 속에서) 전통적인 영국 스타일의 크리스마스 만찬과 초대된 손님들(주로 해외 거주 영국 백인들)에 대해 자세하게 묘사했다. 한 흑인 손님이 예상치 못한 친구들을 데리고 왔을 때, 나는 딜레마에 빠졌다. 파티를 망치고 크리스마스 만찬을 다인종을 위한 행사로 만들 것인가, 아니면 만찬을 방해받고 싶어하지 않는 파티에 참석한 사람들이 원하는 대로 할 것인가?

이 이야기를 쓰면서, 나는 혼란스럽더라도 여러 인종이 섞인 크리스마스 만찬을 원했으면서 막상 그 결정권을 남편에게 넘겼다는 사실을 깨달았다. 남편은 크리스마스 아침 예배를 네 번이나 인도하고 무척 지쳐있었기 때문에, 흑인 손님들에게 다 앉을 수 있는 자리가 없다고 그럴듯한 핑계를 댔다. 나는 예상치 못했던 손님이 너무 많으면 만찬 전체를 망칠 수 있다는 남편의 판단에 따랐다.

나는 몇 주 동안 이 사건을 소재로 한 그 단편을 써서 제출했다. 담당 교수가 그 이야기를 평가한 내용을 보고 나는 놀랐다. "이 글 속에는 엄청난 분노가 담겨 있군요. 당신은 이 글 속에 나오는 남편의 성품이 악하게 그려져 있다는 것을 알고 있나요?"

나는 그 이야기를 다시 읽었다. 한장 한장 읽어내려 가면서 분노가 되살아났다. 나는 그 이야기가 인종차별 정책의 부당함에 대한 것이 아니라 여자들이 어린 아이로 취급받는 사회에서 여자로서 살면서 그런 취급을 받는 데 아무 거부감도 가지지 않았던 나 자신에 대한 이야기라는 사실을 깨달았다. 그것은 기꺼이 그런 결정을 내리고 나에게 그 결정을 따르도록 한 남편 어니에 대한 분노였다. 그것이 내가 속한 사회에서 통용되고 있는 일이었기 때문에 어린 아이로 취급받는 것을 허용했을 뿐만 아니라 사실상 그런 결과를 스스로 초래한, 나와 같은 종류의 사람에 대한 이야기였다.

나는 분노에 휩싸였다. 그날 밤 나는 그 이야기를 남편에게 건네주었다. 그는 천천히 그 글을 읽었고, 다 읽고 나서 나를 쳐다보며 말했다. "여보, 내가 나쁜 사람으로 나오잖아."

"맞아" 나는 말했다. "당신은 나쁜 사람이니까. 아니면 적어도 나쁜 사람들 중의 하나니까. 나는 내가 얼마나 분노하고 있었는지 이제야 깨닫고 있어. 이건 부인할 수 없는 사실이야." 나는 며칠 동안 그 글에

드러나 있는 자의식의 결여에 격분했다. 어니도 나와 같은 생각이었다. 그때서야 나는 내가 전화를 계단 아래로 던져버린 이유를 알게 되었다.

파괴적인 분노

우리는 분노를 인정하는 것을 배워야 하지만, 분노가 파괴적이 되지 않도록 해야 할 책임도 있다. 화가 솟구칠 때 아이들이나 배우자, 또는 친구에게 화를 냄으로써 돌이킬 수 없는 상처를 입힐 수 있다. 때때로 우리를 화나게 만든 사람에게 화를 내기 전에 한두 시간 정도 기다려야 할 필요가 있다.

내가 아는 한 가족은 타임아웃 호루라기를 가지고 있다. 가족 중 한 사람이 다른 사람에게 화가 났을 때, 그 사람이(실제로 불거나 상징적으로) 다른 사람을 향해 호루라기를 분다. 호루라기를 분 사람은 자기의 분노나 슬픔을 설명한다. 상대방은 그 사람이 왜 화가 났는지 말로 설명할 수 있을 때까지 중간에 끼어들지 않고 들어야 한다. 이 방법을 통해 문제가 해결되고 분노로 인한 쓴 뿌리가 자라날 가능성을 배제한다. 가족들 각자가 죄를 짓지 않고 '화낼 수' 있다.

어느 날 교회 예배가 끝난 후 마리아가 나를 화나게 했다. 속이 부글부글 끓어올랐다. 나는 집으로 가서 내가 왜 그렇게 화가 났는지, 어떻게 그녀에게 그 사실을 알리는 것이 최선인지 생각했다. 내가 그녀에 대한 분노를 표출하지 않으면 우리의 우정에 금이 갈 것 같았다.

나는 다음 날 그녀에게 전화를 했다. "나는 어제 너한테 정말 화가 났었어."

"내가 뭘 잘못했는데?" 그녀가 물었다.

"네가 교회에서 참여하고 있는 빈민가의 모임에 가지 않는 이유를 말할 때 무척 잘난 척하는 듯이 들리더구나. 마치 너는 그런 일을 초월한 듯이 말이야. 나는 네가 그렇게 말하는 것은 어려운 일이 아니라고 생각해. 너는 목사 사모가 아니니까 의식 수준이 각기 다른 사람들을 개발시키는 일을 도우려고 애쓸 필요가 없겠지. 너는 마치 그 일에 대해서 내가 어떻게 느끼고 있는지 전혀 모른다는 듯이 말하더구나."

침묵이 흘렀다. 그리고 내 친구가 말했다. "네가 어떻게 느꼈을지 알겠어. 미안해. 정말 그런 의도는 아니었지만, 용서해 줘."

우리의 우정은 회복되었고 지속될 수 있었다.

우리는 종종 이렇게 생각한다. "그들에게 절대로 내가 화났다고 말할 수 없어." 어떤 경우에는 아이들이나 부모에게 우리의 분노를 표현하는 것이 부적절할 수도 있다. 나는 청소년기에 접어든 내 아이에게 이렇게 말하고 싶을 때가 많다. "네가 네 자신과 네가 원하는 것만 생각하기 때문에 나는 너에게 화가 난다. 너는 열세 살 먹은 아이처럼 행동하고 있어. 그리고 그것이 나를 화나게 만든다." 모두 사실이다. 그렇지만 그다지 도움이 되는 말은 아니다. 그 아이는 지금 단계에서는 그 사실을 보지 못한다. 아이에게 분노를 표현해야 할 때가 있고 말하지 않고 지나가야 할 때가 있다.

분노를 표현할 때, 그 특정한 관계가 분노를 감당할 수 있는지 그렇지 못한지 구별할 수 있어야 한다. 어떤 관계는 분노를 표현하는 것을 전혀 견뎌내지 못한다. 이런 종류의 관계에서는 분노를 건강하고 현실적인 방법으로 다루는 것이 매우 어렵다.

최근에 나는 나를 무척 화나게 만든 어떤 사람과 몇 번 부딪친 일이 있었다. 그런데 나는 그것에 대항해 아무것도 할 수 없었다.

그 사건은 내 박사학위 과정의 마지막 필수 과목 중 하나인 20세기 드라마 강의 시간에 일어났다. 나는 모든 지시 사항에 맞춰 과제물을 썼다. 그런데 그 교수가 내 과제물을 읽기를 거절했다. 내 과제물이 그가 의도한 대로 쓰여 지지 않았다는 것이었다. 나는 그에게 해명서를 썼다. 나는 그를 오만하고 권력욕에 가득 찬 미련퉁이라고 부르지도 않았다.(정말 그렇게 하고 싶었지만!) 그는 오만한 태도로 자기는 그 과제물을 읽지 않을 것이므로 다시 써오는 것이 좋을 거라고 말했다. 나는 화가 치밀었지만 내가 박사 과정을 마치기 원한다면 그에게 화를 낼 수 없다는 것을 알았다.

이틀 후 그 교수가 그가 속해 있는 과 내부의 권력 다툼 때문에 내 절친한 친구를 박사학위 예비 구술시험에서 떨어트렸다. 그는 어떤 장애가 있더라도 자기의 힘을 보여 주기로 결심했던 것이다. 나는 이 남자에게 몹시 화가 났다. 그는 자기보다 약한 사람들을 이용하여 자기의 힘을 과시하고 있었다. 이런 식의 불의는 대처하기가 매우 어렵다는 것을 알지만, 우리는 대항해야 한다.

우리가 무력할 때는 분노를 다스리기가 어려울 수 있다. 나는 이런 상황에서 분노로 인해 죄를 짓지 않도록 다짐해야 했다. 내가 나의 분노를 인정하지 않았거나, 내가 느끼고 있는 감정 그대로 그에게 화를 냈거나, 내 분노를 계속 키우면서 이 남자를 절대로 용서하지 않기로 맹세했다면, 죄를 짓게 되었을 것이다.

과제물을 다시 쓰기 위해 앉았을 때, 너무 화가 나서 거의 글을 쓸 수가 없었다. 나는 그 문제를 바른 관점에서 보게 해 달라고 기도한 뒤, 찬송가테이프를 크게 틀어놓고 시편 1, 2편을 읽었다. 시편의 많은 시가 행악자가 승리하는 것처럼 보이는 데 대한 다윗의 분노와 혼란 속에서 쓰여 졌기 때문이다. 나는 그 교수의 삶이 뒤틀려 있다는 것을 깨닫기 시작했다. 그는 자기 삶에서 중심이 되는 무언가를 놓치고 있기 때문에 권력 싸움에 말려들고 있었다. 그가 교수직을 얻기 위한 면접을 끝냈을 때 손가락에 피를 흘리고 있었다는 소문이 생각났다. 그 교수직을 너무나 절실히 원했던 나머지 몹시 긴장해서 손가락을 깨물었던 것이다. 나는 그가 불쌍한 생각이 들기 시작했다. 그를 위해 기도하려고 해 보았지만 몇 주 동안은 무척 힘들었다.

분노가 냉소로 변할 때

벳과 그녀의 남편 브라이언은 완벽한 결혼생활을 하고 있었다. 그들은 방종한 십대 시절을 보낸 후에 그리스도인이 되었다. 그들에게는 아기가 있었고, 거리의 청소년들을 위해 일하면서 '기복' 신앙을 가르치는 한 성경 교회(Bible church)에서 적극적으로 활동하고 있었다. 벳과 브라이언은 이 단체가 전하는 메시지를 마음에 새겼고, 그것은 그들이 하나님을 보는 관점에 영향을 미쳤다. 메시지는 간단했다. "내가 내 의무를 다하면, 하나님께서는 하나님의 의무를 다하실 것이므로 만사가 항상 형통할 것이다." 벳과 브라이언은 미처 생각해 보지 못했겠지만, 이 말을 뒤집어 보면 이런 질문이 나온다. "만사가 형통하지 않는다면 어떻게 된 것인가?"

벳은 또한 이 모임에서 남편과 주님을 동등하게 여겨야 한다고 배웠다. 브라이언은 그녀가 우러러 보는 존재였다. 그는 그녀에게 그리스도와 같은 존재였다. 브라이언은 의료 선교 일을 할 수 있도록 약학을 공부하기로 결심했다. 그들은 브라이언이 공부할 수 있는 퍼시픽 노스웨스트에 있는 대학가로 이사했다. 벳은 선교사의 아내가 된다는 사실을 좋아했다. 그녀는 브라이언을 돕기 위해 시간제 일을 얻었다. 그들은 활동이 왕성한 교회를 찾아서 출석했다.

브라이언은 의과대학 입학시험을 준비하는 동안, 복통을 느끼기 시작했다. 의사들은 스트레스에 의한 것이라고 진단했지만, 통증은 점점 더 심해졌다. 그는 두렵고 불안했으며 하나님께서 자기를 버리신 것이 아닌가 의심이 들기 시작했다. 마침내 몇 달 후에 그가 희귀한 종류의 위암에 걸린 것으로 진단이 나왔다.

브라이언은 광범위한 약물치료와 방사선 치료를 받았고 일을 그만두었다. 교회 신도들이 그들을 위해 집과 생활비를 대주었다. 그 교회 사람들은 철야 기도회를 열었고 음식을 가져왔다. 그러나 브라이언은 나아지는 것 같지 않았고, 그때 벳은 자신이 임신한 것을 알게 되었다.

8개월 후에 벳과 브라이언은 그들이 다니던 소그룹에서 탈퇴했다. 브라이언은 몇 달째 참석하지 못했고, 벳은 물리 치료사가 되기 위해 학교를 다시 다닐 계획이기 때문에 참석할 수 없다고 말했다. 그녀는 의식주의 문제를 다시는 브라이언에게 의지할 수 없을지도 몰랐다.

브라이언은 점점 좋아지기 시작했고 얼마 후 완전히 회복되었다. 그는 다시 좋은 직장을 얻었다. 그들은 캐스캐이드의 언덕배기에 있는 농장을 구입했다. 그러나 그들은 더이상 교회에 나가지 않으며, 결혼 생활도 불안정한 상태이다.

벳은 남편이 자기를 버렸고 하나님도 자기를 저버리셨다고 느낀다. 그녀는 다시는 그런 고통을 당하기를 원치 않는다. 벳은 교회 사람들도 자기를 버렸다고 생각한다. 그녀는 브라이언이 병에 걸리고 자기가 임신했을 때 아무도 하나님께서 어디 계신지 충분한 설명을 해주지 못했던 것에 분노를 느낀다. 브라이언이 지금은 거의 다 회복된 것처럼 보여도, 벳은 어느 누구도 그녀에게 다가가는 것을 허락하지 않을 것이다. 한 여자가 벳에게 계속 전화를 하자 벳은 이렇게 말한다. "그 여자는 내가 혼자 있고 싶어 한다는 걸 알지 못하나요?"

벳은 자기의 분노(하나님과 사람들 그리고 남편에 대한)를 냉소적인 태도로 발전시켰는데, 그녀의 냉소적인 태도는 삶의 모든 부분에 영향을 미치고 있다. 처리되지 않은 분노는 그녀 삶에 실재하는 중요한 요소가 되었다. 그녀 마음속의 냉소는 그녀가 사물을 바라보는 관점에 영향을 미쳤다. 벳은 하나님께서 불행한 환경을 통해 어떻게 역사하셨는지 보지 못한다. 그녀는 희망찬 미래를 보지 못한다. 그녀는 그녀의 남편과 친구들, 또는 하나님 안에 있는 사랑을 보지 못한다. 그녀의 삶은 냉소적인 태도로 인해 뒤틀렸다.

여자들이 화낼 이유는 셀 수 없이 많다. 많은 여자들이 학대받고, 그녀들의 육체가 더이상 감탄할 만큼 아름답지 않으면 버림받고, 소명을 받았다고 생각하는 직업에서 소외되고, 공공연하게 과소평가되어 왔다. 많은 여자들이 자기들의 분노를 몸속의 암처럼 치명적인 어떤 것으로 변화시키고 싶은 유혹을 느낀다. 궁극적으로 용서는 선택이다. 예수님께서는 냉소적인 태도와 용서하지 않는 것에 대해 매우 강한 어조로 말씀하셨다. 그분은 베드로에게 "일흔 번에 일흔 번이라도" 용서해 주어야 한다고 말씀하시면서, 큰 빚을 진 종을 용서해 준 주인의 이야기를 하셨다. 그 종은 자기에게 약간의 돈을 빚진 사람을 찾아 그를 협박하기 시작했다. 주인은 자기가 용서를 받았음에도 불구하고 그에게 빚진 자를 용서해 주지 않은 그 종을 징계했다. 예수님께서는 그 이야기를 이렇게 끝맺으셨다. "너희가 각각 중심으로 형제를 용서하지 아니하면 내 천부께서도 너희에게 이와 같이 하시리라"(마 18:35). 우리는 주기도문을 외울 때 우리가 우리에게 잘못한 사람들을 용서한 것같이 우리를 용서해 달라고 한다. 우리가 큰 상처를 받았더라도, 우리의 분노를 인정하고 용서하기로 선택해야 한다.

사람들은 가장 불행한 환경에 처했을 때 용서를 결심하는 경우도 있다. 소련의 이리나 라튜신스카야가 강제 수용소에서의 생활에 대해 쓴 놀라운 책을 읽어보면, 냉소적인 태도를 가질 수 있는 모든 이유를 가지고 있었다. 그리고 그녀는 실제로 분노를 느꼈다. 그렇지만 그녀는 자기가 증오하지 않기로 결심한 이야기를 썼다. 증오는 증오하는 사람을 파괴하기 때문이다. 증오는 "다른 모든 것을 몰아내고, 궁극적으로 당신의 영혼을 좀먹고 비뚤어지게 하며" 뿌리를 뻗어 나간다. 증오는 우리 안에 깊게 뿌리내려 한 때는 인간이었던 존재를 히스테릭하고, 미친 듯이 날뛰며, 악귀가 들린 빈껍데기의 존재로 바꾸어 놓을 수 있다. 라튜신스카야는 그녀를 죽이려 했던 한 간수를 봤을 때, 그가 "그와는 아주 다른 사람으로 자라날 아이를 가졌을지도 모르며, 그렇지 않다면 너는 진심으로 그를 가엾게 여길 수도 있다. 네 상황이 아무리 암담하다 하더라도, 그 사람과 입장을 바꾸겠는가? 물론 그럴 수 없다!"[3]는 생각을 해야 했다고 쓰고 있다.

우리는 분노를 어떻게 할 것인지 결정한다. 첫째 우리는 그 감정을 인정하고 분노가 우리에게 가르쳐주고 있는 중요한 것을 보려고 노력해야 한다. 그리고 그것을 어떻게 표현해야 할지, 기다려야 할지 말해야 할지 결정해야 한다. 분노를 계속 가지고 있고 싶은 유혹을 느낄지도 모른다. '지금 약해지지 말라. 화를 삭이지 말고, 그들이 너에게 한 것을 기억하라. 용서는 그들을 너무 쉽게 놔주는 것이다." 용서가 극도로 어려운 상황이 있다. 그러나 우리는 자기를 고문했던 자들을 용서하셨던 예수님을 알고 있다.

  라튜신스카야와 다른 그리스도인들은 우리에게 본보기가 된다. 그들은 분노했고 분노가 그들을 삼켜버리지 않게 하면서 그것을 표현할 방법을 찾았다. 그들은 용서를 선택했다.

결혼과 사랑에 대한 오해

성은 무척 큰 죄로 인식되는 경우가 많았다. 도로시 L. 세이어는 「또 다른 여섯 가지 치명적인 죄」라는 제목의 수필을 썼는데, 한 젊은이가 그녀에게 성적인 죄 말고도 다른 죄들이 존재한다는 말을 듣고 얼마나 놀랐는지 말해 준 것이 계기가 되었다.[1] 성이 그렇게 악명을 높이게 된 것은 아마 우리 사회가 성을 왜곡시켰기 때문일 것이다. 나는 여자들이 현혹되기 쉬운 대표적으로 왜곡된 사실 두 가지를 살펴보고자 한다.

우리 사회는 우리가 친밀함과 관계에 대한 잘못된 개념을 믿도록 만든다. 그리고 세상의 유혹은 교회로까지 침투했다. 이제 막 사춘기에 접어든 청소년들은 여자가 남자를 잡으면 인생이 성취된 것이라고 믿게 된다. 남자친구가 없으면 인생은 살 가치도 없다고 생각한다. 많은 그리스도인들도 이 생각이 신약 성경의 가르침에 위배됨에도 불구하고 이 생각을 받아들였다. 신약 성경은 독신을 바람직한 선택, 하나님을 더 잘 섬기기 위한 은사로 표현하고 있다 그러나 대부분의 그리스도인들은 그들에게 일어날 수 있는 가장 불행한 사건으로 생각한다.

왜곡 1 • 남자가 나를 행복하게 해줄 것이다

"제 생물학 교수님은 제가 의대를 가야 한다고 생각하세요." 카렌은 기독교 대학에 갓 입학한 똑똑한 학생이다. "그렇지만 저는 간호학과에 갈 거예요. 아시다시피, 가족과 남편을 우선순위에 두는 것이 중요하다고 생각해요."

내 사무실에 앉아있는 그녀는 젊어 보였다. 누군가와 깊은 관계를 갖기에는 아직 너무 어려 보였다. "결혼을 약속한 사람이 있나요?"

"아니에요!" 카렌은 웃었다. "저는 남자친구도 없어요. 있었던 적도 없어요. 그렇지만 여자의 가장 고귀한 소명은 아내와 어머니의 역할이라고 생각해요. 그래서 제 진로를 정하는 데 그 점을 고려한 거예요." 열여덟 살밖에 안된 카렌은 교회 내의 세속주의가 가르쳐준 교리를 진지하게 받아들인 것이다. "여자들의 가장 고귀한 소명이 무엇인데요?" "하나님께 영광을 돌리고 영원히 하나님과의 관계를 향유하는 것"이라는 교리는 온데간데없고, 카렌은 "남자를 섬기고 영원히 그를 행복하게 해주는 것"이라는 세상의 사상을 받아들인 것이다.

카렌이 철저하게 배운 이런 세속적인 개념은 세상에서는 거의 사라졌다. 지금은 특정한 몇 개의 교파 내에서만 찾아볼 수 있다. 헌터 칼리지의 사회학 교수인 루스 시델에 의하면, 오늘날 대부분의 여성들은 더이상 백마 탄 왕자님이 나타날 거라는 꿈을 꾸지 않는다. 그녀가 이제 막 십대에 접어든 아이들부터 20대 중반까지의 젊은 여자들을 세심하게 인터뷰한 결과, 어느 누구도 남자나 사회에 의지할 수 있다고 생각하지 않는다는 것을 발견했다.[2]

시델의 주장은 이 사회의 일반적인 젊은 여자들에 대해서는 옳을지도 모른다. 그러나 분명한 것은 그녀가 인터뷰 한 대상이 그리스도인 여성이 아니라는 점이다. 많은 그리스도인 여성들이 남자가 자기 인생의 중앙 무대에 등장할 것을 기대하는 '백마 탄 왕자 신드롬'에 걸려있다. 인간이 혼자 사는 것이 좋지 않다는 것은 하나님의 생각이었지만, 어떤 그리스도인들은 이런 낭만적인 이상을 변질시켰다. "남자가 와서 나를 발견하고 나를 쫓아오면, 나는 그의 집을 멋지게 꾸미고 그를 위해 훌륭한 자녀를 키우고 맛있는 음식을 만들어 주어야지." 이러한 변질은 우상 숭배일 뿐만 아니라 남성과 여성간의 관계를 마치 포르노처럼 기괴한 것으로 왜곡시키는 것이다.

여자들이 한 남자를 찾는 것이 그들의 모든 꿈과 소망을 실현하는 것이라고 믿는 것은, 이 세상이 수없이 많은 방법으로 그들에게 전해준 세상의 풍조를 무턱대고 따라가는 것이다. 여자들이 공통적으로 가장 많이 읽은 이야기는 여자(대체로 매력적인 젊은 여자)가 결혼을 하는 것으로 끝나는 '연애 소설'이다. 새로운 '그리스도인 연애 소설'도 이런 경향을 따르고 있는데, 이런 소설들은 여자의 가장 중요한 목표는 남자를 발견하고, 언제까지나 그를 행복하게 해주는 것이라고 암시한다.

'백마 탄 왕자 신드롬'이 미혼 여성들에게만 영향을 주는 것은 아니다. 연애 소설은 교회에 다니는 할머니에게까지도 사랑의 맹세를 바친다. 그녀는 남편이 얼굴에 신문을 얹은 채로 코를 골고 있는 거실에 앉아, 요트를 모는 서른 살의 남자가 근육질의 팔로 그녀를 끌어안고 그녀 없이는 살 수 없다고 속삭이는 공상을 한다. 미국에서 인기리에 판매되는 문고판 책의 40퍼센트가 연애 소설이다.

누가 여자들에게 오직 남자들만이 그들을 행복하게 해줄 수 있다고 말했는가? 많은 경우 자신의 삶을 진지하게 성찰해 본 적이 없는 목사들과 부모 그리고 어머니들이다. 작년에 나는 신입생들에게 '가정을 꾸리면서 일하는 여자들이 전업 주부인 여자들보다 더 행복하다.'는 자주 인용되는 유명한 통계를 예증하는 짧은 논문 한편을 읽도록 했다. 그러나 이 그리스도인 학생들은 모두 그 글을 비평하는 에세이에서 이 통계의 정확성을 부정했다. 그들은 확신에 찬 어조로 말하는 강연회 강사나 목사들로부터 행복한 여자란 일생 동안 가정을 지키는 여자라는 말을 들어왔기 때문이다.

트레이시는 플로리다에서 고등학교를 졸업하고, 지방의 한 바이블 칼리지에 들어가서, 멋진 젊은 남자를 찾아 목사의 아내가 되기로 결심했다. 그녀는 기독교 교육학을 전공하며 6년 동안 그 대학을 다녔다. 그리고 노스캐롤라이나로 가서 비서직을 얻었다. 그렇지만 여전히 그녀가 찾는 '바로 그 남자'는 없었다. 그녀는 다시 플로리다로 돌아와 기독교 학교에서 가르치게 되었지만, 일 년에 만 사천 불밖에 벌지 못했기 때문에 그녀의 어머니와 양아버지와 함께 살 수밖에 없었다. 그녀는 서른 살이다. 그녀는 언제나 그녀가 바라던 '바로 그 남자'를 만날지도 모른다는 희망을 가지고 교회를 계속 옮겨 다니기 때문에 친구가 많지 않다. 그녀는 '백마 탄 왕자 신드롬'의 희생자이다.

여자들은 이런 옛날 이야기를 동화책이나 영화에서도 보았다. 그러나 대체로 그것은 그들이 믿고 싶어 하는 것을 반영하고 있다. 그런 옛날 이야기는 또한 자기의 재능과 능력에 자신이 없는 여자들에게 인기가 있다. 트레이시 같은 여자는 자기가 아주 유능한 학교 교장은 될 수 없지만, 다른 누군가의 '내조자' 역할은 충분히 할 수 있다고 생각할지도 모른다. 남자들(확신하건대, 어떤 때는 무의식적으로)은 이런 왜곡된 생각을 부추긴다. 전통적인 아내상은 영국 소설에 나오는 전통적인 집사와 비슷하다. 훌륭한 음식을 만들고, 자녀들을 뛰어난 아이들로 키우고, 한 사람의 모든 요구에 순종하며, 집안을 깔끔하게 관리하고, 셔츠를 다려주고, 침실에서는 필요한 성적 욕망의 배출구가 되어 주는 아내를 누가 싫어하겠는가?

트레이시와 같은 여자는 하나님이 그녀의 삶을 통해 무엇을 하기 원하시는지 알아야 할 필요가 없다. 그녀는 인생을 계획하는 데 그녀가 찾는 '바로 그 남자'에게 의지하면 된다. '바로 그 남자'가 빨리 나타나지 않으면, 그녀는 그 신기루를 계속 쫓아다닐 것이다.

낭만적 사랑이라는 이름의 포르노

1장에서 나는 여자가 남자와 다른 점에 대해 살펴보았다. 우리는 여자들이 다른 어떤 것보다도 관계를 중요시하는 경향을 가지고 있다는 것을 알았다. 관계를 중요시하는 것은 나쁘지 않지만, 때때로 관계에 너무 많은 정력을 쏟은 나머지 도깨비 집의 요술 거울에 비쳐진 모습처럼 관계가 뒤틀리고 만다. 다른 사람과 친밀한 관계를 맺고자 하는 하나님이 주신 욕구는 우리 안에서 변질될 수도 있다. 포르노가 그 왜곡된 형태의 하나인데, 포르노에서는 육체적인 만족을 얻고자 하는 욕구가 모든 것이 된다. 낭만적인 사랑 또한 다른 형태의 왜곡인데, 여자들은 낭만적인 사랑을 통해 상대방이 인생의 해답이 되어 줄 것을 기대한다. 백마 탄 기사를 기다리는 여자의 낭만적인 이미지는, 순진한 여자가 남성미가 철철 넘치는 남자에 의해 성의 노예가 되는 포르노적 이미지보다도 더 비현실적이다.

낭만적인 사랑은 멋있다. 우리 문화에서는 대부분의 사람들이 사랑에 빠져서 결혼을 하게 되는데, 결혼의 시작으로써는 그다지 나쁜 방법은 아니다. "낭만적인 사랑은 사랑의 초기 단계에서 적합하고 중요하다. 우리가 서로에게 느끼는 강력한 매력은 헌신의 원동력이 되며, 결혼으로 인해 야기될 수 있는 위험과 가능성을 기꺼이 받아들일 수 있도록 해준다."[3]

스캇 펙은 그의 저서 『아직도 가야할 길』에서 연인들이 자기가 사랑하는 사람이 자기와 다르다는 것을 보기 시작하면서 이런 낭만적인 사랑은 끝나게 된다고 지적한다. 펙은 낭만적인 심취가 끝나는 이 시점을 진정한 사랑이 시작되는 시점으로 본다.[4]

이블린과 제임스 웨더헤드는 이렇게 표현했다. "사랑이 적극적인 선택이 될 때 결혼은 성숙한다. 이러한 깨달음은 우리로 하여금 황홀하지만 대체로 수동적인 '사랑에 빠지는' 경험을 넘어서서 애써 가꾸고 선택된 헌신으로써의 사랑으로 옮아가게 해준다. 우리가 해야 할 일은 우리가 결혼하려는 사람을 계속 사랑하는 것이 아니라 우리가 결혼한 사람을 사랑하는 것이다!"[5]

낭만적인 사랑에 대한 이상의 '종말'은, 그리스도인 여성에게는 그것을 직시할 수조차 없을 정도로 엄청난 스트레스가 될 수 있다. 그녀에게는 꿈이 사라지는 것일 뿐만 아니라 소명과 직업, 사역을 잃어버리는 것이다. 우리가 서론에서 살펴본 질의 경우처럼, 자기의 백마 탄 기사가 기대했던 것과 다를 때 그녀는 자포자기 할 수도 있다. 벳이 자기의 백마 탄 기사(어떤 이유에서든)가 더이상 자기를 보호하고 그녀의 모든 것이 될 수 없게 되자 그랬던 것처럼, 냉소적이 될 수도 있다.

독신 여성은 현실과 더 동떨어진 백마 탄 기사를 꿈꿀지도 모른다. 지금 당장이라도 그녀의 모든 욕구를 채워줄 완벽한 남자를 열망한다.

나는 그것이 운명이라고 생각했다. 셔우드 포리스트 학생 아파트에 있는 댄의 방 번호는 814호였다. 내가 5명의 여학생들과 살던 집의 주소도 814 퍼스트 스트리트였다. 댄은 그가 다니는 대학의 하이랜드 축제에 나를 초대했다. 그는 스코틀랜드 사람이었기 때문에 나는 그와 함께 백파이퍼(스코틀랜드 고유 악기인 백파이퍼 연주자—역자 주)들을 지켜보는 것이 자랑스러웠다. 우리는 갑판에 서서 바람결에 실려오는 스코틀랜드의 춤곡을 들으며 퓨젯사운드(워싱턴 주 북서부, 태평양의 긴 만(灣)—역자 주)를 바라보았다. 그가 내 어깨를 감싸 안았을 때, 나는 그가 나의 '바로 그 남자'라는 것을 알았다.

댄은 키가 크고 마른 편이었다. 그는 짙은 색의 곱슬머리와 장난꾸러기 같은 얼굴, 반짝이는 파란 눈을 가지고 있었다. 나에게 그는 아주 어린애 같아 보였다. 그는 맛있는 음식, 하이킹, 자전거 타기, 눈, 요트 타기를 광적으로 좋아했다. 그는 또한 듣기 좋은 저음의 목소리를 가지고 있었다. 나는 그가 "그대와 함께 걸을 수 있다면"이란 노래를 내 옛날 남자 친구 애드와 함께 부르던 것을 기억한다.

7, 8개월 정도밖에 지속되지 않았던 관계가 끝났을 때 나를 거의 폐인으로 만들었던 이 관계의 깊이에 대해 생각해 보았다. 많은 부분이 내가 그 관계에 부여한 이상주의 때문이었다는 생각이 들었다. 다른 남자들과 많이 사귀었지만, 그와의 관계는 내가 그리스도인이 된 이후

로 처음 맺게 된 관계였다. 나는 내가 전에는 알지 못했던 깊이의 사랑으로 댄을 사랑하는 것처럼 느꼈다.

댄은 내 마음속 가장 깊은 곳에서 우러나는 욕구와, 더 중요하게는 그 당시 내가 받아들이고 있던 관계에 대한 기독교적 가르침에 대한 해답이 되었다. 우리가 함께하는 삶은 멋질 것이다. 나는 그를 위해 살리라. 나는 전공을 선택할 필요가 없었다. 직업에 대한 계획도 세울 필요가 없었다. 우리의 아이들은 작고 귀여운 '댄을 꼭 닮은 아이들'일 것이다. 한 여자로서 무엇을 더 원하겠는가?

사랑에 빠졌을 때, 여자는 남자의 구애에 대해서 수동적이며 감정적으로 받아들이는 입장이 된다. 낭만적인 사랑의 시나리오는 곤경에 처한 여자가 기다리고 있을 때 그녀를 구출하고 차지하는 영웅의 모습을 그리고 있다. 그는 적극적인 행위자이고, 그녀는 수동적인 협력자이다. 이런 낭만적인 경험은, 이성간의 관계에서 여성의 수동적인 역할을 강조하는 기독교적 가르침과 더불어 결혼생활에서 여자가 자의식을 갖지 못하도록 만든다. 그녀는 자기가 상냥하고, 남자에게 협조적이면, 행복하고 만족할 것이라고 단정한다. 그러나 현실은 심각한 감정적 격변을 불러올지도 모른다.

왜곡 2 • 독신은 여자에게 최악의 상황이다

우리 문화는 남자가 없다면 여자는 아무것도 아니라고 말한다. 심지어 우리가 쓰는 단어들을 생각해 보라. 미혼 남성을 지칭하는 bachelor(원어는 제멋대로 할 수 있는 독신남자라는 뜻을 가지고 있다.-역자 주)라는 단어는 재미있다는 뜻을 함축하고 있다. 미혼 여성은 spinster(실잣는 여자 또는 미혼여자라는 뜻을 가지고 있다.-역자 주) 나 노처녀(old maid)로써 이 말은 버림받고, 무기력하며, 약하고, 구제불능일 만큼 암담한 사람이라는 뜻을 내포하고 있다.

누군가와 함께 살아야 한다는 이런 생각 때문에, 흔히 '고민 산업(agony industry)'이라고 불리는 중매업자들이 돈을 벌고 있다. 중매업은 1989년 전국적으로 1000개에 조금 못 미치는 업체가 난립하고 있으며 "연간 총 수입이 100~300만 불에 달한다."[6]

이 "고민 산업"은 심지어 기독교 출판업자들에게도 이용되고 있다. 세상이 교회에 침투했다는 것은 의심의 여지가 없다. 우리는 이 사실을 1989년에 출판된, 여자들에게 '남자를 잡는 법'을 알려주는 한 책에서 볼 수 있다. 제니퍼 로건이라는 필명을 쓰는 이 저자가 본명을 사용하기를 꺼려했다는 것은 이해할 만한 일이다. 그런데 말씀 출판사(Word Publishing)는 책의 제목을 자랑스럽게 내보이고 있다. "'바로 그 남자'를 발견하는 법"이라는 책 제목은 "바지만 입었으면 된다. 혼기를 놓치지 않는 법"으로 바뀌어야 한다.

제니퍼 로간은 여자들의 생체 시계가 남자들보다 더 빠르다는 것을 지적한다. 여자는 기다릴 여유가 없다. 여자는 서둘러 남자를 찾아야 한다. 남자는 누군가가 자기를 필요로 해주기를 원한다. 남자는 자기에게 위압감을 느끼게 할 수도 있는 유능하거나 지적인 여자가 아닌 자기에게 의지할 여자를 원한다. "이력서만 제외하고 그밖의 모든 곳에서 당신의 직업과 성취를 무시하라." 지나치게 빈틈이 없는 여자는 남자를 겁주어 쫓아버릴 것이기 때문이다. "당신은 판매 사업을 하고 있는 것이다." 로간은 말한다. "당신 자신을 특별한 남자와 결혼하기 원하는 여자로 포장해 세상에 내놓아라."7 무엇이 필요한가?

로간은 매우 실제적이다. 그녀는 설문 조사를 통해 남자들이 긴 금발머리 여자를 선호한다는 것을 발견했다. 그녀는 경고한다. "손톱 하나라도 끝이 갈라졌거나 벗겨진 상태로 절대 사람들 앞에 나가지 말라."8 여자들은 액세서리를 착용할 때도 신경을 써야 한다. 남자들은 반지를 보고 당신이 결혼을 했거나 약혼을 했다고 착각할 수도 있기 때문이다. 당신 직장의 책상에 있는 아이들 사진도 결혼 상대가 될 만한 독신 남성이 착각하게 만들 수도 있다.

여자는 남자를 치켜세워 주어야 한다. 사무실에 있는 남자에게 이렇게 말해도 좋다. "내 생각에는 당신이 이 회사에서 가장 유능한 판매사원이에요." 교회에서는 물론 상황이 약간 다르다. 그녀는 "그가 다른 남자들보다 얼마나 더 직관이 뛰어난지 또는 다른 남자들보다 자기의 신앙에 대해 얼마나 더 많은 생각을 거쳐왔는지 언급"할 수도 있다. 정직은 그다지 중요한 문제가 아니다. "물론 당신이 비교해서 말할 때 그것을 뒷받침해 주는 근거가 있어야 하지만, 지나치게 곧이곧대로 말할 필요는 없다."9

남자를 잡는 좋은 방법 중 하나는 이웃의 아이를 빌려서 그 아이를 공공장소에 데려가는 것이다. 공공장소에서 여자는 뛰어다니고, 깔깔대며 웃고, 언덕을 굴러내려 올 수 있다.(어린애 같은 행동이 남자들을 매료시키기 때문이다.) 그리고 기회가 있으면 그 남자에게 그 아이는 자기 아이가 아니지만 '재빨리 자기가 꽤 쓸모 있는 사람이라는 것을 보여 주면서' 아이들을 좋아한다고 말할 수 있다.[10] 로간은 또 다른 방법들도 제시한다. UPS처럼 직원의 대다수가 남자들인 직장에 취직한다든지, 여러 교회를 방문한다든지, 대학원에 다닌다든지, 공항 라운지에서 서성대다가 지루해 보이는 출장 온 사람들과 사귈 기회를 만든다든지(이 때 여자는 일생 동안 비행기를 타 본 적이 없을지라도 당연히 정장을 입고 서류가방을 들고 있어야 한다.) 하는 것들이다. 사진 클럽이나 자동차 클럽, 자동차 대리점도 좋은 장소이다.

그리스도인 여성이 '바로 그 남자'를 찾아 나설 때는 약간의 소품을 가지고 가는 것도 좋다. 로간은 C.S. 루이스 책이나, 《스포츠 일러스트레이티드》 최신판("당신이 표지 모델만큼 날씬한 몸매가 아니라면 수영복 특집판은 가져가지 말 것"), 《월 스트리트 저널》, 학교 이름이나 재미있는 지역 이름이 쓰여 진 티셔츠 등을 제시한다. "그리스도인 남자로 범위를 좁히고 싶다면 기독교 학교나 기관의 이름이 새겨진 셔츠를 입으라. 지적인 문구나 여권 운동 표어가 새겨진 티셔츠는 입지 말라."[11] "모자, 개, 카메라, 테니스 라켓이나 라켓볼 라켓(다리가 날씬하다면 테니스 옷을 입으라), 재미있는 디자인의 선글라스, 정치적이거나 여권신장이나 호전적인 문구는 제외하고 그밖의 특이한 문구가 새겨진 배지 등을 가지고 가라."¹² 로간은 간간이 독자들에게 가난하고 외로운 그리스도인 여성이 결국 "결혼해서 세 명의 자녀를 두었다."는 식의 결과를 말해 주면서 자기의 방법이 얼마나 효과적인지 상기시켜 준다.

그리스도인 작가와 출판사가 절망에 빠진 무기력한 사람들을 이용해 돈을 벌려고 하는 것은 놀라운 일이지만 이해할 수 있는 일이다. 왜냐고? 왜냐하면 교회가 여자는 남자 없이는 아무것도 아니라고 가르쳐왔기 때문이다. 우리는 하나님을 믿는 것보다 낭만적인 사랑을 더 믿는다. 초대 교회 시대에는 여자들이 그리스도를 따르기 위해 자유로워지기를 갈망하거나, 결혼으로 인해 구속당하지 않기 위해 순교의 위험에 처하는 사례들이 있었다. 오늘날 여자들의 주된 목표는 한 남자를 찾아내서 그를 계속 행복하게 해주는 것이다.

우리는 결혼 안 한 사람에 대해 설명할 때, 이렇게 말할 것이다. "그 여자는 독신이야." 독신자라는 것이 그 여자의 가장 큰 특징이 된다. 어떤 여자는 이런 글을 썼다.

"나는 사람들이 나를 독신자로 생각한다는 것을 알게 될 때 언제나 놀란다. 내가 결혼하지 않았고 혼자 사는 것은 사실이다. 내가 '독신이라는 것'은 내가 파란 눈을 가졌다는 것만큼이나 내가 나에 대해 가지고 있는 인식의 작은 부분에 불과하다. 사실대로 말하면, 그것은 정확한 표현이긴 하지만 내가 어떤 사람인가 하는 점과는 거의 아무 상관이 없다."¹³ 사실 우리는 모두 독신으로 태어난다. 독신은 자연스러

운 상태이다. 우리는 차라리 결혼을 '독신이 아닌' 상태라고 부르는 것이 좋을 듯하다.[14]

여자에게 '독신'이라는 말은, 특히 우리 사회가 예로부터 여자가 가져야 할 가장 중요한 특성을 관계 중심적이고 모성애적인 것으로 규정지어 왔기 때문에, 거부당하고 선택의 여지가 적다는 뜻을 내포하고 있다. 그리고 독신여성이 자기의 처지를 비관한다면, 건전하지 못한 관계에 빠지거나 함께 신앙생활을 할 수 없는 사람과 결혼하게 될 가능성이 크다. 이것은 여자들이 가장 빠지기 쉬운 유혹 중 하나이다.

베스는 결혼을 두 달 앞두고 오랜 고심 끝에 그리스도인이 되었다. 그녀의 약혼자 웬델은 그녀가 교회에 나가거나 그리스도인들과 어울리는 것을 좋아하지 않았다.

베스의 그리스도인 친구들은 웬델과 결혼을 포기하거나 적어도 어느 정도 기다려야 한다고 충고했다. 그러나 베스는 서른여섯 살이었고 결혼으로 '정상적인' 삶을 살아야 한다는 심한 압박감을 느끼고 있었다. 그녀는 결혼을 감행했다.

6개월 후, 나는 한밤중에 침대에 앉아서 남편이 전화로 웬델과 상담하는 것을 지켜보았다. 내가 앉아 있는 곳에서도 간간이 유리가 깨지는 소리가 전화기를 통해 들려왔다. 웬델이 남편과 이야기하고 있는 순간에도, 베스는 크리켓 방망이로 집안의 유리창을 박살내고 있었다. 베스와 웬델의 결혼생활은 몇 달 동안 갈등이 계속되었고, 얼마 후 웬델이 사라져 버렸다. 그녀는 세상이 그녀에게 심어준 거짓말에 넘어갔

던 것이다. '남자 없이는 당신은 아무 가치도 없다.'

여자들은 그들의 가장 지고한 소명은 현모양처가 되는 것이라는 말을 계속 들어왔다. "결혼과 어머니가 되는 것이 여자의 참다운 사명이라는 생각이 널리 퍼져있기 때문에, 독신여성들은 반쪽짜리 여성으로 인식되는 경우가 많다."[15] 개신교의 교회는 중세 시대의 수도원 제도를 없애면서 독신주의를 함께 제거했다. 그렇지만 최근 들어 영향력 있는 사역을 하고 있는 여성들 중 많은 수가 독신이다.[16] 어머니가 된다는 것은 실로 고귀한 소명이지만, 그것만이 지고한 소명이라면 독신여성들은 지고한 소명에 참여하고 동반할 수 있는 합법적인 기회를 박탈당하는 것이다.

교회가 가정과 결혼을 최고의 선으로 강조하고 성경을 증거하는 사명을 잊어버린 것을 볼 때, 우리는 세상이 자기 상품을 교회에 판매하는 데 성공했다는 것을 알 수 있다. 독신을 선택 가능한 행위로 보는 교회는 거의 없으며, 오히려 그리스도인 여성들이 독신생활을 고수하기가 더 힘들다. 많은 교회의 게시물이나 월간 발행물은 교인들의 약혼이나, 결혼, 출산 등을 기념하고 축하하는 데 지면을 할애하고, 어머니날에는 온통 야단법석을 떤다. 약혼한 여자나 출산을 앞둔 여자들에게 축하파티를 해주고 선물을 준다. 독신으로 살려고 하는 미혼여성은 미디어나 사회, 가족, 교회로부터 받는 모든 압박을 견디며 악전고투하고 있다. 아무도 그녀를 칭송하지 않는다.

사도 바울은 독신을 칭송했고 예수님은 제자들을 가족보다 더 가까운 관계로 언급하셨다. 바울은 고린도 ? ㅣ장에서 그리스도인들이 결혼하지 않으면 그리스도인으로서 더 많은 일을 할 수 있을 것이라고 권면했다. 그는 독신을 그리스도인들의 건강하고 거룩한 상태로 보았다(고전 7:36). 그러나 불행하게도, 우리는 세상에 완전히 동화되었다.

그렇다면 독신 그리스도인들은 어떤 반응을 보여야 하는가? 우리가 하나님께서 우리를 저버리셨다고 느낀다면 하나님 앞에서 정직해야 한다. 심리학자인 내 친구는 그녀를 찾아오는 상담자들 중 많은 사람들이 남자가 없으면 자신을 무가치하게 느끼는 그리스도인 여자들이라고 나에게 말했다. 그들은 결혼하지 않았다는 이유로 충만한 삶을 빼앗기고 있으며, 여자로서 무능하다고 느낀다. 여자들은 남자들에게 결혼하자고 요구하지 못한다. 그러므로 결혼하기 원하는 여자가 사람들을 만나려고 애쓰고 간절히 기도한다고 해도, 여자는 근본적으로 무력하고 수동적일 수밖에 없다. 분명 그녀는 하나님께 분노하게 될 것이다. 그러나 그녀는 하나님께 화를 내도 되는지 확신하지 못하기 때문에, 좌절과 무기력에 빠지게 된다. 하나님(시편에 나타난)은 우리의 분노를 다스리실 수 있다. 우리가 하나님께 화가 나 있다면 하나님께 말씀드려도 된다.

독신 그리스도인들은 죄의식에서 벗어나야 한다. "그대 마음이 바라는 것"(*The Desires of Thine Heart*)이라는 책에서 에블린 벤스는 독신생활에 대한 깊은 성찰을 보여 준다. 그녀는 그녀의 할머니와 오빠가 하나님께서 그녀 마음의 소원을 이루어주실 것이라고 확신시켜 주었지만, 하나님께서 그것을 이루어주시지 않았을 때 그녀가 어떻게 실망했는지에 대해 말한다.

그녀는 자기의 감정을 인정하는 법을 배우고, 예수님께 만족하지 못하고 계속 남자를 추구함으로써 비롯되는 죄의식의 악순환에서 벗어나야 한다고 말한다. 벤스는 친밀한 관계에 대한 절실한 욕구도 타락으로 인해 생겨난 것이기 때문에, 타락에 의한 다른 결과들(예를 들면 출산의 고통)을 겪는 것과 마찬가지로, 그리스도인들이 그런 욕구를 느끼는 것에 대해 죄의식을 가져서는 안 된다고 생각한다. 그녀는 독신여성이 "임신한 여자가 호흡운동을 하는 것처럼 정서적인 연습, 즉 당연히 있을 수밖에 없는 고통에 맞서 싸우고 더 심한 경우, 고통을 기꺼이 받아들이며, 우리를 지배하는 고통의 힘을 불가해한 방법으로 제압하며, 하나님의 영적인 임재를 더 명확히 인식하는 연습"을 하면서, 욕구불만의 근원을 규명하고 불필요한 죄의식을 없앨 것을 제안한다.[17]

하나님께서 결혼이라는 제도를 만드셨지만, 우리의 모든 필요를 다 채워줄 완벽한 인간을 만드시고 자신은 덤불 밑 어딘가에 숨어버리신 것이 아니다. 하나님께서는 아담과 이브가 서로를 필요로 한다는 것을 아셨지만, 그들이 각자의 문제에 대한 해답이 아닌 것은 분명하다. 그렇지 않았다면 우리는 여전히 에덴동산에 있을 것이다. 나는 경험을 통해서 결혼이 삶을 풍성하게 하고, 한 개인이 더 성숙해가며, 행복한 웃음이 있고, 각자의 가치를 지키며, 아이들이 감당하기 힘들게 느껴질 때 숨을 수 있는 처소가 될 수 있다는 것을 안다. 그러나 결혼이 나를 온전하게 만들어 주지는 않을 것이다. 하나님만이 그렇게 하실 수 있다.

이 세상이 변형시켜 놓은 것에 안주하고픈 유혹, 누군가가 나를 찾아와서 행복하게 해주기를 바라고, 하나님 외의 다른 것에서 삶의 근원을 찾으려는 유혹은 매우 강력하다. 사탄은 여자들이 최선이 아닌 것에 안주하도록 유혹한다. 우리는 우리 자신을 알고, 이 세상이 우리에게 미치는 영향력을 구별해 내고, 우리 개인의 삶에 대한 하나님의 선하신 계획과 그리스도인 공동체 속에서 관계를 키워 나가도록 만들어 놓으신 하나님의 방식을 찾아 나가야 한다.

성에 관한 왜곡된 통념들

내가 중학생이었을 때, 6학년 오케스트라에서 첼로를 연주하던 한 남자 아이가 파티를 열었다. 그렉은 지하실을 칸막이로 막아 만든 오락실에서 파티를 하는 동안 그의 부모님들은 위층에서 내려오지 않기로 약속했다고 했다. 그렉의 여자친구는 마르시아라는 바이올린 연주자였는데 그렉을 도와 파티에 올 오케스트라 단원들을 짝지어 주었다. 나는 에릭과 짝이 되었다. 나는 오케스트라 연습 때 때때로 에릭이 나를 응시하고 있는 것을 느끼곤 했다.

드디어 파티를 하기로 한 날 밤이 되었다. 우리는 탁구를 치고, 소다수를 마시고 핫도그를 먹었다. 그리고 마르시아와 그렉이 소파에 앉아 키스를 했다. 짧은 시범이 끝나자, 마르시아는 그렉에게서 떨어져 나머지 8명에게 말했다. "너희들도 해봐." "너무 좋아." 그렉이 맞장구를 쳤다. 나는 비올라조차 제대로 연주하지 못하는 에릭과 '키스'를 해야 할 판이었다. 나는 그 아이를 쳐다보고 나서 엄마에게 전화했다. "엄마, 컨디션이 안 좋아요. 와서 나 좀 데려 갈래요?"

내가 성적 욕망을 느끼고 나에게 이성을 매료시키는 무언가가 있다는 것을 알게 된 것은 그로부터 2년이 지나서였다. 나는 9월 신학기가 시작된 직후에 랜디를 알게 되었고, 우리 집에서 세 집 걸러 있는 그의 집 차고에서 밤마다 그와 당구를 치며 놀았다. 어느 날 밤 그가 당구채를 벽에 걸고 나에게로 돌아서더니 팔로 나를 감싸 안고 자기 몸을 나에게 밀착시키면서 키스를 했다. 그 순간 나는 성이 얼마나 큰 부분을 차지하는지 깨달았다. 내가 여자라는 사실만으로도 랜디 같은 사람을 지배할 수 있는 어떤 힘을 가질 수 있다는 것도 알게 되었다. 나는 그것이 싫지 않았다.

사춘기의 성

그로부터 25년 후, 사미에라는 열 살짜리 소녀가 우리 동네 귀퉁이에 살고 있다. 그 아이는 자기가 R등급의 성인 영화를 봤다는 것을 자랑스럽게 생각하며 자기 아버지가 술에 곯아 떨어져 의식을 잃을 때 플레이보이 케이블 방송을 본다고 이야기한다. 그녀는 머리를 금발로 염색하고 이제 막 성숙해 가기 시작하는 자기 몸을 과시하는 옷을 입는다. 열세 살짜리 우리 아들이 집에 있을 때면, 그 아이는 우리 집 현관 계단에 도발적인 자세로 앉아 일곱 살짜리 우리 딸에게 네 오빠가 무척 귀엽게 생겼다는 등의 말을 한다. 사미에의 가정은 그 아이에게 안정감이나 인생을 헤쳐 나갈 견고한 기반을 전혀 제공하지 못하고 있으며, 그런 상황에서 그 아이는 성적 충동을 어렴풋이 체득해 가고 있다. 그리고 그 아이는 어쩌면 성이야말로 그 아이가 인생에서 발견한 어떤 힘을 제공해 주는 열쇠일지도 모른다고 생각할 것이다.

성은 사춘기의 아이들을 압도한다. 다른 무엇보다도 흥미진진하고 위협적이기까지 하다. "성인으로 성숙해 가면서 성이 가진 힘의 진가를 알게 되고, 그 기쁨을 음미하는 법과 성에 대한 환상을 간파하는 법을 배워가면서, 우리는 점차 성에 친숙해진다. 우리는 성적인 활동을 우리가 가지고 있는 가장 심원한 가치와 조화를 이루는 방법으로 통합하기로 결정한다."[1] 그러나 사회는 "우리가 사춘기에 너무 오랫동안 머물러 있도록 강요한다. 우리 사회는 성을 인생의 정점이자 가장 중요한 목표로 승격시킨다."[2] 우리는 불건전한 성생활을 부추기고 정절과 금욕생활을 더 어렵게 만드는 영화를 보거나 소설을 읽으면서 세상의 유혹을 뿌리치지 못하고 결탁하게 된다. 세상은 우리가 이렇게 소모적이고 이기적인 성의 수준에 머물러 있기를 원한다. 우리 동네의 도발적인 열 살짜리 사미에의 성숙단계에 정체되어 있기를 원한다.

성의 영향력

우리는 강한 성적 욕망과 성이 우리 삶에 미치는 막강한 영향력을 무엇으로 전환시켜야 하는가? 그리스도인 신학자들과 상담가들은 성이란, 정해진 범위 내에서 사용하도록 만들어진, 하나님께서 우리에게 주신 선물이라고 확신한다. 아가서는 결혼한 부부의 성적 기쁨을 찬양한 것이다. 예수님께서는 결혼이라는 연합체 안에서 부부는 "이제 둘이 아니요 한 몸"(마 19:6)이라고 사람들에게 상기시키셨다. 에덴동산에서는 "아담과 그 아내 두 사람이 벌거벗었으니 부끄러워 아니하니라."(창 2:25)고 기록하고 있다.

루이스 스미드는 "사람들이 수치심을 느끼지 않는 상황이 두 가지 있다. 첫째는 완전무결한 상태이고, 다른 하나는 환상에 빠져 있는 상태이다."[3] 라고 말했다. 하나님이 의도하신 성과 우리가 살고 있는 성적 실재는 완전무결함과 환상만큼이나 동떨어진 듯하다. 왜 그럴까? 그 이유는 이 세상과 정욕과 악마는 하나님께로부터 온 선물을 훼손시키는 것을 매우 좋아하기 때문이다. 그들은 그것을 뒤틀어서 우리에게 유혹으로 제시한다. 우리는 자기 소모적이고 절대 만족하지 못하는 사춘기의 성에 머물러 있게 만드는 유혹을 알고 있다. 우리는 우리의 성을 이용해서 남을 지배하려고 하는 욕망이 어떤 것인지 안다.

하나님께서 주신 선한 선물인 성이 우리의 삶을 파괴하는 것으로 변질되었다면, 우리는 어떤 자세를 취해야 할 것인가? 우리는 성이 어떻게 변질되었는지 분별하고, 그에 따르는 유혹을 인식해야 할 것이다.

왜곡 1 • 성은 악한 것이다

수백 년 동안 여자들에게는 정당한 성이 허용되지 않았다. 2장에서 보았듯이 여자들은 남자들을 타락시키는 유혹자로 여겨졌다. 이런 생각은 종종 이중잣대에 의해 더 조장되었다. 남자들은 관능적인 여자를 원하고, 그런 점을 만족시켜 줄 애첩을 두거나 창녀를 찾아갔다. 또 한편으로 남자들은 성적으로 순결한 여자를 원했다. 그는 그 집안의 주인으로서, 대를 이을 아이가 서자가 아닌 아내가 낳은 적자이기를 원했기 때문에 아내는 남자의 이중적인 성생활의 한 부분을 담당하게 되었다. 아내는 관능적이고 비밀스럽고 쾌락을 제공하는 애첩과는 다르게 순결하며, 자기의 아이를 낳아 키워줄 것이다.

많은 경우 여자들은 자신의 성에 대해 결정을 내려야 한다고 생각했다. 자식을 낳기 위한 목적만으로 남편과 성생활을 하는 순결한 여자가 될 것인가, 아니면 자신의 성을 즐기면서 기존 사회에서 배척당하는 여자가 될 것인가? 성녀가 될 것인가 창녀가 될 것인가? 여자들은 선택해야 했다.

성은 악한 것이며, 여자들은 창녀가 될 것인지 성녀가 될 것인지 선택해야 한다는 왜곡은 성모 마리아의 이미지로 보급되었다. 내가 한 달에 한번씩 다니는 수양관에는, 파스텔톤의 푸른색과 장밋빛의 긴 옷을 입고 머리에는 베일을 쓴 성모 마리아상이 계단 꼭대기의 벽이 움푹하게 들어간 곳에 놓여 있는데, 성모 마리아의 눈은 안고 있는 아기를 쳐다보지 않고 오른쪽 발 끝 어딘가를 내려다보고 있다. 그녀는 수동적이고 무력해 보인다. 대부분의 성모 마리아상이나 그림이 그런 모습을 하고 있다. 그러나 많은 여자들이 따라야 할 이상형으로 제시된 그런 성모 마리아의 이미지는 도움이 되지 않는다고 생각한다. 그녀는 영원한 동정녀(성욕이 없는)이면서 영원한 어머니(동족을 번식시킬 수 있는)이다. 영원한 동정녀, 영원한 어머니. 혹자는 이것이야말로 이 세상에 존재하는 것 중에서 최악의 이미지라고 말할 것이다.

이런 관점은 어디에서 유래된 것인가? 성 어거스틴 같은 초대 교회 교부들에게 어느 정도의 책임을 돌릴 수 있다. 그는 큰 영향을 끼친 그의 저서 '거룩한 도시'(City of God)에서 "모든 성적 관계에 수반되는 수치심"에 대해 썼다.[4] 어떤 사람들은 어거스틴의 성에 대한 가르침은 그가 그리스도인이 되기 전의 난잡했던 생활에 대한 반작용이라고 주장한다. 개종한 후에도 그는 성교와 욕정을 구별할 수 없었다. 그는 모든 성교를 자신이 과거에 가졌던 음탕한 욕정과 동일시했다.[5] 어거스틴이 어떤 문제를 가지고 있었는지 상관없이 교회 내의 다른 사람들은 그의 생각을 그대로 따랐다. 중세기의 신학자들은 부부가 성관계를 가질 때는 성령이 떠난다고 가르쳤다. 그들은 성도들이 일주일 중 특정 요일과 사순절 기간에는 금욕할 것을 권장했다.

왜곡 2 • 여자들에게는 정욕이 문제가 되지 않는다

"왜 나는 그리스도인이 된 이후부터는 성이나 정욕이 여자들에게는 문제가 되지 않는다는 인상을 받았을까요?" 목사 아내인 에밀리는 말한다. "나는 남편이 아닌 다른 남자들에게서 느끼는 강한 성적 욕망으로 계속 고통 받고 있어요. 나는 그들을 놓고 엉뚱한 상상을 하죠. 그들을 피하기도 합니다. 어떤 사람에게 마음을 뺏기게 되면, 그가 있을 만한 곳에는 아예 가지를 않아요. 어떤 남자와 불미스러운 관계를 갖게 되는 것은 상상할 수도 없어요. 그런데 왜 책이나 설교, 좌담회, 오고 가는 대화들을 보면 마치 그리스도인 여자들, 특히 유부녀들은 이런 문제로 고민하지 않는 것처럼 보이죠? 성경에서 제어해야 할 '주체할 수 없는 정욕'에 대해 언급한 것은, 진실을 반영한 것이라고 생각하거든요"(롬 7:5; 골 3:5; 갈 5:24; 딛 2:12, 3:13).

이중잣대는 오늘날에도 여전히 건재하고 있다. 그것은 여자들의 성적 욕구는 남자들에 비해 매우 약하다고 말한다. 수 세기 동안 정숙하지 못한 남자는 정상으로 받아들여지고, 정숙하지 못한 여자는 창녀로 낙인 찍혔다. 여자가 강간을 당하면 사람들은 여자가 자초한 일이라고 단정했다. 성적인 문제에 대한 이중잣대는 '얌전한 여자애들은 그렇지 않지만, 남자아이들은 그럴 수밖에 없다.' 라는 뜻을 함축하고 있다. 부적절한 성관계로 곤경에 처한 정치가들은 이렇게 말한다. "그때에 나는 피가 끓는 미국 남자였다." 다시 말하면 남자라면 정력이 넘치는 것이 문제될 게 없으며, 그럴 수밖에 없다는 것이다.

앞에서 언급한 질이 불륜에 빠져 들게 된 문제에 대해 다시 생각해 보자. 그녀를 결국 파국으로 몰고 간 것은 전형적인 정욕이었다. 그녀는 여자로서 자기가 그렇게 강한 열정을 가질 수 있다는 사실을 몰랐다. 질은 자기의 강한 성적 욕구를 의식하지 못했거나 다룰 줄 몰랐던 것이다. 자기 자신에 대한 무지와 빈약한 자아상(self-image)이 결합되어 그녀를 파멸로 몰고 간 것이다.

마흔한 살의 보니는 대규모 다국적 기업의 부장이다. 그녀는 성경공부 그룹을 인도하고 있으며 많은 친구들이 있다. 그녀는 남자들과 간혹 데이트를 해 왔지만 아직 결혼하고 싶은 남자를 만나지 못했다. 그녀는 성욕을 처리하는 데 어려움을 겪고 있다.

"대학에 다닐 때 강한 성적 매력에 끌렸던 한 남자를 만났어요. 그리스도인으로서 나는 성관계를 가져서는 안 된다는 것을 알았지만, 건너편 방에 있는 그를 보면 성욕이 일어나는 것을 느낄 수 있었죠."

보니는 자기가 느끼는 성욕이 비정상적인 것이며, 자기만 그런 욕구를 느낀다고 생각했다. 그녀는 '좋은 그리스도인 여자들은' 남자들에게 성적으로 매혹되지 않을 것이라고 생각했다. "나를 가장 괴롭히는 것은 나의 강렬한 성적 환상들을 사랑과 애착의 감정으로 연결시키지 못하는 것입니다. 그렇기 때문에 그런 환상들이 불결하게 느껴지죠. 그렇지만 그것들은 여전히 존재합니다. 나는 그것들을 어떻게 해야 할지 모르겠어요. 이따금 극적인 개종을 경험하기 전에 성관계를 많이 가졌던 사람들은 그런 환상을 다루기가 더 쉽지 않을까 궁금해지기도 하지요. 적어도 그런 사람들은 경험을 통해서 자기가 포기한 것이 무엇인지 알잖아요. 나는 남자에게 사랑받는 것이 어떤 것인지 모른 채 무덤에 들어가게 될까봐 두려워요. 그리스도인으로서 내가 아직 처녀라는 사실을 기쁘게 생각해야 한다는 것을 알아요. 그렇지만 내가 그것을 정말 행복하게 생각하는지, 그렇지 않은지는 모르겠어요."

보니의 이중적인 가치관은 아마도 그리스도인 여성들은 성적인 감정에 대해 말하지 않는다는 사실에 기인한 듯하다. 만약 보니가 성욕에 압도당하는 남자였다면, 그녀는 정상이라고 여겨졌을 것이다. 그리스도인 여성들은 그런 감정을 느끼지 않는다고 들어왔다. 그 이유는 대체로 그리스도인 여성들이 남성의 관점에서 본 성에 대해 배우기 때문인 것 같다. 남자들은 남성 중심적인 성적 경험에 근거하여 여자들에게 여자들이 성에 대해 어떤 감정을 가져야 하는지 설파한다.

왜곡 3 • 성은 남자들에게 필요한 것이다

여자들은 여자들의 성이 근본적으로 남성의 성에서 유래된 것이라고 배워왔다. 우리가 성에 대해 말할 때 사용하는 단어들조차도 남성의 관점에서 취한 것이다. 전희라는 말 자체도, 대체로 여자들에게 가장 만족감을 주는 성행위인 전희를, 삽입이라는 중요한 단계의 예비 작업으로만 단정하는 것을 반영한다고 데일 스펜더는 썼다. 그녀는 포옹한다(enclosure)는 말이 성행위에 대한 여성적 시각을 더 잘 표현한 것이라고 제안한다.[6]

신학교 교과서들은 목사 후보생들에게 결혼상담에 대해 가르친다. 여기에 책에서 남자들에게 가르치고 있는 것을 예로 들어 보겠다. "아내들은 남성과 여성 간에 성적인 욕구에 차이가 있다는 것을 알아야 한다. 일반적으로 남편이 더 육체적인 욕구와 반응이 강하며, 그 반면에 아내는 더 감성적이다. 남편은 성욕이 금방 일어나고, 더 완고하며, 아내보다 성관계를 더 자주 갖기를 원할 수도 있다."[7] 더 나아가, 이 세 명의 전문가들은 여자들에게 이렇게 제안하고 있다. "침실에서 매력적인 모습을 잃지 말라. 어떤 부인들은 밤에 잠자리에 들 때 칙칙한 플란넬 잠옷을 입거나 번들거리는 크림을 얼굴에 바르기도 한다."[8] 이런 충고는 전적으로 남성의 관점에서 나온 것이다.

윌라드 할리는 『그 남자의 욕구, 그 여자의 갈망』이라는 책에서 남자들은 배우자에게서 다음과 같은 것들을 원한다고 제시한다. 성적 충족, 함께 즐길 수 있는 동료(함께 운동을 할 수 있는 사람), 매력적인 배우자, 가정적인 내조(조용하고 잘 정돈된 가정)와 칭찬. 여자는 남자에게서 무엇을 원할까? 할리의 답은 이렇다. 애정, 대화, 정직과 열린 마음, 재정적인 지원과 가정에의 헌신. '그에게 가장 필요한 것: 성적 충족'이라는 제목의 장에서 그는 첫 번째 결론을 제시한다. "일반적으로 남편이 자기 아내가 애정을 갈구한다는 것을 이해하지 못하는 것보다, 아내가 남편의 성에 대한 깊은 욕망을 더 이해하지 못하는 경우가 많다."[9] 이것 또한 성에 대한 남성의 관점에서 나온 것이다.

교과서와 결혼에 관한 인기 있는 기독교 서적들은 성에 대해서 여자들이 수동적인 태도를 가지고 있다고 표현한다. 남자에게는 육체적인 만족이 중요하지만, 여자는 안락하고 따뜻한 침대, 비바람을 막아줄 지붕과 편안하게 자고 있는 아이들에게서 만족을 찾을 것이다.

피츠버그에 살고 있는 준은 그녀가 다니는 교회에서 퀼트를 만드는 소그룹에 속해 있었다. 그 모임은 헝겊 조각을 가져와서 서로 교환하기도 하고, 퀼트를 만들면서 대화를 나누기도 했다. 그들은 종종 모임을 기도로 마쳤다. 한번은 유혹에 관한 주제가 나왔다. 그들은 차례로 돌아가면서 각자 자기가 어려움을 겪고 있는 영역에 대해 이야기를 나눴다. "나는 최신 유행하는 옷에 마음이 많이 끌려요. 가서 사고 싶어 하죠." "나는 집안을 꾸미는 데 너무 많은 시간을 써요. 저 새 블라인드도 지난주에 주문한 거예요." "나는 규칙적으로 경건의 시간을 갖는 것이 어려워요."

준의 차례가 되었다. "지금까지 아무에게도 이런 말을 한 적이 없는데, 나는 정욕의 문제로 고민하고 있어요. 정말 힘들어요. 그렇다고 내가 남편을 사랑하지 않는 게 아닌데, 나에게 음악을 가르쳐주는 열여섯 살짜리 선생을 볼 때마다 욕정이 생겨요. 나도 놀랄 정도로 육체적으로 감정적으로 그에게 끌리고 있어요."

침묵이 흘렀다. 한 여자가 침묵을 깨고 "나는 가끔 시어머니에게 화가 나요."라고 말했다. 준은 자기가 정욕으로 고민하는 게 무척 이상한 일처럼 느껴졌다. 자기 퀼트를 가방에 챙겨 넣으면서, 그녀는 무척 외로움을 느꼈다.

그날 밤 준은 그 그룹에 속해 있는 한 친구에게 전화를 걸었다. "오늘 오후에 정말 바보 같은 짓을 했나 봐. 상황을 잘못 판단한 것 같아. 나는 그 문제를 누군가와 나누고 싶었고 그때가 적절한 때라고 생각했는데 사람들을 당황하게 만들었던 것 같아. 나도 당황스러웠고. 내가 얼마나 바보같이 느껴졌는지 누구에게라도 말하고 싶었어."

준의 친구는 잠시 아무 말이 없었다. "나는 네가 그렇게 솔직하게 말해 줘서 기뻐. 모임이 끝난 후에 많은 사람들이 나한테 전화를 했었어. 두 여자가 부정한 관계에 빠져 들고 있었는데 네 솔직한 고백을 듣고 그런 관계를 갖지 않기로 했다고 나한테 말했어."

대다수의 그리스도인 여성들은 결혼하면 성생활이 충족될 거라고 생각한다. 그들은 남편과 영혼, 정신, 그리고 육체가 하나로 연합될 것이므로 성적으로도 아주 만족하리라고 생각한다. 만약 여자가 결혼생활에서 만족을 얻지 못한 강한 성적 충동을 느낀다고 해도, 별로 개의치 않을 것이다. 결혼생활에서 성에 대한 불만족은 죄의식을 불러일으킬 것이고, 그녀는 이렇게 생각할 것이다. "남편은 나한테 정말 잘하고, 아이들도 이렇게 착한데. 그런 거는 중요한 일이 아니지. 우리의 성생활에는 아무 문제가 없어."

문제는 결혼생활에서의 만족스러운 성생활은 나 자신과, 나의 감정과, 나를 자극시키는 것과 모두 연관되어 있다는 점이다. 성에 대한 첫 번째 왜곡(성은 악하다)으로 인해, 많은 여자들이 여자의 신체 기관에 대해 수치스럽게 생각하도록 교육받았지만, 그 이유를 확실히 알지는 못한다. 성에 대한 두 번째 왜곡된 시각과 더불어 여자들로 하여금 성을 기본적으로 남자의 육체적 만족을 위한 것이라고 생각하도록 만들기 때문에, 당신 안에는 걱정에 휩싸일 수 있는 상황이 잠재되어 있다.

우리는 이런 문제점을 질의 경험을 통해 보았다. 여자들이 성적 감정을 느낄 기회를 박탈당하면, 갑작스러운 성적 유혹에 매우 약해진다. 우리는 우리가 성적인 감정을 가진 성적 존재라는 사실을 인식해야 한다.

왜곡 4 • 행복한 결혼생활은 성적인 만족을 의미한다

우리 사회는 결혼에 대해서 한 쪽이 다른 한 쪽의 편의를 위해서 존재한다는(여러 가지 면 중에서 어느 하나라도) 불평등한 결혼을 권장해 왔다. 이런 예는 가사 일에서 흔히 볼 수 있다. 한 쪽이 대부분의 가사 일을 담당하는 것이다. 그러나 이런 예는 성적인 면에서도 발생하는데, 한 쪽이 성적 만족을 얻는 반면 다른 쪽은 "그럭저럭 지내는" 법을 배우게 된다. 그리스도인 여성들은 남편의 성욕에 대한 해결책이 되어 주는 것으로 만족함으로써, 쉽게 성적 대상물이 될 수 있다. 결혼생활에 만족하지 못하는 여자들이 자신을 탓하는 경우는 비일비재하다. 그들은 자기가 충분히 헌신하고 있는지 의심하는데, 헌신한다는 개념에는 일종의 수동적인 태도가 숨어 있다.

많은 그리스도인 여성들은 자신의 성에 대해 어떻게 생각해야 할지 모르며, 말하는 것은 물론 생각조차 할 수 없다. 그들은 자신의 성적 만족은 이차적인 문제라고 생각했다. ―그녀에게 남편이 만족하는 것보다 더한 만족이 어디 있으랴? 여자들은 수년 동안 아이들이나 남편이 직장에서 돌아와서 해주는 키스나 가끔 남편이 잠들기 직전에 하는 3분 만에 끝나는 성관계 등에서 만족을 찾으며 그들의 육체적 욕구를 극복하며 살 수 있다.

만약 한 여자가 결혼에서 맛보지 못한 강력한 성적 감정을 갑자기 느끼게 된다면, 그것은 그녀의 결혼생활의 다른 면에 영향을 미칠 수도 있고, 다른 곳에서 성적 만족을 얻으려는 유혹에 빠지게 될지도 모른다.

앤과 클라이브가 만났을 때 클라이브는 건축학 학위를 마치는 중이었고, 앤은 신문방송학과에서 석사과정을 끝내가고 있었다. 그들은 8개월 후에 결혼했다. 그녀는 살림을 하고, 요리하며 아이들을 키우는 재미에 푹 빠졌다. 그녀는 그들의 성생활- 비록 네 번의 임신과 모유수유, 수면 부족 등의 장애 요소가 있긴 했지만-도 불만스럽지 않고 좋은 편이라고 생각했다. 1, 2년 간 그녀는 또 임신할 것을 걱정했다. 그들 부부가 관계를 가질 때, 앤은 아무 문제가 없는 것처럼 행동했다. 어쩌면 그녀는 정말 아무 문제가 없다고 생각했는지도 모른다.

2, 3년 전쯤 그녀는 다시 학교에 다니기 시작했다. 그녀는 한 작가의 글을 보게 되었는데 그 작가는 극소수의 여자들만이, 자기들의 신체에 대해 제대로 알고 있으며 자기들을 성적인 존재로 만드는 것이 무엇인지 알고 있다고 주장했다. 그녀는 그 작가의 말이 자기에게도 해당된다는 것을 깨달았다. 그녀는 클라이브가 성관계를 더 많이 가질수록 성적 만족을 더 얻을 것이라고 생각했다는 것을 깨달았다. 그녀는 자신이 클라이브에게 그들의 성생활이 아무 문제가 없다는 인상을 주어 왔다는 것을 알게 되었다. 앤은 그녀의 결혼생활의 실상을 깨달았다.

불행하지도 않지만 성적으로 그다지 만족하지 않으며, 기대했던 것만큼 서로에게 솔직하지도 않으며, 이따금씩 느끼는 성적 만족 이상의 것을 추구하지 않았다.

앤은 두려웠다. 그녀가 발견한 강한 성적 감정은 그녀를 아찔하게 만들었다. 그녀가 딛고 있는 땅이 흔들리는 듯했다. 그녀는 자기가 예전에 알고 있던 것과 같은 사람인지 의심스러웠다. 앤은 그녀가 남자라면 이 모든 것이 터무니없이 느껴질 것이라는 사실을 깨달았다. 그녀가 여자이며 결혼한 그리스도인이기 때문에 그렇게 이상하게 여겨지는 것이다.

앤은 성적인 면에서 볼 수 있듯이 그녀 자신의 한 영역을 돌보지 않으면, 위험한 상황에 놓이게 된다는 것을 알게 되었다. 클라이브가 곁에 없고 그녀가 갑자기 유혹적인 상황에 놓이게 된다면 어떻게 할 것인가? 그녀는 결과를 알고 싶지 않았다.

앤은 상황을 잘 처리했다. 그녀는 자기에게 강한 성적 감정이 존재한다는 것을 인식했다. 그리고 클라이브에게 그것에 대해 말했다. "나는 클라이브와 저녁을 먹으러 나가서 그에게 할 말이 있다고 말했죠. 어쨌든 지금까지 했던 일 중에서 가장 어려운 일 중의 하나였어요. 나는 그에게 말했어요. "클라이브, 당신에게 이런 얘기 하는 것이 쉬운 일은 아니지만, 우리의 성생활에서 내가 원하는 만큼의 만족을 얻지 못하고 있다는 것을 말해야 겠어. 나는 이 모든 것을 계속 승화시켜 왔지만, 더이상 그러고 싶지 않아. 그러니까 반전을 시도해 봤으면 해.

한 달 동안 성관계를 가질 때 내가 만족을 느끼는 것을 중심으로 하고, 당신의 만족감은 덤으로 생각하면 어떻겠어?"

그는 분명 당황스러워했지만, 동의했다. 그녀는 그렇게 한 것이 그들 모두에게 아주 좋은 결과를 가져왔다고 말한다. 앤과 클라이브는 노만 로벤즈 박사가 말한 것이 맞다는 것을 확인할 수 있었다. "활기차고, 즐거운 결혼생활만큼 부정한 행위에서 지켜줄 수 있는 것은 없다."[10]

2년 후 앤이 돌이켜 생각해 볼 때, 가장 힘들었던 것은 자기의 문제를 말할 대상이 없다고 느꼈던 것이었다. 행복한 결혼생활을 영위하고 있는 그녀가 어떻게 친구에게 머핀에 버터를 바르면서 이렇게 말할 수 있었겠는가? "말해 봐, 너는 얼마나 자주 오르가즘을 느끼니?" 그녀가 새롭고 강력한 성적 감정을 탐색하고 있을 때, 그녀는 말할 수 없는 고립감을 느꼈다. 그녀의 성적인 문제에 대해 의논할 상대를 찾을 수 없었기 때문이다.

마음속에 있는 것을 말하지 않으면 우리는 그것에 더욱 사로잡히게 된다. 그리고 사람들이 그들의 감정을 터놓고 말하지 않으면 다른 사람들의 삶에 대해 잘못된 인상을 갖기 쉽다. 독신여성이나 자기의 성생활에 만족하지 못하는 여자는, 그녀 주위의 모든 부부가 부부관계에서 지상의 천국을 맛보고 있는 본보기들로 보인다. 그녀는 단과 린다가 몇 주 동안 돈 문제로 다퉜다거나, 프랭크와 새라가 6개월 동안이나 관계를 갖지 않을 정도로 성적인 갈등을 겪고 있다는 것을 알지 못한다. 다른 사람들과 자기의 이야기를 나눔으로써 우리 삶에 대해, 세상이 우리에게 들려 준 것이 아닌, 올바른 관점을 가질 수 있다.

우리는 그리스도인 여성들도 똑같이 성적인 유혹을 많이 받는다는 사실에 놀라서는 안 된다. 그리스도인 여성으로서 우리는 성적 감정을 인정하도록 배우지 않았다. 그런 상황 속에서 우리는 사춘기적 성을 부추기는 미디어의 집중공격을 받는다. 적극적인 성생활이 광고나 시트콤, 드라마나 영화에서 당연한 것으로 취급된다. 고딕 소설들은 적극적이고 부유한 영웅이 여주인공의 굴복을 받아내는 데서 절정을 이룬다. 성이 노골적으로 묘사될 뿐만 아니라, 성관계가 쉽게 이루어진다. 의학적 연구 결과와는 반대로, 미디어는 두 사람(완벽한 몸매를 가진 두 명의 스타)이 동시에 여러 번의 오르가즘을 느끼는 것이 보통인 것처럼 표현한다.

이런 왜곡은 성적 감정이 압도해 올 때 우리를 무기력하게 만든다. 우리는 강한 성적 감정을 가져서는 안 된다고 생각한다. 우리가 그런 감정에 압도될 때, 신약 성경에서 표현한 그런 헌신-한 몸을 이루며, 많은 대가를 치루는- 을 필요로 하지 않는 "자유로운 성"을 추구하려는 유혹에 빠지게 된다.

왜곡 5 • 자유로운 성이 존재한다

팻은 그리스도인이 되기 전에 한 남자와 8년을 살았다. 그녀는 알코올 중독으로 파탄에 이른 가정 배경을 가지고 있었고, 그녀가 벤을 만난 것은 스물한 살 때였다. 팻은 이 남자와 성적인 관계를 맺으면서 중요한 교훈을 한 가지 배웠다. 흔히 말하는 "자유로운 성"은 존재하지 않는다는 것이다. 그녀가 그 동거 관계에서 자유로워지려고 노력했던 몇 년 동안의 이야기를 나에게 했을 때, 그 결별을 거의 이혼이나 다를 바 없는 무척 충격적인 일로 표현했다.

"아시다시피 나는 첫 해가 채 지나기 전에, 어쩌면 더 일찍, 아마 그 해 첫 여름부터 벤과의 관계가 순조롭지 못할 거라는 사실을 알았죠. 우리는 서로가 맞지 않았어요. 그렇지만 우리는 너무 많이 얽혀 있어서 그 관계에서 벗어나는 데 7년이 걸렸어요. 나는 관계에 붙잡혀 있었던 거죠. 나는 결혼하지 않는 한 다시는 누군가와 육체적인 관계로 얽히지 않겠다고 결심했어요."

예수님께서 지상에서 사역하시는 동안, 자기의 성을 이용해서 자기 자신에게 더 많은 가치를 부여하고, 더 큰 힘을 얻으려고 했던 몇 명의 여자들을 접하셨다. 성적으로 난잡했던 우물가의 여인을 만났을 때 예수님은 그녀의 가장 깊은 갈증까지 만족시킬 수 있는 '생수'를 어떻게 찾을 수 있는지 말씀하셨다. 예수님은 막달라 마리아를 구해 주셨고 그녀의 친구가 되셨다. 간음하다 잡힌 여인에게 예수님은 그녀를 정죄하는 사람들을 쫓아 보내시고 그녀에게 "가서 다시는 죄 짓지 말라."고 말씀하셨다.

성은 여자를 구속하는 힘이다. 부적절한 때에, 부적절한 남자와 있게 되면 그녀는 거기에 속박당하게 된다. 팻은 성에 대한 성경적인 관점이 진리라는 것을 증명해 주는 살아 있는 표본이다. 혼전 성관계는 잘못이다. 성이 악한 것이어서가 아니라, 너무 지배적이기 때문이다. 이블린과 제임스 웨더헤드가 지적한 것처럼 성을 심각하지 않은 것으로 취급하는 것은 어려운 일이다. 왜냐하면 성은 성 그 자체 외에도 훨씬 많은 것들을 수반하기 때문이다.[11] 성교는 성교를 하는 당사자들의 관점에 영향을 미치며 결국 시간을 낭비하거나 심지어 인생을 낭비하게 만들지도 모른다.

질투

나는 크리스를 만나기 위해 캘리포니아로 갔는데 크리스는 결혼을 몹시 하고 싶어 했다. 토요일 밤 그녀와 나는 그녀의 아파트에서 이야기를 나누었다. 눈물을 흘리면서 그녀는 나에게 말했다. "너도 알다시피, 나는 너와 네 남편 그리고 네 가족을 부러워하지 않는 것이 정말 힘들어. 나는 마흔 살이 다 되어가고, 내가 불완전한 존재처럼 느껴져. 내가 뭘 잘못했는지 모르겠어. 가끔 나는 내가 그리스도인 신앙에 순종해 왔는데 대가가 이런 것인가 하는 생각을 해. 그렇지만 내가 절실히 원하는 무언가를 당연한 것으로 받아들이고 있는 다른 사람들을 볼 때 내 안에서 느끼는 이런 감정이 나를 집어 삼키곤 해."

다음 날 아침 크리스와 나는 함께 교회에 앉아 있었다. 베드로전서 2장 1절이 봉독되었다. "그러므로 모든… 시기와 모든 비방하는 말을 버리고." 크리스는 나를 돌아보며 눈에 힘을 주었다. "그게 그렇게 쉽다면," 그녀는 발끈했다. "내가 내 질투심을 찬장에 집어넣거나 창고를 빌려서 처박아 놓을 수 있다면. 베드로는 어느 누구도 다른 사람을 부러워하고 싶어 하지 않는다는 사실을 몰랐을까? 아무도 남을 일부러 시샘하려고 하지는 않아."

질투심은 달갑지 않은 유혹이다. 적어도 탐욕이나 정욕 그리고 탐식은 죄의식이 자리 잡기 전에 어느 정도의 쾌락(순간적이라도)을 준다! 질투는 부정적이고, 고통스럽고, 우리를 불쾌하게 만들고 죄책감이 들도록 만들 뿐이다. 질투는 많은 여자들에게 가장 큰 문제가 될 수 있으며, 자기감정을 처리하지 못한다는 자책감에 빠지게 만들 수 있다.

질투심은 여자들에게 해를 입히는 경우가 많다. 좌절에 빠진 독신, 바람피우는 남편을 질투하는 아내, 다른 사람들의 자녀나 손자들을 질투하는 여자. 대체로 질투심에 대해 생각할 때, 남자보다는 여자와 더 많이 결부시킨다. "내 아이들이 내 말을 정말 잘 듣기만 했어도, 그 아이들은 네 아이들처럼 대학을 졸업했을 텐데." "내가 아이를 가질 수만 있어도." "그녀는 나만큼 승진할(장학금을 받을) 자격이 없어."

왜 질투심은 남자들보다 여자들에게 더 많은 문제가 되어야 하는가? 아마도 우리 여자들은 우리가 진정으로 원하는 것이 무엇인지 알아내거나, 우리가 원하는 것을 얻기 위한 계획을 세울 기회가 더 적기 때문일 것이다.

여자들은 바라보는 사람이자 기다리는 사람이었다. "남자가 나에게 와서 청혼할까?" "내 남편(또는 아들)이 전쟁에서 돌아올까?" "이번 달에 임신이 될까?" "언제 아이가 나올까?" 수많은 상황 속에서 여자들은 행위자가 아니라 기다리고 바라보는 존재였기 때문에, 자기가 그렇게 절실히 원하는 것을 가진 사람들을 질투하게 된다.

그러면 우리는 질투심이 생길 때 어떻게 해야 하는가? 성경은 질투심을 다른 유혹들과 함께 나열하고 있다(막 7:22; 롬 1:29; 갈 5:21; 딛 3:13; 약 3:14). 바울은 "사랑은… 투기하는 자가 되지 아니하며"(고전 13:4)라고 썼으며, 갈라디아서에서는 질투심을 '육체의 일'에 포함시켰다. 그러나 질투심에 대한 해결책은 거의 찾아보기 힘들다. 잠언의 몇 구절이 질투해서는 안 된다고 말하고 있으며(잠 23:17), 우리가 살펴본 것처럼 베드로는 그리스도인들에게 질투심을 버리라고 말한다.

질투심은 여자들이 자신이 무력한 존재라고 느끼거나 환경에 의해 희생당했다는 생각에서 생겨나는 경우가 많다. 애초에 우리가 자초한 것도 아닌 질투심을 우리가 어떻게 떨쳐버릴 수 있을까? 엄청난 파괴력을 가지고 우리 영혼의 중심에서 나오는 것 같은 이 끔찍한 감정을 우리가 어떻게 처리할 수 있을까? 질투심을 무시해 버리는 것은 아무 소용이 없다. 질투심이 우리 자신에 대해서 말해 주는 것을 보지 않고 억눌러버린다면, 질투심은 반드시 다시 고개를 쳐들게 될 것이다.

질투심을 인정하라

첫째, 우리는 삶 속에 질투심이 존재한다는 것을 인정해야 한다. 질투심은 단순한 감정이 아니다. 질투심은 자신에 대한 혐오와 탐욕스러운 마음에 대한 분노로 인해 다른 사람을 해하고자 하는 마음에 이르게 되기까지 그 영역이 무척 넓다. 질투심은 다른 사람에 대한 감탄과 그 사람같이 되고 싶어 하는 마음과도 밀접하게 연관될 수 있다.[1] 그러나 질투심은 고통을 수반하며 파괴적인 힘을 가지고 있다. 질투심이 파괴적인 힘을 발휘하면 우리의 삶을 손상시키게 된다.

우리 삶에서 나타나는 질투심의 징후에는 어떤 것들이 있는가? 당신은 이런 경험을 한 적이 있는가?

1. 다른 사람의 성공에 대해 마음의 불편을 느끼는가?
2. 나보다 더 성공한 사람과 나를 비교하고, 그 사람의 성공이 기분 나쁜가?
3. 내가 부러워하는 것을 내가 가질 자격이 있다고 생각하는가?
4. 성공한 사람들에 대한 험담을 퍼트려서 그들의 위신을 떨어뜨리거나 해코지하고 싶어 하는가?
5. 다른 사람들의 성공을 알고 싶은가?
6. 다른 사람들의 실패를 통해서 내 유익을 얻고자 하는가?[2]

우리에게 질투심을 불러일으키는 것들은 너무나 다양하고 많다. 우리는 아이를 갖지 못했는데 친한 친구는 아기를 가질 수도 있고, 우리는 집의 저당금을 갚기 위해 고생하고 있는데 이웃 사람은 호숫가에 별장을 살 수도 있으며, 우리는 데이트 할 상대도 없는데 학교 룸메이트는 이상형의 남자를 만나고 있을 수도 있다.

우리는 누군가에 대해서 험담을 하기 전에는 우리가 질투하고 있다는 것을 모를 수도 있다.(우리는 대체로 여자들이 남에 대해 험담을 하는 것으로 생각하는데, 아마 문화적으로 여자들이 성공에 대해서 부정적으로 보기 때문인 것 같다.) "그 사람들은 돈이 넘쳐나는 사람들이야. 충분히 쓰고도 남지. 그런데 너는 도대체 그 많은 돈이 어디서 났는지 궁금하다는 거지?" "그 집 아이들은 지금 보기에는 괜찮은 것 같지만, 사립학교는 결국에는 아이들을 속물로 만들고 말거야!"

우리의 질투심이 의외의 감정으로 표출될 때도 있다. 친구가 새 직책을 얻으면, 그것을 매우 낯설게 느끼고 있는 자신을 발견한다. 돌이켜보면 그런 감정이 죄의식이 뒤섞인 질투심이란 것을 알게 된다. 질투심은 친구들 사이에 수많은 갈등을 불러일으킬 수 있다.

한 절친한 친구와 나는 몇 년 동안 아이를 키우는 엄마로서 함께 아이들을 데리고 공원에도 가고, 과자도 굽고, 아이들이 가지고 놀 찰흙 반죽도 만들곤 했다. 그러던 중 나는 다시 학교로 돌아가 가르치는 일을 시작해야겠다고 느끼기 시작했다. 내 신상의 변화가 우리 관계에 심각한 갈등을 불러일으켰다. 우리는 함께 있는 것이 힘들다는 것을 느꼈다. 그녀는 내가 더이상 우리가 이전에 함께 나눴던 것들에 관심이 없다고 느끼기 시작했다. 내가 가르치고 있는 학교 수업이나 듣고 있는 강의에 대해 말하면, 그녀는 기분 나쁜 내색을 했고 나는 말을 그치곤 했다.

역할의 변화는 우정에 금이 가게 만드는 경우가 많은데, 이런 갈등의 뿌리는 질투심이다. 우리는 우리 모두가 같은 상태에 머물러 있고, 우리 친구들 중에서 아무도 다른 일을 하기로 결심하지 않고, 아무도 새로운 가능성을 보기 시작하지 않을 때, 더 편안함을 느낀다. 여자들은 인생에서 선택의 범위가 넓지 않기 때문에, 우리가 아는 누군가가 우리를 뒤에 남겨둔 채 새로운 분야나 새로운 삶의 영역으로 옮겨 가면 위협감을 느낄 수도 있다. 이것이 질투심이다.

내 친구는 내 앞에 열린 새로운 가능성이나 나의 일을, 그녀와 비교했을 때 상대적으로 더 독립적인 면을 질투했을 수 있다. 나는 빵을 구울 시간이 있었던, 행복했던 옛 시절의 삶을 누리고 있는 친구의 삶을 질투했다. 나는 가족을 부양하기 위해 돈을 벌지 않아도 되는 그녀에게 질투심을 느꼈다.

질투심을 통해 배우기

질투심은 대체로 그냥 나타난다. 우리가 "좋아, 이제부터 질투할 거야. 질투심아 생겨라!" 이렇게 결심하는 일은 거의 없다. 그러나 일단 질투심을 발견한 후에는, 멈추어 서서 왜 질투심이 생겨났는지 질문해 보아야 한다. 만약 질투심의 뿌리를 발견할 수 있다면, 질투심이 우리 삶에 대해 말하고 있는 중요한 것을 보게 될 것이다. 그러면 우리는 "질투심을 떨쳐 버리기" 시작할 수 있다.

분명 내 친구와 나는 이 점에 있어서 진지하게 해야 할 일이 있었다. 우리는 이 상황에 대해 함께 터놓고 이야기를 나누고 우리 사이의 갈등을 해소했다.

우리는 질투심의 뿌리를 살펴봄으로써 몇 가지 사실을 배울 수 있을 것이다.

질투심은 우리가 진정으로 원하는 것을 보여 준다

질투심은 우리의 진심을 살펴볼 수 있도록 도와주는 감정적인 지표이다. 질투 때문에 죄의식을 느끼기 전에, 우리 자신에게 이렇게 물어 보아야 한다. "이 질투심이 내가 진정으로 원하는 것이 무엇이라고 말해 주고 있는가?"

크리스와 교회에서 대화를 나누고 난 일주일 후, 나는 남편과 함께 개를 데리고 그 해 들어 첫 봄 날씨를 보였던 저녁에 산책을 했다.

"어니, 당신도 알다시피" 나는 말했다. "나도 질투심을 느낀 적이 있지만 크리스와 같은 질투심을 느껴본 적이 있는지는 잘 모르겠어. 크리스는 자기 질투심이 어떨 때는 자기를 삼켜버릴 것 같다고 했어. 내가 운이 좋은 걸까? 나는 걸을 수 있는 튼튼한 두 다리가 있고 아직까지 나를 떠나지 않은 가족을 갖는 축복을 받았잖아?"

"당신은 언제 질투심을 느꼈는데?" 어니가 물었다.

"나는 빌리를 집에 데려다 줄 때 정말 부러워하곤 했지. 빌리 집에 가보면 청소부가 막 다녀가서 집안은 반짝거리고, 바닥도 윤이 반지르르했어. 그러나 우리 집은 지저분할 거라는 걸 알았고, 그렇다고 집안일을 하고 싶지는 않았어. 청소부를 부를 처지도 아니었지. 베스는 직장에 다니니까 청소부를 부를 여유가 있지만 나는 그렇지 않았거든. 그 당시에 일을 안 하기로 결정한 것은 나였지만, 그래도 나는 부러웠어."

"그래서, 당신은 어떻게 했는데?" 어니는 개가 잡아끄는 대로 따라가며 물었다.

"이제 와서 생각해 보면, 나는 정말 질투심이 싫었어. 질투심은 나를 무기력한 존재로 느껴지게 만들었기 때문에 그 감정을 해결할 방법을 찾으려고 노력했지. 나는 내가 아이들을 태우고 사방팔방으로 데리고 다니는 데 많은 시간을 쓰는 것을 좋아하지 않는다는 결론을 내리고 다음 해부터는 아이들에게 시내버스를 타고 다니도록 했지. 그리고 아이들이 학교에 다니게 된 후에는 내가 좀 권태감을 느끼는 것 같아서 시간제 일을 얻고 그 돈으로 2주에 한 번씩 청소를 해주는 아르바이트 학생을 고용했지. 그렇지만 그건 쉬운 일이었어. 내가 감당할 수 있는 것들이었지."

우리는 이제 막 꽃이 피기 시작하는 라일락 숲을 지나갔다.

"그것 말고 언제 또 질투심을 느꼈는데?"

"사람들이 유럽 여행을 갔다 와서 자기 아이들을 유명한 박물관에 데려갔다고 말할 때 부러웠지. 나도 아이들을 유럽에 데려가고 싶거든. 그렇지만 그건 질투심이 갖고 있는 특성 중 하나이기도 해. 나는 그들의 여행만 생각했지 그들이 일 년의 첫 봄날에도 일해야 했던 긴 시간에 대해서는 잊어버리지. 또 그들이 선택한 우선순위가 우리가 선택한 우선순위와 다르다는 것도 생각 못하지. 다른 사람들이 여행한 것을 부러워하는 마음은 없어지지 않아. 여전히 조금 부럽긴 하지만, 잠시 멈추고 내가 선택한 것들에 대해 생각해 보면, 내가 희생자라고 생각하지는 않게 돼. 우리가 다른 사람들의 삶의 일면만 보고, 우리가 부러워하지 않는 나머지 부분에 대해서는 생각하지 않기 때문에 질투를 하게 되는 것 같아."

우리는 질투심이 우리 삶에 대해 말해 주는 것을 분명하게 보아야 한다. 질투심은 우리가 무엇을 정말 중요하게 생각하는지 질문할 수 있는 기회를 제공해 준다. 어떤 때는 질투심을 통해, 내가 청소부를 고용했던 것처럼, 어떤 조치를 취할 수도 있을 것이다. 어떤 경우에는 질투심을 통해 우리가 결정하고 선택한 것을 보게 될 수도 있다. 달라지는 것은 없겠지만, 최소한 우리가 환경에 의해 희생당했다는 생각은 하지 않을 것이다. 또 다른 경우에는, 질투심이 빗나간 가치관을 일깨워주기도 한다.

내가 책을 출판해서 성공한 다른 작가를 부러워한다면, 글 쓰는 데 더 많은 시간을 할애해야겠다고 결심할 수도 있다. 그러나 또 한편으로는 내가 외적인 성공을 추구하고 있으며 다른 사람들의 생각에 지나치게 신경을 많이 쓰기 때문에, 하나님과 함께하는 시간을 더 많이 갖고 그분 안에서 내 삶의 구심점을 찾아야겠다는 것을 깨닫게 해줄 수도 있을 것이다. 내 질투심은 화재경보기 같은 것이다. 내가 진심으로 무엇에 관심을 갖고 있는지 질투심을 통해 분별하고 점검할 필요가 있다. 이들 중 어떤 가치들은 바꾸어야 할지도 모른다.

때로는 질투심이 우리가 변화시킬 수 없는 상황에 대한 심각한 고통의 징후일 때도 있다. 아이를 갖지 못한 부부가 막 아기를 얻은 사람과 만날 때 계속 느끼는 질투심에서 오는 고통은 감당하기 힘들 것이다. 이것은 그들이 진지하게 입양을 고려해야 한다는 징후일 수도 있다. 내 독신 친구의 사라지지 않는 질투심은 그녀가 자신이 생각하는 것보다도 결혼을 더 원하고 있으며, 이것이 그녀가 받아들여야 할 영역이라는 것을 그녀에게 가르쳐주는 것일지도 모른다. 그녀는 상담을 받고 그녀의 욕구 저변에 깔려있는 정서적인 혼란을 면밀히 검토해 보아야 할 것이다. 그녀는 친밀한 관계에 대한 욕구를 만족시킬 수 있는 장기적인 우정을 쌓을 수 있도록 자신의 생활양식을 변화시켜야 한다는 것을 깨닫게 될지도 모른다. 우리는 우리가 느끼는 질투심을 통해 우리가 원하는 것이 무엇인지를 물어 보아야 한다.

질투심은 우리가 두려워하는 것을 드러내 준다

만족감은 질투심의 반대되는 개념이지만, 우리는 질투심이 우리가 원하는 것, 또는 어쩌면 필요로 하는 것에 대해 알려주는 것임을 인식하지 않고는 만족이라는 목표를 이룰 수 없다.

우리가 처음 미네소타로 이사 왔을 때 차가 한 대밖에 없었는데 남편이 매일 타고 나갔다. 우리 집의 두 남자 아이들은 남아프리카공화국 1월의 여름에서 미네소타 1월의 겨울로 바뀐 새 나라에 적응하느라 고생하고 있었다. 갓난아기는 콜릭(극심한 발작적 복통—역자 주)이 있어서 많이 울었다. 어느 날 오후 한 교인이 함께 차를 마시기 위해 나를 그녀의 집으로 데려갔다. 그녀의 큰 딸이 아이들을 집 안의 다른 쪽으로 데려갔다. 나는 그곳에서 고요함과 성인들끼리의 대화에 취해 있었다. 돌연히 나는 그녀의 멋있고 평화로운 집과 그녀가 누릴 수 있는 여유로운 시간이 부러웠다. 그 질투심은 고통스러웠다.

내가 만약 그 질투심이 의미하는 것이 무엇인지 자문해 보았다면 나에게 정말 필요한 것은 약간의 평화와 나 자신을 위한 얼마간의 시간이라는 것을 깨달았을 것이다. 그러나 그 당시에 나는 그런 욕구를 인식할 수조차 없었다. 나는 어머니로서 남편과 아이들을 위한 최선의 것 외에 나 자신을 위한 것은 어떤 것도 원해서는 안 된다고 배웠다.

심리학자들은 질투심 뒤에 숨어 있는 대표적인 요인 중 하나는 여자들이 무엇을 원해서는 안 된다고 배운 것이라고 주장한다. 여자들은 흔히 무엇을 원하거나 요구하는 것은 옳지 못하다고 생각한다. 여자들은 대부분 자기의 역할은 다른 사람들을 행복하게 만들어 주는 것이며, 질투심으로 인해 고통을 느끼는 것은 옳지 않고 무가치한 일이라고 배웠다. 그러나 무엇을 원하는 것은 일반적으로 잘못이 아니며 우리가 원하는 것을 분명하게 보아야 한다.

　결혼한 친구에 대해서 느끼는 크리스의 질투심과 독신생활의 저변에 깔려있는 문제점은 그녀가 여자들이 자신의 필요를 주장하지 않는 가정에서 자라났다는 점이다. 크리스의 어머니는 남편의 사역을 도우면서 아이들을 양육했다. 그녀는 "나는 더이상 이사 다니고 싶지 않아요." 라든지 "당신이 좀 더 나에게 감정을 표현해 주었으면 좋겠어요." 라든지 "나는 아침에 혼자 있을 시간이 필요해요."라고 말할 줄 몰랐다. 크리스의 어머니는 무엇을 요구하는 법을 몰랐던 것이다.

　크리스의 질투심은 그녀가 그녀 어머니만큼 수동적이 될 수 없었기 때문에 더 힘들었을 것이다. 그녀는 그냥 앉아서 주님이 어떤 남자를 데려다 주시기를(그럴 수도 있다) 기다리는 것이 힘들다는 것을 깨달았다. 그런 바람이 그녀에게 죄의식을 느끼게 만든다. 질투심은 여자들이 무언가를 원하는 것에 대해 느끼는 깊은 갈등을 짚어낼 수 있다.[3]

　아무것도 원하지 않는 것처럼 가장하는 것은 좋지 못하다. 그런 소망을 희생하도록 요구받는다 할지라도 말이다. 내가 가르치고 있는 대학에서, 동료 교수 한 사람이 어떤 분야에서 유명한 책을 출판한다고 하자. 그래서 그녀는 그 분야의 전문가로서 유명해지고 강연을 하기 위해 많은 컨퍼런스를 다닌다. 사람들이 그들의 연구실이나 그 사람이 없는 자리에서 그녀가 사실은 그렇게 실력이 좋은 것도 아니며, 아마 자기 약혼자에게도 소홀할 것이며, 그렇게 여행을 하고 돌아다니는 것이 그다지 좋은 일은 아니라고 꼬집으며 불평하고 험담을 하기 시작한다. 우리는 이런 태도를 "못 먹는 감 찔러나 본다."라고 표현한다. 상을 받지 못한 사람들은 심드렁한 태도로 이렇게 말한다. "글쎄, 나는 어쨌든 원치 않았을 걸. 그건 별로 좋은 것도 아니야."

"못 먹는 감 찔러나 본다."는 식의 태도는 질투심에서 나오며 그런 태도를 보이는 동료들에 대해 몇 가지 사실을 시사해 줄 수도 있다. 첫째, 그들은 자신이 질투하고 있다는 사실을 인정할 수 없다. 질투는 추해 보이며, 그들은 남을 질투하는 말은 거의 입에 올리지 않는다. 둘째, 그들은 그 성공한 동료가 가진 것을 갖기 원한다. 이런 심리는 그들 자신에 대해, 그들의 목표라든지 계획에 대해, 어느 정도 시사해 주는 바가 있을 것이다. 셋째, 그들은 그녀가 무언가를 원했고, 그것을 얻은 것을 비난한다.

질투심 버리기: 한계를 인정하라

질투심을 인정하고 그것이 우리가 원하는 것에 대해 무엇을 말해 주는지, 우리가 무언가를 원한다는 사실을 어떻게 느끼는지 알게 된 후에는, '질투심을 버리는' 방법을 찾아야 한다. 우리의 욕구가 적합하지 않거나, 현실적이 아니라는 사실을 인정해야 할 때도 있다. 에덴동산에서 이브가 지은 죄도 질투와 관련된 죄였을 것이다. 그녀는 자신의 한계를 극복하기 원했지만 그것은 불가능한 일이었다. 질투심을 느낄 때, 우리는 우리의 한계를 극복하고 모든 것을 다 소유하고자 하는 욕망을 보게 될지도 모른다. 이것이 아마 우리 시대의 여자들이 직면하게 되는 가장 대표적인 유혹일 것이다. 최근에 여자들은 수퍼우먼이 되어서 '원하는 것을 모두 가질 수 있고' 능력을 한껏 발휘할 수 있는 직업과 멋진 가족과 날씬한 몸매, 아름다운 집과 정원, 많은 친구들, 고도의 지적인 삶을 누릴 수 있다고 믿도록 세뇌당했다. 우리가 모든 것을 다 하는 것이 불가능하다는 사실을 깨닫게 되면, 우리가 가지지 못한 것을 가지고 있는 다른 사람들을, 그들이 우리가 가진 어떤 것을 가지고 있지 않다는 사실은 깨닫지 못한 채, 질투하게 될 것이다.

우리는 정기적으로 우리의 우선순위를 점검하고, 무엇이 우리에게 중요한지 물어 보고, 우리의 시간을 적절하게 사용하고 있는지 평가해야 한다.

미디어는 질투심을 부추기는 데 큰 역할을 한다. TV 쇼와 광고는 우리의 관심을 사람들의 삶의 특정 분야에 집중시켜 그들을 부러워하게 만든다. 생각해 보면, 광고는 "당신은 이 사람들이 가진 것을 가질 자격이 있습니다."라는 메시지를 제시하면서 거의 전적으로 질투심에 바탕을 두고 있다는 것을 알 수 있을 것이다. 미디어는 또한 교묘하게 사람들의 삶을 분리한다. 우리는 날아갈 듯한 스포츠카를 탄 사람은 보면서, 그녀가 미지불 영수증이 쌓여있는 방 두 개짜리 아파트에서 살면서 남편과 매일 싸우고 불임으로 고통 받고 있다는 이야기는 듣지 못한다.

우리는 질투심 속에 잠재해 있는 다른 사람들에 대한 태도를 회개해야 한다. 질투심은 경쟁과 연관되어 있는데, 경쟁은 우리 문화의 근간을 이룬다. 선생들은 상대평가를 통해 반의 모든 학생들이 다른 학생들과 비교해서 얼마나 잘 하는지 알 수 있도록 한다. 결과는 자만과 질투이다. 사람들은 승진하려고 발버둥친다. 어떤 사람들은 다른 사람들보다 더 높이 올라가고, 결과는 질투와 자만이다. 부모들은 자기 아이들이 리틀리그나 스즈끼 바이올린 교실이나 보이스카우트, 또는 SAT 시험(미국의 대입 수능시험-역자 주)에서 남들보다 더 뛰어난 점수를 받게 하려고 애쓴다. 어떤 아이들은 다른 아이들 보다 더 잘하고 그 결과는 또 다시 아이들과 부모 모두에게 자만과 질투를 불러일으킨다.

헨리 나우웬의 말처럼, 우리의 질투심과 두려움의 배후에는 우리 사회에 팽배해 있는 경쟁심이 있을지도 모른다. 우리는 무엇이건 모든 사람들에게 일정하게 돌아갈 만큼만 있다고 믿는다. 우리가 그것을 얻지 않으면, 다른 누군가가 가질 것이다. 질투심은 재화가 제한되어 있다는 것을 암시하고 있다. 왜 그들은 내가 가지지 못한 것을 가져야 하는가? 이런 경쟁심은 넘치도록 주시는 하나님이 아닌 다른 하나님의 모습을 암시한다.

질투심은 우리를 다른 사람들로부터 분리시킨다. 우리가 그들에 대해 가졌던 질투심 때문에 그들을 멀리하게 되는 것이다. 우리의 감정을 인정하고 하나님께 고백한 후에 우리는 우리의 형제나 자매에게 다가가야 한다. "미안한 말이지만 네가 약혼한 이후로 너에게서 멀어졌었어. 내 질투심을 감당할 수 없었지. 나는 내가 얼마나 결혼하기 원하는지, 남자가 없기 때문에 얼마나 불완전하게 느껴지는지 깨달았지.

나는 그런 문제들을 해결하려고 노력하면서, 너에게 알리고 용서를 구하고 싶었어."

우리는 사물을 보는 올바른 관점, 우리의 삶에 대한 하나님의 관점을 찾아야 한다.

질투심 없애기

우리는 질투(또는 질투하지 않으려는 노력)가 우리가 선택할 수 있는 유일한 대안인 것 같은 수동적인 상태에서 벗어나기 위해 무엇을 할 수 있는지 검토해 볼 수도 있다. 다시 말하면, 우리는 인생의 조건 속에서 수동적인 희생자가 되기보다는 적극적인 행위자가 되려고 노력할 수 있다.

예를 들면, 내 스케줄이 강의와 저술로 꽉 차 있는데, 친구가 어느 날 아침 자기 딸과 함께 나가서 아침을 함께했던 이야기를 들려주면 나는 질투심으로 마음이 저려온다. 나는 잠시 멈추고 생각해 볼 필요가 있다. "내가 진정으로 원하는 것은 무엇인가? 나는 내려가기를 원하는 러닝머신 위에 있는 걸까? 내가 내려가는 것이 가능할까?" 나는 아마 내 친구가 자기 딸과 함께 시간을 보낸 것에 대해 느낀 질투심으로 인해 내 딸과 더 많은 시간을 보내게 될 것이다.

때로는, 청소부를 고용했던 것처럼 질투심을 인식하고 내가 할 수 있는 일이 있는지 살펴볼 수 있다. 유럽 여행과 같이 또 다른 경우에는, 내가 할 수 있는 일이 없을지도 모른다. 아이들과 여행하는 것은 두말할 여지 없이 멋진 일일 것이다. 그러나 나에게 그것이 가능한 일인가? 내 생활양식을 전부 변화시키지 않는 한 그것은 불가능하다. 그리고 나는 그럴 의사가 없다. 그런 경우에 나는 질투심으로 인한 아픔과 동거하기로 결심한다. 이런 아픔을 안고 삶으로써 내가 환경의 희생자인 것처럼 느끼지 않게 된다. 나는 적극적인 선택자가 된다. 다른 사람들의 가족여행 이야기를 들을 때, 나는 이런 생각을 하면서 그 아픔을 반격한다. "그래, 정말 좋겠지. 그렇지만 우리는 우리가 원하는 가족의 삶을 선택했지. 우리는 우리 아이들을 지금 이 학교에 보내기로 선택했고, 그것 때문에 그런 여행이 지금은 불가능해."

질투로부터의 자유

내 친구 크리스는 결혼한 사람들에 대한 질투심으로 인해 황폐해졌다. 그녀는 어떤 태도를 취했는가?

첫째, 크리스는 자기의 질투심을 인식하고 자신과 친구 앞에서 그 사실을 시인했다. 그것이 대화의 합당한 주제가 되었고, 그녀가 질투심을 표현하기 전에 그녀의 감정을 감싸고 있던 두려운 신비감이 어느 정도 사라졌다. 크리스는 자기의 질투심을 통해 교훈을 얻었다. 그녀는 자기가 받았던 교육—요구하는 것은 말할 것도 없고 무언가를 원하는 것은 이기적이고 지나친 요구이며 그리스도인답지 못하다는 가르침—이 잘못이라는 사실을 알게 되었다. 그녀는 영적인 멘토(상담하고 함께 기도할 수 있는 지혜롭고 성숙한 그리스도인 여성)를 찾아 일 년 정도 만남을 가졌다. 크리스는 그 사람에게 완전히 마음을 터놓을 수 있게 되었다.

크리스의 영적 멘토는, 그녀가 수동적으로 소망이 이루어지기를 기다렸던 것처럼, 삶에서 주어지는 것은 무엇이나 받아들여야 한다고 생각하며 성장한 것이 그녀가 가진 문제의 중요한 부분이라는 것을 이해하도록 도와주었다. 그 영적 멘토는 크리스에게 "무언가를 원하는 것"은 아무 문제가 없으며, 그것을 부끄러워하거나 세속적인 것으로 생각할 필요가 없다고 말해 주었다. 크리스도 자기의 질투심은 부분적으로 하나님이 자기를 불공평하게 대하셨다는 생각에 근거하고 있다는 것을 인정했다.

그녀는 크리스가 적극적으로 남편감을 찾아나서야 한다고 조언했다. 크리스는 그리스도인 독신자들을 위한 신문광고를 냈다. 그녀는 처음 몇 번의 데이트를 경험한 후에 자기가 생각했던 것보다 독신생활을 훨씬 더 잘 받아들이고 있었다는 것을 깨닫고 놀랐다. 남자들과 데이트를 하고, 자기가 적극적으로 선택할 수 있다는 생각을 가지게 되면서, 그녀는 자기의 삶을 다른 시각으로 보기 시작했다. 전에는 자기의 삶에서 큰 결함으로 여겨졌던 것(특히 여자는 남자 없이는 아무 가치가 없다고 암시하는 미디어의 관점에서 보았을 때)에 초점을 맞췄던 그녀가 자기의 삶 속에서 많은 가치 있는 것들을 보기 시작했다. 사실상, 그녀에게는 결혼으로 인해 포기하고 싶지 않은 우정과 전문인으로서의 경력이 있었다. 그녀는 동반자와 친밀한 관계를 누릴 수 있는 친구들의 결혼생활을 부러워하긴 했지만, 결혼에 대해 어쩌면 비현실적인 생각을 가지고 있었을지도 모른다는 생각을 하게 되었다. 그녀는 결혼에 수반되는 모든 조건을 진정으로 원하는지 확신이 서지 않았다.

이런 과정을 거치면서 크리스는 캘리포니아에서 나에게 전화를 걸어 자기가 질투심 때문에 나를 멀리했던 것에 대해 미안하다고 말했다. 그녀는 하나님께 자신의 분노를 토로했으며 그분을 신뢰하지 못했던 것을 회개했다는 말도 했다. 자신의 질투심과 대면하면서, 그녀는 자신에 대해 많은 것을 배웠다. 비록 질투심으로 인한 아픔이 완전히 사라지지는 않는다고 해도 질투심이 그녀의 삶을 지배하지는 않게 되었다. 자기의 질투심을 인정하고, 그것이 자신에 대해 말하고 있는 것에 귀를 기울이고, 회개하고 행동에 옮기면서 그녀는 질투심을 극복하고 나아갈 수 있는 방법을 발견했다.

3부 _ 거룩한 삶

우리는 과거의 상처를 하나님께 내어놓고, 성결한 삶을 이루고, 성령의 열매를 가꾸어 나가기 위한 길고 힘든 작업을, 아주 쉽게 극적인 영적 체험의 "즉흥적인 기쁨"으로 대치하려 한다. 성경이 그리스도인의 성숙에 대한 현실적이고 장기적인 접근을 제시하는 데도 불구하고, 종종 교회 지도자들조차도 쉬운 길을 택하려고 한다.

즉흥적 해결과 성결한 삶

우리 사회는 모든 것을 지금 당장 원한다! 우리는 감자 요리가 3분 안에 완성되고, 기사를 팩스로 전송하고(그것도 되도록이면 차 안에서), 카탈로그 주문이 속달로 배달되고, 풋볼 경기의 주요 장면이 즉각 다시 되풀이되기를 원한다. 물건을 구매하는 일에서부터 성행위에 이르기까지, 쾌락은 지금 누리고 대가는 나중에 지불하기를 우리의 문화는 더 좋아한다.[1] 잡지들은 "20년 안에 뱃살빼기"나 "35년 안에 다섯 가지 나쁜 습관 정복하기" 같은 기사를 싣지 않는다.

마찬가지로, 교회 내에서도 우리들은 네브라스카 농부들이 심부름 보낸 딸을 위해 드리는 일 년 내내 똑같은 기도에 아무 감동도 받지 않는다. 우리는 규모와 헌신의 열정이 서서히 성장하고 있는 교회 목사의 신실한 사역에 대해서 알고 싶어 하지 않는다. 우리는 예배가 7부까지 있고 전임 교역자가 10명쯤 되는 교회에 대해 알고 싶어 한다. "어떻게 지내세요?"라고 안부를 묻는 상냥한 마음씨는 친구의 우울증이 몇 달씩 지속되거나 불임 부부의 문제가 '해결' 되지 않고 지속되면 경직되고 만다. TV 시트콤은 30분 만에 위기가 해결되는 모습을 보여준다.

즉흥적인 거룩

우리는 하나님께서 25분 안에 우리 문제를 해결하실 수 있다는 것을 안다. 또는 온전히 거룩하게 만드실 수 있다(만약 하나님께서 우리의 충고를 받아들이신다면, 그렇게 하실 것이다). 신속한 결정은 우리 사회에서 각광받고 있다. 그래서 우리들도 성결한 삶에 대한 신속한 해결책을 원한다. 지금 당장! 그리스도인 강사나 작가들이 피상적이고 즉흥적인 해결책을 제시하는 경우도 허다하다.

조지아에서 열렸던 컨퍼런스에 참석했을 때, 나는 자신이 험한 인생을 살았다는 생각 때문에 냉소적인 태도를 갖게 된 한 그리스도인 여성과 대화를 나눴다. 복수심으로 가득 찬 비난을 퍼부은 후에 그녀는 말했다. "이게 원래 내 모습이에요. 나는 고칠 수가 없어요." 그리고 단 두 문장의 말을 더 주고받은 후에, 그녀는 사람들이 극적인 회심과 치유와 성령체험을 하기 원한다고 나에게 말했다. 우리는 과거의 상처를 하나님께 내어놓고, 성결한 삶을 이루고, 성령의 열매를 가꾸어 나가기 위한 길고 힘든 작업을, 아주 쉽게 극적인 영적 체험의 "즉흥적인 기쁨"으로 대치하려 한다. 성경이 그리스도인의 성숙에 대한 현실적이고 장기적인 접근을 제시하는 데도 불구하고, 종종 교회 지도자들조차도 쉬운 길을 택하려고 한다. 나쁜 습관을 가장 빠르게 고치는 방법은 두려움이다. 두려움은 매우 효과적인(불쾌하기도 한) 동인이다.

즉흥적인 행동 수정 방법

나는 열세 살 무렵 워싱턴 주 동부에 위치한 작은 마을에서 살았다. 우리 옆집에는 세 명의 아이들이 있었다. 세 살짜리 에디, 다섯 살짜리 릭, 그리고 일곱 살짜리 룻이었다. 얼마 동안 나는 그 아이들의 보모로 일했다.

아이들을 두 번째로 돌보게 된 날 나는 아이들과 "단추 숨기기" 놀이를 했다. 세 살짜리 에디는 자기가 단추를 숨길 차례가 아니면 소리를 질렀다. 룻이 에디를 돌아보며 말했다. "에디, 권총을 잊지마."

에디는 창백해지면서 눈을 크게 떴다. "아니야, 아니야," 에디는 울먹이기 시작했다. 룻이 말했다. "조용히 하지 않으면 그걸 가져올 거야. 알겠어?"

에디는 신경질적으로 소리를 지르기 시작했다. 룻은 부엌으로 달려

갔다. 에디는 그녀에게 매달리며 말했다. "아니야, 아니야, 총 필요 없어. 필요 없어. 에디 이제 말 들을 거야."

룻은 부엌에 있는 의자를 오븐 위의 장 위에 놓고 올라가 플레이보이 잡지 더미 뒤에서 여봐란듯이 총을 꺼내 보였다. 나는 그녀에게서 그 총을 받아 살펴보았다.

"이건 진짜 총은 아닌데 아빠가 에디에게 진짜 총이라고 말했어요." 룻은 은밀한 목소리로 나에게 속삭였다.

나는 총을 들고 에디를 내려다봤다. 에디는 훌쩍이며 내 다리에 매달렸다. "나 쏘지 말아요, 쏘지 말아요. 말 잘 들을게요."

에디가 말을 듣게 만들기 위해서 이 방법은 아주 효과가 좋았다. 에디는 부모와 누나가 총을 꺼내기만 하면(또는 꺼내겠다고 협박하면) 즉시 말을 들었다. 그러나 나는 종종 에디가 어떻게 되었을지 궁금했다. 연쇄 살인범에 대한 기사를 읽을 때마다 나는 범인의 이름이 워싱턴 주 케네윅 출신의 에디가 아닐까 하는 생각을 하곤 했다.

두려움은 단기적으로 올바른 행실을 이끌어내는 좋은 방법이다. 이와 비슷한 다른 방법들도 적어도 단기적으로는 아이들에게 올바른 행실을 하게 만든다. 앤드리아는 태어난 지 7개월 되었을 때 입양되었다. 그녀는 자기 부모를 사랑했지만, 부모의 사랑을 얻기 위해서는 무엇이든 "잘해 내야" 한다는 강박관념을 가지고 있었다. 어렸을 때 있었던 기숙학교에서 그녀는 노는 시간에도 종종 공부를 하곤 했다. 그녀는 아버지가 특유의 표정으로 눈썹을 치켜 올리면서 이렇게 말하는 것을 두려워했다. "앤드리아, 앤드리아, 네가 학교에서 최선을 다하지 않은 것이 실망스럽구나." 그녀는 어찌됐든 자기를 입양해 준 은혜를 갚아야 했다. 그녀는 지금도 여전히 부모의 사랑을 받기 위해 모든 일을 잘해야 한다는 강박관념을 가지고 있다.

아이들을 키울 때 엄격한 규율과 공포감을 조성하는 방법은 단기적으로는 좋은 효과를 보지만, 옳지 못한 동기로 인해 장기적으로는 잘못된 결과, 즉 미성숙과 불안감을 낳게 된다. 교회도 마찬가지로 영원한 저주와 퇴출로 협박하면서 추종자들과 적에게 두려움과 규율을 사용해 왔다.

우리는 우리 아이들이 누가 자기들을 지배하는지 알기 때문에 순종하지 않을 경우 후환이 두려워서 불과 몇 년 동안만 선해지기를 원치 않는다. 우리는 아이들이 사랑이 동기가 되어 책임감 있고 성결한 삶을 배우기 원한다. 마찬가지로, 우리 각자의 삶에서도 거룩함에 대한 장기적인 시각을 가져야 한다.

장기적인 관점에서 본 올바른 행실

방탕한 아들 이야기에 나오는 아들 이름을 데니스라고 하자. 당신은 그 이야기를 기억할 것이다. 그 아버지에게는 두 아들이 있다. 둘째 아들인 데니스는 십대로 상당히 반항적이다. 밤늦게 차를 몰고 나가 휘발유가 텅빈 채로 돌아오고, 아마 술도 많이 마실 것이다. 마침내 그는 아버지와 매사에 아는 체하는 형과 함께 사는 게 지겨워졌고, 그래서 아버지의 서재로 간다. "아버지, 제 말 좀 들어보세요." 그는 말한다. "아버지가 돈이 많다는 걸 알아요. 그리고 아버지가 돌아가시면 나도 유산을 물려받겠죠. 솔직히 말해서, 나는 집에 붙어 있으면서 기다리고 싶지 않아요. 나에게 물려줄 돈을 지금 주시면 안 될까요?"

아버지는 벽에 붙어 있는 금고로 가서 문을 열고 몇 다발의 돈뭉치를 꺼낸다. 그는 그 다발을 세어본 후 말한다. "여기 있다. 이게 네 몫이다."

데니스는 기뻐서 소리친다. 그는 그 돈을 움켜쥐었다. "저 낡은 차도 가져가도 돼요?"

"물론이지. 나는 네가 보고 싶을 거다."

데니스는 자기 물건들을 차에 던져 넣는다. 아버지는 창문을 통해 그가 전속력으로 후진해서 진입로를 빠져 나가는 것을 지켜본다.

그리고 몇 주 후에 열린 디너파티 광경을 상상해 보자. 데니스의 아버지와 에디의 아버지(자기 아들을 총으로 위협했던)가 이 파티에 참석한다. 그들은 로스트 비프 샌드위치를 먹으며 이야기를 나누기 시작한다.

"그래, 요즘 에디는 어떻게 지내나?" 데니스의 아버지가 묻는다.

"그 아이는 예사 아이가 아니야. 그렇게 순종적인 아이는 보기 드물 걸세. 내가 '뛰어'라고 말하면 그 아이는 '얼마나 높이 뛸까요?'라고 묻지. 그리고 수학에 뛰어난 재능이 있는 것 같아. 자기 누나하고 곱셈하는 걸 한번 보면 놀랄 걸세. 데니스는 어떤가?"

"데니스는 얼마 전에 가출했다네. 차와 상속받을 돈을 가지고 갔지. 풍문으로는 투선에서 창녀들과 어울리고 술에 절어 살면서 돈을 다 탕진한다고 하더군. 나는 그 아이가 돌아오길 바라네. 나는 그 아이를 사랑하거든."

여기서 누가 성공한 부모인지는 두말할 필요가 없다. 에디의 아버지는 모범적인 행동을 보고 있다. 데니스의 아버지는 최악의 상황을 겪고 있다. 그러나 데니스의 행동은, 단기적인 안목으로 볼 때는 암담하지만, 장기적으로는 좋은 결실을 맺는다. 적어도 복음서에 나오는 예수님의 이야기에서는 그렇다. 그리고 에디의 모범적인 태도는 그리 오래 못 갈지도 모른다.

올바른 행실의 동기

우리는 하나님이 사랑이 충만한 하늘에 계신 아버지라는 것을 확신한다. 적어도 한 가지 면에서는 하나님을 부모와 같은 존재, 아들이 돌아오기를 간절히 바라며 언제나 길을 지켜보며 서 있는 방탕한 아들의 아버지 같은 존재로 생각한다.

그렇지만 우리가 본 바와 같이 두려움은 사람들이 온당하고 고결한 삶을 살도록 만드는 매우 효과적인 방법이다. 두려움에 바탕을 둔 선행은 기독교의 여러 분파에서 권장되어 오고 있다.

가톨릭 신자인 한 친구는 종교 수업에서 친구에게 사소한 거짓말을 하거나 형제자매에게 거친 말을 할 때마다 그 사람은 실제로 예수님의 손에 계속 못을 박고 있는 것이라고 배웠다고 말했다. 로마가톨릭의 저자인 제라드 휴즈는 많은 가톨릭 신자들이 자라면서 배우게 되는 하나님에 대한 태도에 대해 쓰고 있다.

하나님은 엄마와 아빠가 매우 존경하는 친척 같은 존재로서, 엄마와 아빠는 하나님을 사랑이 넘치고, 강력하며 우리 모두에게 관심을 가지고 있는 우리 가족의 매우 소중한 친구로 설명했다. 결국 우리는 '맘씨 좋은 늙은 조지 아저씨'를 만나러 가게 된다. 그분은 위압감을 주는 대저택에 살며, 수염을 길렀고, 우락부락하고 두려운 존재다. 우리는 우리 가족이 떠받드는 이 존재에 대해 부모님이 표현한 외경심을 공유할 수 없다. 돌아갈 시간이 되었을 때, 조지 아저씨는 우리를 향해 말한다. "잘 듣거라, 애야" 그는 매우 준엄한 얼굴로 말문을 연다. "나는 일주일에 한번씩 너를 여기서 만나기 원한다. 그리고 네가 오지 않을 경우, 네가 무슨 일을 당하게 될지 보여 주마." 그리고 우리를 그 저택의 지하실로 데리고 간다. 그곳은 어둡고, 아래로 내려갈수록 뜨거워지고, 이 세상에서는 들을 수 없는 처참한 비명소리가 들리기 시작한다. 지하실 입구에는 무쇠로 만든 문이 달려 있다. 조지 아저씨는 문을 연다. "자, 이제 안을 들여다 보거라, 애야" 그는 말한다. 우리는 악몽같은 광경을 본다. 작은 악마들이 지키고 있는 불길이 날름거리는 용광로가 줄지어 있고, 악마들이 조지 아저씨를 찾아오지 않았거나 그가 하라는 대로 행하지 않은 남자, 여자, 아이들을 그 불길 속으로 던져 넣고 있었다. "네가 나를 찾아오지 않으면, 애야, 저곳이 네가 가게 될 곳이란다." 조지 아저씨는 말한다. 그리고 그는 우리를 다시 위층에 있는 엄마 아빠에게 데리고 간다. 한 손으로는 아빠를 다른 한 손으로는 엄마를 꽉 움켜쥐고 집으로 돌아갈 때 엄마가 우리에게 몸을 굽히고 말한다. "자 이제 네 마음과 영혼과 온 힘을 다해서 조지 아저씨를 사랑하겠니?" 그러면 우리는 그 괴물을 혐오하면서 말한다. "네 그러겠어요." 그렇게 대답하지 않으면 용광로 앞에 줄지어 서 있는 사람들 틈에 끼게 될 것이기 때문이다. 그 연약한 시기에 종교적인 정신분열증이 시작된다.[2]

많은 개신교도 이와 비슷한 태도를 가지고 있다. 그리스도인이 되고 나서 처음 몇 년간, 나는 '하나님의 뜻을 거스리는 데'에 대한 두려움 속에서 살았다. 나는 계시, 부르심, 그리고 관계된 여러 사람들이 '올바른 때에 올바른 장소'에 있었기 때문에 만나자 마자 즉시 결혼할 상대라는 것을 알았던 부부들에 대한 간증을 수도 없이 들었다. 내가 오늘 밤 성경공부에 가지 않거나, 주말에 그 컨퍼런스에 가지 않으면 바로 그 사람을 만날 기회를 놓치게 되거나, 내 인생이 망가질지도 모른다는 두려움을 느끼게 만드는 내용 말이다.

하루 저녁의 잘못된 결정으로 하나님의 뜻에서 벗어날 수도 있다는 이런 관점이 하나님에 대한 나의 태도에 대해 무엇을 말해 주는가? 나의 하나님은, 멀리 계시고 독재적이고 변덕스러운 아버지, 내가 모든 규칙을 준수하고 모든 가능한 그리스도인 모임에 참석하고 있으면 내 앞길에 몇 가지 축복을 던져주는 아버지였다.

여기에 거래가 있다. 내가 너무너무 착한 어린 계집아이라면 사랑을 받을 것이다. 내가 너무너무 착하지 않다면, 내 전 생애는 이 강력한 존재에 의해 파멸당하게 될 것이다. 우리는 왜 이 찬송가를 그렇게 열심히 불렀던 것일까? "주 나의 사랑, 나 주의 사랑, 그 사랑은 내 깃발"? 나는 많은 그리스도인들에게 이 위안의 노래는 우리가 두려워하는 하나님이 좋은 분이라는 것을 우리 자신에게 확신시키려는 필사적인 노력이라고 믿는다.

두려움이 동기가 된 올바른 행실

우리들 중 많은 사람들이 그리스도인의 삶 속에 조지 아저씨의 이미지를 도입한다. 우리는 독재적이고, 권위주의적이며 온전히 기독교적이지 않은 하나님의 이미지를 도입한다. 이런 우상 숭배는 우리를 두려움에 꼼짝 못하게 묶어 놓고, 우리는 진정으로 거룩한 삶을 살려고 고군분투한다. 사람들을 '거룩하게' 살도록 만드는 이 방법은 꽤 효과적이다. 단기적으로 이 방법은 적어도 외적으로 매우 선한 삶을 살도록 인도할 수는 있다. 그러나 내면적으로는 자신의 가치가 인정받고 받아들여지기를 간절히 원하게 된다.

예수님의 사역을 보면, 사람들은 사랑받고 그분께 속함으로써 자유로워진다. 아들이 우리를 자유케 해주시면, 우리는 정말 자유로워질 것이라고 예수님은 말씀하신다. 헨리 나우웬이 그의 저서 '생명의 증표'(*Lifesigns*)에서 지적한 바와 같이 예수님은 두려움을 대적하라는 말씀을 자주하셨다. 복음서에서 우리는 예수님께서 거듭해서 "두려워 말라"고 말씀하시는 것을 본다. 우리를 안심시키기 위해 "두려워 말라, 겁내지 말라"고 거듭 말씀하시는 이 목소리는 스가랴에게도 들렸고, 예수님의 출산을 앞두고 있는 마리아에게, 무덤의 돌이 옮겨진 것을 발견했던 여인에게도 들렸다. "왜 더이상 두려워할 필요가 없는가?" 나우웬은 묻는다. 예수님께서 물 위를 걸어와 두려움에 떨고 있는 제자들에게 다가오셔서 친히 그 질문에 대답하신다. "내니 두려워 말라"(요 6:21).[3]

우리는 두려워할 필요가 없다. 예수님께서 그 말을 여러 번 하셨기 때문만이 아니라 예수님께서 성경에 나오는 여인을 대하셨던 방법을 우리가 보기 때문이다. 종교적인 사람들이 간음하다 잡힌 여인을 데려와 예수님의 발밑에 엎드리게 했을 때, 예수님은 그들을 보내시고 그 여자에게 말씀하셨다. "나도 너를 정죄하지 않겠다. 가서 이제부터는 다시 죄를 짓지 말라." 예수님께서 사마리아 여인을 만났을 때, 그분은 1) 그 여자에게 자신을 부인하고 죄로부터 벗어나라고 공격하지 않으셨고, 2) 그녀가 지켜야 할 일련의 규율을 주지도 않으셨고, 3) 그녀의 비참한 인생을 부끄럽게 만들거나 협박하지도 않으셨다.

예수님은 1) 그녀에게 말씀하시고 그녀의 삶에 대해 더 많은 것을 물으시면서 한 인격으로서 그녀를 존중하셨고, 2) 그녀의 문제가 무엇인지 규명하고 그녀의 죄가 받아들여질 수 없는 것이라는 것을 분명히 하고, 3) 그녀의 극심한 갈증을 해소시켜 줄 수 있는 생수—조건 없는 사랑—를 제공하셨다.

예수님께서는 이 여인의 죄를 묵과하시지 않았지만, 그 뒤에 숨겨진 필요를 보시고 그녀의 삶을 다시 세우는 데 도움을 주셨다.

예수님께서 사마리아 여인에게 이렇게 말씀하시는 것은 상상하기 어렵다. "이봐요, 그 남자랑 관계를 끝내지 않으면 당신 인생은 지금보다 더 비참해질 거요. 그리고 나도 당신의 친구가 되지 않을 것이고 당신은 당신 생애를 통해서 가치 있는 일이라고는 아무것도 할 수 없을 것이요. 아이들이 있나요? 쯧쯧 그럼 그 아이들의 인생도 망치고 말거요." 예수님은 이 여인의 문제를 하나님을 통해 온전해지고자 하는 더 큰 욕구의 징후로 여기셨다. 그분은 그녀의 내면에 숨어 있는 사랑과 용납의 절실한 욕구를 보시고 그것을 채워주셨다.

거룩한 삶

맏아들인 앤드류가 두 살이었을 때, 남편과 나는 장기적인 안목으로 아이와 사랑의 관계를 맺기를 권장하는 책을 읽었다. '당신의 아이를 진정으로 사랑하는 법'[4]이라는 책에서 로스 캠벨은 아이들의 나쁜 행동은 불안감에서 비롯되는 경우가 많으며, 이 행동을 통해 아이들은 "나를 정말로 사랑하나요?"라고 묻고 있다고 썼다. 나쁜 행동의 증상을 다루기 전에, 부모는 아이에게 사랑을 확인시켜 주는 방법을 찾아야 한다. 캠벨은 신체 접촉, 시선의 마주침, 각각의 아이들과 한 명씩 함께 시간을 보낼 것을 제안했다. 현재까지 11년 동안, 남편은 토요일 아침마다 앤드류를 데리고 나가 함께 아침 식사를 한다.

거룩한 삶을 이룩하기 위해서는 두 가지가 필요하다. 사랑(두려움에 상반되는)과 시간이다. 거룩한 삶을 이루어가는 데는 아이의 삶을 이루어 나가는 것과 마찬가지로 몇 년의 시간을 필요로 한다. 거룩한 삶을 이룩하는 과정은, 상대방에게 화답하면서 친밀하게 연결되어 있는 지속적인 사랑의 관계와 같은 것이다. 이것은 가족의 삶의 양태와 비슷하다. 가족 안에서 우리는 각자 담당해야 할 부분이 있으면서 다른 사람들이 도와주고 기운을 북돋아준다. 가족생활에서처럼, 우리는 실수도 하고 곤경에 처하기도 하지만, 다른 사람들이 우리를 일으켜 주고 계속 나아가도록 용기를 북돋아줄 것이다.

막다른 길: 율법주의냐 방종이냐

킴은 그리스도인으로서 활기찬 삶을 살고 있다. 그녀는 식당의 웨이트리스나 가구 판매원을 하면서 자기의 신앙을 나눌 수 있는 기회를 갖는 것을 좋아한다. 그녀는 한 성경공부 모임에 성실하게 나가고 있으며, 거기에서 성경공부와 예배 그리고 기도를 인도하는 지도자의 역할을 맡기 시작했다. 주일에는 교회에서 찬양 사역을 통해 예배를 인도하며 공중 기도도 자주 인도한다. 그러나 킴의 가장 탁월한 자질은 말로 설명하기 어렵다. 그녀는 '자유로워' 보인다. 자기 자신의 모습을 기꺼이 받아들이며, 자기가 사는 작은 아파트와 하는 일에 만족하며 그녀를 염려해 주는 사람들의 공동체 속에서 그리스도인으로서 성숙해 가고 있는 자신의 삶에 만족한다. 킴은 자신감에 차 있고, 재미있으며, 지적이고 거룩하다. 그녀를 보면 마태복음에 나오는 옥합을 가지고 예수님을 찾아왔던 여인의 이야기가 생각난다. 그녀는 예수님께 대한 사랑을 나타내기 위해 그 옥합을 깨트렸다(마 26:7~13). 우리 자신을 온전히 예수님께 드릴 때 기쁨이 있다. 즉 진정한 기쁨이 있는 그곳에 우리의 마음을 고정시켜야 한다.

   킴이 언제나 지금 같았던 것은 아니다. 사실 서른다섯 살이 다 되어서야 그녀는 이런 자유를 얻었다. 몇 년 전, 그녀는 사람들에게 계속 애용되고 있는 자유의 대용품을 시험해 보았다. 율법주의와 방종. 킴은 이제 그리스도인 공동체에 성실하게 소속됨으로써 자유를 찾았다. 율법주의와 방종은 거룩함과 자유로 향하는 여정에서 만나게 되는 두 개의 막다른 길이다. 예수님은 그리스도인이 누리는 자유의 모델이시다. 그분은 그분의 백성들을 율법과 죄에서 자유케 하실 수 있다.

율법주의: 그렇게 살 수 없다

우리가 율법주의를 아이들 양육 문제에 대한 해결책으로 본다면, 이런 말을 듣게 될 것이다. "충분한 규율과 훌륭하고 엄격한 규율을 적절하게 세우라. 그러면 아이들은 그들의 처지를 깨닫고 스스로 알아서 말을 듣게 될 것이다." 그러나 예수님은 이런 방식을 꺼리셨다.

예수님은 율법을 준수하는 문화 속에서 태어나셨지만, 죄인들을 부드럽게 대하셨다. 죄와 유혹에 대한 또 다른 '속성 해결'을 제시한 사람들은 바로 율법주의자들인 바리새인들이었는데, 예수님께서는 이들을 가장 싫어하셨다. 예수님은 이들을 회칠한 무덤, 눈먼 안내자라고 부르셨다. 그들은 자만심과 자기 의로 가득 찬 사람들이었다. 그들은 사람들에게 장황한 율법을 강요했다. 예수님은 모든 면에서 바리새인들과 다른 입장을 취하셨다.

킴은 율법주의적인 가정에서 성장했다. 그녀의 아버지는 교회 장로였는데, 다른 인종이나 여자들을 깔보는 농담을 하곤 했다. 킴은 이런 교회의 목사들에게 영향을 받았다. "그들은 정성껏 머리를 손질하고, 반듯하고, 멋대가리 없는 정장을 입었지요. 또한 그들은 넥타이를 만지작거리거나, 조끼를 반듯하게 펴거나, 구두가 반들거리는지 확인하고 양말을 끌어올리는 등 외모에 몹시 신경을 쓰는 것처럼 보였죠. 나는 그들을 보면서 왜 그렇게 자기 외모에 신경을 쓰는지 의아했어요."

킴은 교회가 지루하다고 생각했지만, 교회를 좋아해야 한다고 생각했다. 그녀가 교회에 대해 가지고 있는 최초의 기억은 교회에서 열린 결혼 피로연에 참석했던 일이다. "남동생과 나는 강대상에 올라가 목사님 흉내를 냈지요. 나는 상자를 딛고 올라서서 주먹으로 강대상 가장자리를 치며 계속 소리쳤지요. 목사님이 그렇게 했거든요. 우리는 사람들을 거북하게 만들었죠."

집에서 킴은 '상냥함'이 중요한 미덕이라고 배웠다. '상냥함'의 반대는 화를 내거나 자기 감정을 그대로 드러내는 것이었다. 그런 태도는 '추한' 것이라고 들었고 예수님이 좋아하시지 않는 것이었다. 예수님이 싫어하시는 것은 수도 없이 많았다. 주일 학교에서 부르던 한 찬송가는 그녀를 겁에 질리게 만들곤 했다.

"네 입이 하는 말을 조심해

　네 입이 하는 말을 조심해

　위에 계신 주께서 사랑스레 보시네

　네 입이 하는 말을 조심해"

그리고 다음 절도 이런 식으로 계속됐다. "네 손이 만지는 것을 조심해. 네 눈이 보는 것을 조심해…" 킴은 사랑받기 위해서는 착한 사람이 되어야 한다고 생각했다. 그녀는 자기 감정을 억누르고 언제나 상냥하고 합리적으로 행동해야 했다.

킴이 고등학교 저학년 무렵부터 부모님의 불화가 시작되었다. 아버지가 바람을 피운 것이 원인이었다. 킴은 저녁마다 부모님 침실문 밖에 앉아 부모님이 다투는 소리를 들었고, 주일이 되면 그들 모두는 함께 교회에 갔다. 결국 킴은 아무 의미를 못 찾고 교회를 떠났다. 그러나 하나님에 대한 그녀의 믿음에는 변화가 없었다. 킴에게는 종교의 전혀 다른 두 가지 면이 존재했다. 진정한 하나님과 율법을 범하는 부모와 같은 인간.

킴은 율법주의의 공허함을 보았다. 율법주의는 공허할 뿐만 아니라, 엄청난 양의 에너지를 소진시켰다. 율법주의는 우리의 관심을 핵심에서 멀어지게 하고 사소한 것에 관심을 갖게 만들기 때문에 거룩함과 대립된다. '생활강령'을 가지고 있는 일부 대학에서는 어떻게 예수님을 섬기고, 서로 사랑하고, 정치적, 윤리적 이슈에 대해 생각할 것인가? 하는 문제보다는 생활강령에 대해 논의하는 데 더 많은 시간을 사용하는 듯하다. 절대 명제인 '하지 말지니라'는 이례적으로 많은 관심과 에너지를 요구한다. 그렇기 때문에 예수님께서 이런 것들을 회피하셨고, "먹기를 탐하고 포도주를 즐기는 사람"으로 불리셨는지도 모른다. 예수님은 세리와 죄인들의 친구라는 이유로 끊임없이 비난받으셨는데, 이에 대해 예수님은 이렇게 대응하셨다.

"너희 바리새인은 지금 잔과 대접의 겉은 깨끗이 하나 너희 속인즉 탐욕과 악독이 가득하도다… 화있을진저 또 너희 율법사여 지기 어려운 짐을 사람에게 지우고 너희는 한 손가락도 이 짐에 대지 않는도다"(눅 11:39~52).

율법주의는 자기 의(義)를 부추기고 외적인 것을 중요시하는데, 이것이 곧 교만이다. 율법주의는 이렇게 말하는 것과 같다. '나는 내 딸이 언제나 10시 30분에서 1분도 늦지 않고 집에 들어오면 부모로서 성공했다고 생각할 것이다.' 율법주의는 미성숙과 강박적인 사고가 궁극적으로는 반항을 낳는다. 나우웬은 이 점에 대해 이렇게 표현하고 있다. "예수님께서는 유대인이 율법을 지키는 것을 존중하셨지만, 두려움과 권력이 동기가 되는 율법주의는 공격하셨고, 율법은 언제나 신성한 사랑의 역사를 도와야 한다는 것을 분명하게 예시하셨다."[1] 바울은 그리스도인들에게 몸이 아니라 마음의 할례를 받으라고 권면했다(롬 2:29).

율법주의는 우리로 하여금 모든 것이 안정되고 안전하다고 느끼게 해주기 때문에 우리에게 꽤 매력적인 보호막이다. 일련의 율법들은 매우 단순해 보인다. 규율을 따르기만 하면 안심이다. 율법주의는 신비스럽거나 우리의 경험을 초월하는 것으로부터 우리를 보호해 주는 역할도 한다.[2]

흥미롭게도, 율법주의는 어떤 주제에 대한 성경의 가르침이 명확하지 않을 때 가장 우세해지는 것 같다. 성경은 규칙보다는 원칙을 제시하는 경우가 많다. "우리 몸은 성령의 전이다." 같은 원칙은 지혜롭게 적용되어야 한다. 그러나 우리는 단순한 규칙을 더 좋아한다.

어느 날 밤 가정 모임에서 한 부부가 말했다. "우리가 피곤해 보이는 건" 부인이 말했다. "매일 새벽 2, 3시까지 얘기하느라 깨어 있었기 때문이에요. 우리는 오랫동안 우리를 짓누르던 율법주의에서 벗어나려고 애쓰고 있어요. 우리는 율법주의가 하나님과 심지어 예수님에 대한 우리의 관점까지도 어떻게 왜곡시켰는지 깨닫고 있어요. 나에게는 예수님이 사실상 바리새인 같은 존재였다는 사실을 알게 되었습니다. 내 말은, 내가 율법을 지키는 사람이어야 좋은 사람이라고 믿으면서 자랐다는 뜻입니다."

"맞아요" 남편이 말했다. "그리고 우리가 하나님을 사랑하고 그분을 섬기기 원하는 믿음의 공동체에 속해 있지 않았다면, 우리는 기독교의 신앙을 모두 소진시켰을 겁니다."

다른 그룹 멤버가 동의를 표했다. "나는 율법주의에서 벗어나기 위해 메시아 교회(church of the Messiah)에 나오는 데 몇 달이 걸렸습니다. 매주 주일 아침에 눈을 뜰 때마다 나는 예전에 가졌던 주일 아침의 우울한 기분을 느끼곤 했지요. 그러면서 나는 생각합니다. 아, 안 돼, 오늘은 일요일이고 나는 교회에 가야 돼. 그렇지 않으면 안 좋은 일이 생길거야. 그리고는 다시 생각을 바꿉니다. 그래, 그렇지만 너는 성인이야. 너는 네 의지대로 살고 있어. 네가 어디를 꼭 가야 하는 건 아니지. 나는 점차 내가 교회에 가기 원한다는 사실을 깨달았습니다. 교회에 가면 이렇게 생각하곤 합니다. 야, 여기가 내가 있고 싶은 곳이야! 나는 교회와 하나님 앞에 있기를 원해. 그렇지만 이런 생각에 조금씩 익숙해지고 주일 아침에 눈을 떴을 때 처음 떠오르는 생각을 지배하는 데 몇 달이 걸렸습니다. 당연히 그래야 한다는 생각에서 벗어나는 데 수년의 세월이 걸렸지요."

율법주의는 반항을 낳는다

율법주의는 적어도 장기적인 안목에서 볼 때는 별 효력이 없다. 내가 만약 다이어트라는 율법주의를 따르기로 한다면, 대부분의 경우 결국 음식 외에는 아무것도 생각할 수 없게 된다. 율법주의는 강박적인 행동을 악화시킨다. 나 자신도 해서는 안 된다고 금지 당했기 때문에 내가 별로 하고 싶지 않은 일인데도 하게 되는 것을 발견한다.

율법주의는 "금단의 열매" 신드롬을 자극한다. 약간의 일탈이나 쾌락이 큰 비중을 차지하게 되어서, 성인 영화를 보거나 춤을 추는 것에 마음을 빼앗기게 된다. 그리고 이것은 반항이라는 율법주의의 최악의 결과를 초래한다. 대부분의 지각 있는 사람들은 율법주의로 인해 계속 속박당할 수 없다. 율법주의는 신약 성경에 나오는 예수님과 바울의 가르침에 분명하게 위배되기 때문이다. 율법주의에 의한 제동장치는 재앙을 초래할 수도 있다.

킴은 어린 시절에 경험했던 율법주의에 저항했다. 그녀는 부모님의 율법주의가 피상적인 것이었다는 것을 깨달았다. 킴의 여동생 베키는 부모님의 이혼으로 받은 상처를 잊기 위해 그녀를 쫓아다니면서 무엇을 해야 할지 지시해 주는 남자를 찾았다. 베키는 부모님이 그녀를 데리고 다니던 것과 비슷한 교회를 다녔다. 그녀는 킴에게 살을 빼고 남자를 찾으라고 강요하기 시작했다. 그녀는 자기가 살을 빼지 않았다면 남편이 자기와 결혼하지 않았을 것이라고 말했다. 베키의 남편이 그렇게 말했던 것이다. 그래서 킴이 남자를 만나기 원한다면 살을 빼야 할 것이다.

어린 시절의 율법주의와 수치심은 킴을 억누르며 공격했다. 그녀의 빈약한 자아상과 자기 신체에 대한 불만이 그녀를 짓누르는 듯했다. 킴은 자신이 누구에겐가 매력적으로 보일 수 있다는 것을 증명해야겠다고 결심했다. 그녀에게 기독교 신앙은 하찮은 율법을 모아놓은 것으로 여겨졌기 때문에, 그녀는 간음을 금하는 율법도 그저 또 하나의 율법에 불과한 것이라고 생각했다. 킴은 서른 살이 되어서도 아직 처녀인 것이 무척 바보스럽게 생각되기 시작했다. "직장의 남자들 중 한 명에게 내가 처녀라고 말하자 그는 일주일 동안 이모저모로 생각해 보더니 이렇게 말하더군요. '흠, 서른 살의 처녀라. 정말 드문 일이군'" 킴은 자기 여동생 말이 맞지 않았을까 하는 생각이 들었다. 어쩌면 그녀는 결혼을 영영 못할지도 모른다. "내가 아예 결혼을 못하게 되면 어떡하나? 성관계도 경험해 보지 못한다면? 말도 안돼!" 킴은 율법주의를 벗어 던졌다.

킴은 아버지가 그녀에게 했던 것처럼 그녀를 대하는 사람을 찾았다. 칼은 연상이었다. 그는 돈이 많았고 그녀에게 이것저것 잘 사주었다. 그녀의 아버지처럼 그도 그녀의 말에 귀를 기울이지 않았다. 그녀가 그에게 말하기 위해서는 칼의 기분이 어떤 상태인지 살펴야 했다. 그렇지 않으면 그는 성질을 부리곤 했다. 그들은 킴이 양보할 자세가 되어 있었기 때문에 잘 지냈다. "그는 바로 아버지가 나를 대했던 것처럼 나를 대했고, 나는 그것을 좋아하면서도 싫어했어요." 킴은 시작부터 그 관계가 어디로 향하고 있는지 알았다.

6주 동안 칼과 킴은 잠자리를 같이 했다. "나는 그가 한심한 인간이라는 것을 알고 있었어요. 그를 전혀 좋아하지 않았지만, 그러면서도 여전히 그와 계속 잠자리를 같이 했지요. 나는 한편으로는 그가 변하리라고 생각했어요. 나는 상상력이 풍부했고, 나에게 성은 언제나 특별하게 여겨졌죠. 그래서 그 관계가 사실상 별 볼일 없는 관계라는 것을 믿고 싶지 않았던 것 같아요."

그러던 어느 토요일 오후, 그녀는 문득 그가 자기에게 얼마나 관심이 있는지 알고 싶어졌다. "내가 그에게 원했던 건 영원한 사랑의 맹세도 아니었고 나하고 결혼해 달라는 것도 아니었어요. 그는 그냥 내가 예쁘다거나 재미있다고 말해 줄 수 있었죠. 나는 그에게 물었어요."

"당신은 나에 대해서 어떻게 생각해?"

"귀찮게 하지 말고 나 좀 내버려 둬."

"당신이 나에 대해서 어떻게 생각하는지 말할 때까지 그만두지 않을 거야."

그는 그녀를 무시하고 다른 방으로 가버렸다.

그녀는 그를 따라가서 다시 물었다. "젠장, 나 좀 가만히 놔두지 못하겠어?" 그는 소리를 질렀다.

"그때 나와 버렸어야 했는데, 엄마는 언제나 상냥해야 한다고 가르치셨거든요. 나는 잠시 기다렸다가 그에게 사과를 했죠. 그리고는 고양이들에게 밥을 줘야 된다는 엉뚱한 핑계를 대고 나와 버렸죠. 그는 나를 좋아한다는 말조차 한 적이 없어요." 킴은 무언가 돌이킬 수 없는 것을 잃어버린 느낌이었다. 그리고 아주 불쾌한 사람에게 그것을 낭비해 버린 느낌이었다.

킴은 반항했고 그것은 드문 일이 아니다. 예수님께서 약속하신 자유와 풍성한 삶과는 다르게, 율법주의는 제재를 가하고 숨이 막히게 만든다. 많은 사람들이 율법주의에 대한 해결책으로 방종을 제시한다.

율법주의는 대부분의 사람들이 탈피해야 할 생활양식이지만, 사람들은 합리적인 방법으로 율법주의의 족쇄에서 벗어나지 못한다. 율법주의는 그 신봉자들을 죄로 몰아넣고 만다. 그것은 "신봉자들을 시험에 들게 만든다."

방종: 빈약한 대안

방종은 끔찍한 것이다. 그러나 방종은 고통에서 나오는 비명이거나 고압적인 신학이 주는 수치심이나 율법주의의 미성숙함에 대한 반응일 경우가 많다. 사람들이 율법주의를 견딜 수 없고 도움을 주는 신앙의 공동체에 속해 있지 않다면, 그들이 '마음대로 해라' 또는 '기분 내키는 대로 하라'는 세상의 행동원리를 따르는 것은 전혀 놀랄 일이 아니다.

방종은 율법주의만큼이나 파괴적이다. 이것은 인간의 죄성이나 사회에서 통용되는 거짓말이 가진 설득력에 대해 적절한 설명을 하지 못한다. 우리 사회는 무엇을 하든지 괜찮으며, 자신의 일을 마음껏 하라고 말한다. 방종은 진정한 자유에 대한 빈약한 대안이다. 우리가 더이상 교회나 대학, 또는 부모의 권위에 귀를 기울이지 않는다고 해도, 방종을 통해 세상이 중요하게 생각하는 것을 우리에게 말하도록 허용하고 있다.

진과 멘디가 이야기를 나누고 있다. 진은 율법주의적인 교육을 받았기 때문에 아직도 어려움을 겪고 있는 활동적인 그리스도인이다.

멘디는 두 번째 이혼 직후 그리스도인이 된 지 이제 일 년밖에 되지 않았다. 그녀에게는 어린 아들이 둘 있으며 경제적으로 사회적으로 어려움을 겪어왔다. 최근에 그녀는 그리스도인이 아닌 한 의사와 사귀기 시작했다.

진: "그래서, 렌하고는 요즘 사이가 어때, 멘디?"

멘디: "나는 그 사람이 정말 좋아. 그리고 돈 걱정 안하고 외식하고 음악회에 갈 수 있다는 건 정말 멋진 일이야. 그렇지만 그는 전혀 신앙이 없어. 그 사람은 하나님에 대해 전혀 관심이 없대. 어떻게 해야 될지 모르겠어."

진: "글쎄, 그 남자는 멋있는 사람이고 네 나이에 언제까지나 기다릴 수만은 없잖아. 내가 너라면 계속 돌진하겠어."

세상은 진과 멘디에게 여자는 남자가 없으면 아무 가치가 없는 존재라고 말하고 있다. 교회도 그것을 강조해 왔다. 성경은 영적 구심점이 다른 사람과 깊은 관계를 맺어서는 안 된다고 가르친다. 방종은 그리스도인들로 하여금 세상의 '지혜'에 귀를 기울이게 만들고, "마음 내키는 대로 하라."고 부추긴다.

"모든 것이 가하나 모든 것이 유익한 것이 아니요."라고 바울은 고린도전서 10장 23절에 썼다. 우리 여자들은 자존감이 빈약하기 때문에 우리에게 무엇을 하라고 말해 주는 목소리에 귀를 기울이기가 쉬웠던 것도 사실이다. 그것에 대항하여 '아니오'라고 말하는 것이 우리에게는 쉬운 일이 아니다. 그리고 수많은 목소리들이 우리에게 즐기라고 말할 것이다.

　예수님은 "죄를 범하는 자마다 죄의 종"(요 8:34)이라고 말씀하신다. 우리들 대부분은 이 예속의 상태를 알고 있다. 유혹에 빠지고, 죄에 사로잡혀 죄의식의 악순환 속에서 빠져 나오지 못한다. 율법주의는 막다른 길이며 방종도 마찬가지이다. 둘 중 어떤 것도 자유가 아니다. 킴은 자신과 다른 사람들과 하나님의 실체를 알게 되면서 믿음의 공동체 안에서 자유를 찾았다. 하나님은 자기 백성들에게 이 자유를 주기 원하신다.

자신과 타인과 하나님 앞에 정직해지기

미셸은 가출했다. 그녀는 열다섯 살이었고 그녀에게 명령하는 집안의 규율을 견딜 수가 없었다. 그녀는 통행금지와 옷 입는 것을 간섭받는 것이 지긋지긋했다. 그녀는 자기의 진가를 인정해 줄 사람들을 찾기 위해 집에서 도망쳤다.

나는 미셸의 아버지에게 무슨 소식을 들었냐고 물어 보았다. "음, 같이 도망간 사람들이 그 애가 가출한 것을 알고는 그 애를 따돌렸다는군요. 경찰의 추적을 받고 싶지 않아서죠. 오늘 그 아이와 같이 있었던 한 남자에게서 전화를 받았어요… 그는 그 애가 어울리고 있는 사람들이 그 아이를 대하는 태도가 좋지 않다고 생각해서 경찰에 전화를 했지요. 그 애가 세상을 확실하게 볼 수 있도록 가장 낮은 곳까지 내려가게 해 달라는 내 기도가 응답받은 거죠."

그 방탕한 아들은 '제정신이 들었다.' 그는 가출이 어리석은 짓이었고, 인생을 허비했으며, 다른 사람들에게 상처를 주었다는 것을 깨달았다. 그는 자기의 죄를 깨달았다. 그는 집에 갈 수 있으며, 다시 아버지를 만날 수 있고, 아버지가 자기를 용서해 주리라는 것을 알았다. 미셸이 '정신을 차리기' 전에는, 즉 자신과 다른 사람들을 객관적으로 인식하기 전에는 성숙할 수 없다.

사람들은 '제정신이 들지' 않으면, 자신의 모습을 있는 그대로 인정하지 않으면 위선적이 된다. 아나니아와 삽비라는 실제로는 거룩해지려는 마음이 없으면서 거룩해 보이기 원했지만 뜻대로 되지 않았다(행 5:1~11).

상당수의 그리스도인 유명 인사들은 자신이 가진 지위로 인해 자기 자신의 참모습을 있는 그대로 보지 못하고, 사회로부터 지탄의 대상이 된 경우를 우리는 매스컴을 통해 많이 보게 된다. 그들은 그들을 우상화하는 사람들에게 둘러싸여 있다. 이런 상황에 놓이게 되면 그들은 '나는 정말 중요한 존재다. 나는 규율에 구애받지 않는다. 나는 정말 잘못을 저지를 생각이 없었다. 나는 아무에게도 말하지 않을 것이다. 내 실상을 알게 되면 사람들이 얼마나 분노할지 생각해 봐라.'고 생각하기 쉽다. 우리의 연약함을 인식하지 못하고, 자신과 다른 사람들과 하나님의 실체를 보지 못하면 재앙을 초래한다.

우리의 죄를 인정하는 것은 믿음의 공동체에 속하기 위한 전제조건이다. 우리의 죄를 인정하는 것은 우리의 인간성에 대해서 우리 자신과 다른 사람들과 하나님 앞에서 정직해지는 것이다. 그리고 그것은 용서와 자유, 성숙의 전제조건이다.

우리 자신에게 정직해지기

우리는 우리의 결점을 분명하게 알고 스스로 그 정체를 규명해야 한다. 우리의 죄를 보는 것은 어려운 일일 수 있다. 우리의 죄가 전적으로 우리의 잘못이 아니라면, 그것을 죄라고 하기가 특히나 더 어렵다.

지니의 가정은 결손 가정이었다. 그녀의 아버지는 알코올 중독자였고 아버지가 그렇게 된 데에는 어머니의 책임도 있었다. 지니는 자신감이 없었고, 유일한 만족감과 자신의 가치를 다른 사람들을 돕는 일에서 찾았다. 그녀가 화학 전공 학위를 마칠 무렵, 브래드라는 남자를 만났다. 브래드는 함께 있으면 재미는 있었지만, 내면적으로는 그를 돌봐줄 사람이 더 필요했다. 브래드는 그녀를 필요로 하는 것 같았다. 그는 그녀에게 함께 살자고 했고, 그녀는 그렇게 했다.

2년 후 지니는 의대에 진학했다. 브래드는 그녀와 함께 노스캐롤라이나로 이사했다. 지니가 의대를 마치고 레지던트로 일하기 시작했을 때, 위기가 닥쳤다. "나는 의사로 일하면서 인정을 받기 시작했지요."

그녀는 말했다. "나는 내가 어쩌면 가치 있는 사람일지도 모른다는 생각을 하기 시작했어요. 나는 브래드를 보면서 나를 필요로 하는 사람, 그리고 어떤 면으로는 나를 보호해 주고 돌봐줄 사람을 필요로 했기 때문에 브래드와 관계를 맺게 되었다는 것을 알게 되었어요. 나는 스물일곱 살이나 되었지만 아직도 내 어린시절의 상처에 반응하고 있었던 거죠. 나는 브래드를 진심으로 좋아하지도 않았고, 결혼을 꿈꾸거나 그 사람의 아이를 갖고 싶은 그런 종류의 사람이 아님에도 불구하고 그와 7년을 살았어요. 나는 그를 한번이라도 좋아한 적이 있었는지 조차 확신할 수 없었어요."

레지던트 1년차를 마치고, 지니는 연구 활동에 더 정진하기 위해서 다른 지역으로 옮기기로 결정했다. 그녀는 브래드와 헤어졌다. 그래야 한다고 생각했지만, 쉬운 일은 아니었다. 몇 년 만에 처음으로 그녀와 브래드는 서로 떨어져서 살았다.

새 직장에서 지니는 그리스도인들을 만났고 그녀도 그리스도인이 되었다. 그녀는 빈스라는 다른 남자도 만났다. 그들은 사귀면서 사랑하는 사이가 되었지만, 그들의 관계는 더이상 진전이 되지 않았다. 브래드가 걸림돌이었다. 빈스는 브래드의 존재가 그들의 관계에 영향을 미치고 있다고 느꼈다. 지니는 브래드와의 관계가 좋은 것은 아니었지만, 지난 8년 동안 많은 것을 배웠다고 생각했다. 2년 후, 빈스와 지니는 헤어졌다. 지니는 많은 생각을 했다.

몇 달 후 빈스와 지니는 다시 만났고 얼마 지나지 않아 그들은 약혼을 했다. "내가 브래드와 오랫동안 가졌던 관계가 건강하지 않았다는 사실을 깨닫기 전까지 우리 관계는 진전될 수 없었죠. 그것은 건강하지 못한 가정사에서 비롯된 건강하지 못한 반응이었고, 이 모든 세월이 낭비되었던 거죠.

내가 그 사실을 직시하는 것이 힘들었다는 것이 이상하게 생각될지도 모르지만, 과거의 관계가 잘못되었던 것은 내 책임이라고 말하는 것이 쉽지 않았어요. 그런 느낌을 감당하기 힘들었어요. 그렇지만 내가 그 점을 인정하지 않는다면, 빈스와 나는 과거의 일들을 제대로 평가할 수도 없었고, 하나님께 용서를 구할 수도 없었고, 관계를 진전시킬 수도 없었죠. 우리는 막다른 길에 서 있었어요."

지니는 자기 자신에게 정직해져야 했고, 그런 다음에야 다른 사람들과 하나님께 정직해질 수 있었다.

다른 사람들에게 정직해지기

유혹은 사람을 가리지 않는다. 우리는 누구나 유혹을 받고, 때때로 유혹 앞에 무릎을 꿇기도 한다. 친구의 죄가 우리의 죄보다 더 극적으로 보인다면, 우리는 이렇게 생각해야 한다. '나는 오직 하나님의 은혜로 살고 있다.' 다른 사람의 죄를 손가락질 하기는 쉽다. 우리는 다른 사람의 간통은 정죄하면서 우리 자신의 교만과 탐욕에 대해서는 잊고 있는지도 모른다.

고백하지 않은 죄는 빅터 프랑켄슈타인이 만들어낸 괴물처럼 시간이 지남에 따라서 더 파괴적이 된다. 우리가 지은 죄나 유혹에 대해 누군가에게 솔직하게 터놓지 않는다면, 그것들은 점점 커져서 우리를 장악하기 시작한다. 우리의 문화는 고립과 개인주의를 부추기고 많은 경우 교회도 그 문화를 수용했다. 우리는 우리 가족의 사생활을 보호한다. 우리는 교회의 소그룹 모임에서조차도 피상적이 될 수 있다. 다른 사람들과 시간을 보내지 않거나 가식적으로 사람들을 대함으로써 우리 자신을 고립시키면, 우리가 거룩해질 수 있도록 하나님께서 주신 자원을 잃는 것이다.

나는 그리스도인이 된 이후에 몇 년 동안, 다른 여자들과 함께 살았다. 내 룸메이트와 나는 아주 가깝게 지냈다. 그녀의 이름은 메리 루였다. 그녀와 나는 밤을 세워가며 이야기를 나눴다.

그 당시 나는 지나치게 많이 먹는 문제로 갈등하고 있었다. 나는 배가 고프지도 않은데 자주 베스킨라빈스 아이스크림 집에 들러서 거대한 아이스크림 선대를 사서 먹어치우곤 했다. 그리고 나면 끔찍한 기분이 들었다. 나는 성경에서 내 문제에 해당되는 구절을 찾아 외웠다. 예를 들면 이런 구절들이다. "너희는 너희 몸이 성령의 전인 줄 알지 못하느냐?"

어느 날 밤 메리 루와 이야기를 나누던 중 줄곧 나를 괴롭히고 있는 심각한 죄에 대해서 살짝 내비쳤다. 그녀는 내가 그것에 대해 그녀에게 말하고 싶은지 물었다. 나는 그러려고 했지만 할 수 없었다. 나는 탐식에 대해 심한 죄의식을 가지고 있었고, 너무 사악한 죄로 느꼈다.

며칠 동안 밤마다 메리 루는 내 확신을 이끌어 내려고 노력했다. 마침내 4일째 되던 날 저녁, 나는 용기를 내서 그녀에게 내 비밀스러운 죄에 대해 말할 수 있었다.

어둠 속에서 긴 침묵이 이어졌다. 마침내 그녀가 입을 열었다. "그게 다야? 나는 적어도 네가 어떤 교수와 불륜 관계를 맺고 있다든지 그런 일인 줄 알았지." 침묵과 고립은 우리를 외곬수로 만든다.

우리는 죄를 고백할 수 있는 사람들이 필요하다. 내가 일단 내 탐식 증세에 대해 친구에게 털어놓자, 그녀는 네 가지 방법으로 나를 도울 수 있었다. 1) 잘못된 시각("누구나 그래. 이건 하나님이 문제 삼지 않으실 거야. 이건 사실상 죄가 아니야.")을 바로잡아 주면서, 나는 용서받을 수 없는 추악한 존재가 아니라는 사실을 깨닫도록 도와줄 수 있었다. 2) 함께 기도하고 나는 하나님의 용서를 받아들이고 새롭게 시작할 수 있었다. 3) 이 문제를 통해 내가 가진 문제들, 자존감의 결여나 남을 만족시키고자 하는 욕구, 그리고 하나님에 대한 나의 태도까지도 이해할 수 있었다. 4) 우리는 서로의 문제를 점검해 주면서, 내가 하루하루 어려움을 극복해 나갈 수 있도록 도울 수 있었다.

캐시는 항상 자기가 받는 유혹이 자기가 아는 어떤 여자들의 것보다 훨씬 더 나쁘다고 생각했다. 그녀는 자신이 정욕에 큰 문제를 가지고 있다고 생각했으며, 다른 여자들은 이런 문제를 겪지 않는 것처럼 보였다. 그녀는 그 문제가 너무 심각해서 하나님조차도 자기를 용서해 주실 수 없을 것이라고 생각하기에 이르렀다.

한 상담자가 캐시의 말을 듣고 이렇게 말했다. "아, 인간이 되신 것을 환영합니다." 캐시는 자기가 비정상이 아니라는 것을 깨달았다. 그녀는 수많은 다른 사람들과 똑같이 유혹을 느낀 것이었다. 그녀는 하나님께 나아가 은총을 구할 수 있을 것 같았다. 캐시가 받는 유혹은 그녀가 다른 사람에게 고백하자 균형감각을 되찾았다. 다른 사람에게 고백하는 행위에는 치유의 능력이 있다. 나는 하나님께 직접 나아가는 것을 강조하는 개신교적 전통 속에서, 죄를 고백하는 것을 잃어버림으로써 아주 유익한 것을 잃은 것은 아닐까 하는 생각을 한다.

헨리 나우웬은 이렇게 결론짓는다. "많은 고난이 죄를 고백하고 용서를 구하는 것을 두려워하는 데서 비롯된다. 나는 사람들이 마침내 자기가 가장 수치스럽게 생각하는 것이나 가장 죄의식을 많이 느끼는 것에 대해 고백할 수 있는 용기를 찾았을 때 그들의 삶이 가장 근본적으로 변화되는 것을 보아왔고, 친구를 잃는 대신 친구를 얻게 된다는 사실을 발견했다. 벌어졌던 간격이 메워지고, 벽이 허물어지고, 심연은 채워진다."[1]

다른 사람들에게 용서를 받음으로써 우리는 하나님께서 우리를 받아들이셨다고 느끼게 된다.

하나님께 정직해지기

내 친구가 나에게 말했다. "내 마음을 정말 사로잡는 것은, 네가 유혹을 대하는 방식이야. 너는 '그래, 이제 다시 그것이 문제가 되지는 않을 거야'라고 생각하지. 그리고 네가 다리를 쭉 뻗고 긴장을 풀면 그것은 네 뒤에서 덤벼들고. 그래도 너는 그것을 보면서 전혀 흔들리지 않아. 그 유혹에 대해서는 네가 방금 단번에 다 처리했다는 것을 알기 때문이지."

우리는 우리를 무기력하게 만드는 죄의식에 약하기 때문에 서로를 절실히 필요로 한다. 많은 여자들이 경험하고 있는 낮은 자존감에 악한 존재가 우리에게 속삭이는 죄의식이 더해지면 점점 더 강한 자기혐오의 늪에 빠져 들 수 있다. 우리는 성령께서 주시는 죄에 대한 자각과 악마에게서 오는 죄의식을 구별하는 법을 배워야 한다.

존 화이트는 이렇게 쓰고 있다. "분명한 것은 원수는 당신과 하나님과의 교제를 단절시키려고 한다는 것이다. 반면에 성령은 당신과 하나님과의 교제를 회복시키려고 하신다. 이제 성령이 당신과 하나님과의 교제를 회복시키려고 하신다면, 죄를 고백한 후에는 성령께서 주신 죄에 대한 자각은 사라지고 교제의 꽃봉오리가 싱그러운 향기를 풍기며 활짝 피어날 것이다. 마찬가지로 만약 사탄이 당신과 하나님과의 교제를 파괴하려고 하고 당신의 죄의식이 사탄에게서 온 것이라면, 그런 향기를 맛볼 수 없을 것이다."

하나님께 죄를 고백할 때는, 구체적으로 분명하게 고백하고 하나님의 용서를 구해야 한다. 우리가 다시 죄의식을 느끼기 시작한다면, 그때는 하나님의 약속을 기억할 수 있어야 한다. 때때로, 기도문을 사용하는 것이 도움이 된다. 기도문을 사용하면 '모호한 생각들'로 기도하지 않고, 나중에 우리가 정말 그것에 대해 기도했는지 안 했는지 기억하는 데 도움이 된다.(죄 고백에 대한 기도문은 부록을 참조하라.)

한 수목 전문가가 우리 집 정원의 나무들을 검사했다. 그는 사과나무를 보고 이렇게 말했다. "이 나무는 가지치기를 해줘야겠는데요."

"나무를 잘라내는 것이 나에게는 너무 어려운 일이에요." 나는 말했다. "살아 있는 것을 잘라낸다는 게 너무 잔인한 것 같아요."

"이 가지를 보십시오." 그는 말했다. "사과가 하나도 열리지 않았죠? 이 가지는 나무의 진액만 소모시킬 뿐입니다. 이 가지가 없다면, 나무는 더 잘 자랄 것입니다."

우리의 죄도 이와 같은 것이라는 생각이 들었다. 죄는 진액을 빨아먹는 필요 없는 가지와 같다. 그렇지만 이 가지를 잘라내기 위해서는 도움이 필요하다. 사과나무는 폭풍 때문에 가지가 부러질 수는 있지만, 스스로 가지를 쳐내지는 못한다. 우리는 우리 죄를 용서해 주시는 주님께, 그리고 어떤 때는 다른 사람들에게도 죄를 고백해야 한다. 그러면 필요 없는 가지를 쳐내도록 도와줄 수 있는 믿음의 공동체를 발견하게 될 것이다.

성실한 소속

성실한 소속이야말로 그리스도인의 성결한 삶을 이룰 수 있는 해답이다. 있는 그대로를 받아들이는 법을 배우는 과정 속에서 우리는 믿음의 공동체에 성실하게 소속될 수 있게 될 것이다.

맨니, 그레타, 마이크는 이제 막 기독교 대학을 졸업하고, 어떻게 생각하고 행동해야 하는지 지시를 받았던(혹은 지시를 받았다고 느끼는) 비슷한 율법주의적인 환경에서 성장한 젊은이들이다. 그들은 우리 교회에 출석하면서 내가 인도하는 가정 모임에 나오기 시작했다.

어느 주일날 그들은 아무도 교회에 오지 않았다. 그 주 화요일에 있었던 가정 모임에서 맨니가 말했다. "토요일 밤 우리 집에서 열렸던 파티는 정말 좋았어요! 새벽 3시까지 계속되었지만 조금도 지루하지 않았죠."

그레타가 끼어들었다. "멋진 파티였어요! 일요일 정오까지 잤지요."

마이크가 말했다. "맞아요. 정말 재미있는 파티였어요. 이상했던 건 내가 일요일에 정말 교회에 가고 싶었다는 사실이에요."

"불성실한 아이들이군!" 나는 그때쯤 그들에 대해서 심기가 불편해지고 있었다. 그러나 그때 나는 어린 아이들처럼 그들도 경계선을 시험하고 있다는 것을 깨달았다. 그들은 자기들을 강요하는 규율이나 '나쁜' 행동을 하지 말라고 말하는 부모 때문이 아니라, 그들이 교회의 일원이기 때문에, 교회에 속해 있기 때문에 교회에 나가는 것을 배우고 있었다. 그들은 소속된다는 것은 헌신과 책임, 신뢰이며 깊은 관계를 맺을 수 있도록 해주는 일종의 의존이라는 것을 배우게 될 것이다. 그들은 이 공동체 안에서 다른 사람들과 깊은 관계를 맺을 수 있고, 그리스도인 공동체의 무거운 짐을 성숙하고 책임감 있는 그리스도인들과 함께 나누어 지는 법도 배울 것이다.

믿음의 공동체에 소속되기

테레사는 한 레스토랑의 매니저였다. 그녀는 고객들을 접대하고 팁을 받으면서 자기의 일을 즐겼지만 그녀의 상사는 갈수록 고약해졌다. 그는 그녀를 꼬집고 카운터 뒤에서 그녀의 히프를 걷어차기도 했다. 그녀가 일을 그만두겠다고 하면 그는 그녀가 없으면 레스토랑을 운영할 수 없다면서 계속 있어달라고 애원했다. 어느 날 저녁 성경공부 모임을 마치고, 테레사는 그 상사를 경멸하지만 그가 자기를 이용하는 데 대해 속수무책일 수밖에 없고, 월급과 팁에 의지해서 살 수밖에 없는 자신의 처지에 대해 말하면서 눈물을 흘렸다.

준과 아만다와 나는 테레사에게 그 직장을 그만두어야 하며, 그녀는 훨씬 더 좋은 대우를 받을 가치가 있다고 말해 주었다. 테레사는 계속해서 더 울다가 다음 날 아침 그 직장에 사표를 내겠다고 결심했다. 우리는 그녀의 용기 있는 행동을 축하해 주기 위해 그녀를 만나기로 약속했다. 우리는 그녀를 기다리고 기다린 끝에 8시 30분경에 그 레스토랑으로 갔다. 우리는 그곳에 들어가서 자리에 앉았다. 그녀는 우리에게 물을 가져왔다. "안녕, 나는 월말까지는 일을 하기로 결정했어요. 그가 그러기를 원해요."

"테레사, 이런 상황은 당신에게 좋을 게 없어요. 당신도 어제 밤에 인정했잖아요."

"그럼 내가 지금 당장 그만두어야 한다고 생각하나요?" 그녀는 우리를 차례차례 쳐다보았고 우리는 고개를 끄덕였다.

"당신들 말이 맞아요. 짐을 챙겨서 그 사람에게 그만두겠다고 말하겠어요. 차에서 만나기로 해요." 우리가 걸어 나가는 것을 테레사의 상사는 못마땅한 얼굴로 노려보았다. 우리는 나중에 그가 "그 교회에서 온 여자들"에 대해서 며칠 내내 분통을 터트렸다는 얘기를 들었다.

테레사는 그녀를 걱정하고 그녀가 해야 할 일을 하도록 도울 수 있는 교회 가족의 일원이었다. 우리가 개인의 신앙생활을 성장시킬 수 있는 것은 우리 자신이 믿음의 공동체의 성실한 일원이기 때문이다.

우리는 주기도문을 외울 때마다, "우리를 시험에 들게 하지 마옵시고"라고 기도한다. 우리가 시험에 들지 않도록 하나님과 어떻게 동역할 수 있을까?

당신은 이렇게 말할지도 모른다. "나는 전에 내가 어떻게 유혹에 빠지게 됐는지 알고 있어요. 나는 엉뚱한 곳에서 유혹에 대한 해결책을 찾으려고 했지요. 나는 언제나 사람들에게 인기 있는 방법인 심령을 깨트린다거나, 자아를 깨트리는 방법을 시도해 봤지만 소용없었죠. 율법은 역효과를 가져온다는 것을 나는 알아요. 나는 많은 사람들에게 나타나는 율법주의에 대한 반작용으로 마음 내키는 대로 행동하는 것이 죄에 빠지는 지름길이라는 것도 깨달았죠. 시험에 들지 않을 수 있는 한 가지 방법은 나 자신과 다른 사람들과 하나님을 있는 그대로 받아들이는 것이라는 사실을 알게 되었어요. 그것 외에 무슨 다른 방법이 있겠어요?"

가족 중에 한 아이가 문제가 생겼을 때 우리는 그 아이를 어떤 식으로 도와주는가? 우리는 그 아이가 사랑받고 있으며, 가족의 중요한 일원이라는 것을 알게 할 방법을 찾는다. 우리는 그 아이가 소속감을 가진 성실한 가족의 구성원으로 자기의 위치를 인식하도록 돕는다.

그리스도인들은 한 몸, 한 공동체의 일원이며, 그 안에서 그들은 본연의 임무를 수행한다. 이곳에서 그들은 자신을 소중한 존재로 인식하는 것, 자기의 감정을 인정하는 것, 하나님 대신 무엇을 섬기고 있는지 분별하는 것을 배울 것이다. 이곳에서 그들은 소속과 책임의 올바른 균형을 찾기 시작할 것이다. 이곳에서 그들은 다른 사람들과 성경이 그들의 삶에 대해 암시하는 바를 탐색하고, 기도하며, 그들의 삶을 변화시키는 성령의 능력을 발견하게 될 것이다. 가장 중요한 것은, 그 공동체 속에서 능동적이고 보람 있는 사역을 발견하게 될 것이다. 믿음의 공동체의 일원으로서 소속감이 확실해질수록, 그들은 단지 유혹에 빠지지 않게 되는 것뿐 아니라, 거룩하고 기쁨이 충만한 삶을 구축함으로써 하나님과 동역하게 될 것이다.

나를 시험에 들게 하지 마옵시고: 나를 자기 불신에서 벗어나게 하옵시고

우리가 자신을 소중하게 여기는 법을 배우기 전에는 다른 사람들과의 관계에 온전히 전념할 수 없다. 우리 자신에 대해 더 좋게 느낀다는 것은 무슨 뜻인가? 그것은 다양한 관계 속에서 관계마다 요구되는 것이 다 다름에도 불구하고 한결같은 사람이 되는 것, 즉 신뢰성을 의미한다.

우리가 아래에 있는 항목들을 실천할 수 있을 때 우리 자신을 소중하게 여길 수 있는 범위가 더 확장되게 된다.

- 우리의 강점과 약점 모두에 대해 균형 잡힌 시각을 가진다.
- 우리의 믿음, 가치, 우선순위의 정의를 명확히 내리고 그에 부합하는 행동을 견지한다.
- 일이 잘 풀리지 않을 때 비중 있는 사람들에게 감정을 털어놓을 수 있도록 관계를 계속 유지한다.
- 어렵고 고통스러운 이슈들을 말하고, 우리에게 중요한 것에 대한

입장을 고수한다.

- 다른 사람들과 우리의 견해 차이를 밝히고 다른 사람들도 그렇게 하도록 허용한다.[1]

믿음의 공동체 안에서, 여자들은 자기들이 사랑받고 있으며, 뛰어난 외모나 요리 실력보다도 훨씬 더 중요한 자질들에 대해서 칭찬받는다는 것을 알게 될 것이다. 우리가 지금까지 살펴본 것처럼 자신의 가치를 믿지 못하고 사랑받지 못한다고 생각하는 여자는 죄의 유혹에 훨씬 더 넘어가기 쉽다.

우리를 시험에 들게 하지 마옵시고: 우리 자신을 더 인정하게 하소서

우리는 지금까지 자기의 감정을 이해하지 못하는 여자들이 자기의 감정을 이해하는 여자들보다 훨씬 더 죄에 대해 취약하다는 것을 알았다. 심리학자인 내 친구는, 여자들, 특히 이전에는 다른 사람들의 삶 속에서만 자신의 존재 가치를 발견했던 사람들로 하여금 자기 자신이 어떤 사람인지 발견하도록 돕는 것이 얼마나 보람 있는 일인지 말한다. 믿음의 공동체 안에서는, 사람들이 우리를 우리 본연의 모습대로 알아가기 때문에, 우리가 자신의 약점과 강점을 볼 수 있도록 도와줄 것이다. 우리는 "이러므로 너희 죄를 서로 고하며 병 낫기를 위하여 서로 기도"(약 5:16) 하는 것을 배우게 될 것이다.

앤지는 이웃에 사는 한 유부남과 감정적으로 깊은 관계에 빠졌다. 그녀는 수치심을 느끼고, 친구들 중 아무에게도 그 사실을 말하지 않았다. 그러나 성경공부가 있던 어느 날 그는 소그룹에서 자신의 이야기를 했다. 앤지는 말했다. "나는 지금까지 나를 그렇게 매력적으로 여기는 사람들 만나본 적이 없어요. 그건 나에게 무척 중요했죠." 앤지의 공동체 멤버는 그녀가 훨씬 더 가치 있는 존재이며, 그녀가 그 남자가 던져주는 부스러기라도 가지겠다는 식으로 자기를 비하하고 있다는 것을 지적해 줄 수 있었다. 그들은 그녀가 더 좋은 것을 가질 가치가 있다는 것과 하나님께 깊은 사랑을 받고 있다는 사실을 깨닫도록 도와주었다.

우리를 시험에 들게 하지 마옵시고: 우리를 우상에서 벗어나게 하소서

믿음의 공동체 안에서 서로를 잘 알게 되고, 서로 점검해 줄 수 있는 삶의 영역이 더 넓어지면서, 우리는 옳지 못한 것을 신뢰하지 않고 외적인 것에 영향받지 않도록 서로를 도울 수 있다. 살다 보면, 때때로 균형 잡힌 시각을 견지하기 힘들 때가 있다. 이럴 때 우리는 서로에게 도움이 될 수 있다.

둘째 아이 출산 예정일이 얼마 남지 않았을 때, 남편에게 미국에 있는 몇몇 교회들을 방문할 수 있는 기회가 주어졌다. 남편은 이 교회들을 통해 새로운 아이디어들을 케이프타운에 있는 우리 교구에 도입할 생각에 들떠 있었다. 나는 참담해졌다. 남편 없이 6주를 보내야 한다니! 어느 날 나는 우리 교회에 나오는 한 나이 많은 여자 성도와 차를 함께 마시게 되었다. "어떻게 지내세요?" 그분이 물었다.

나는 한숨을 내쉬었다. "나는 어니가 곁에 없으면 너무 힘들어요. 내가 반쪽만 존재하는 것같이 느끼죠. 그래서 방황하게 되요."

"당신이 가장 사랑하는 사람이 누구인지 의구심이 생기나 보군요. 그렇죠?" 그녀는 물었다.

나는 아무 말도 하지 않았다. 기분이 나빴다. 그렇지만 나는 그분을 한 여자로서 그리고 친구로서 존경했다. 그날 밤 나는 그녀가 나에게 한 말에 대해 생각하면서 하나님께 하나님의 자리에 남편을 놓은 것에 대해 용서를 구했다. 그 이후로는 남편과 헤어져 있을 때 남편을 그리워하기는 하지만 그로 인한 절망감은 사라졌다.

우리를 시험에 들게 하지 마옵시고: 우리를 개인주의에서 구하소서

"대부분의 미국인들은 종교를 조직 활동이라기보다는 개인적인 것으로 생각한다." 실제로 1978년 갤럽이 실시한 여론 조사에 의하면 미국인들 중 80퍼센트가 "개인은 교회나 회당과는 별개로 자기의 종교적인 믿음을 가져야 한다."[2]는 데 동의하고 있다. 우리는 하나님과 개인적으로 동행할 것을 권장하며, 사람들이 "예수 그리스도를 자기의 개인적인 주님과 구세주로 영접하도록" 권면한다. 우리는 사적인 고백(나 자신과 하나님에게만 하는)과 개인적인 경건의 시간을 갖도록 권장하고 성찬식 때에는 개인용 작은 컵을 사용한다. 그렇지만 이것은 빙산의 일각이자 동전의 한 면에 불과하다. 한 개인이 다른 그리스도인들과 관계를 맺는 것 또한 매우 중요하다. 그녀와 하나님과의 관계는 다른 그리스도인들을 통해서 활성화될 것이다. 많은 때에 다른 사람들이 그녀에게 "그리스도와 같은 존재"가 되어줄 것이며, 그녀 또한 그들에게 그런 존재가 되어줄 것이다.

우리 스스로 일을 해결해 나가지 못하면, 우리는 무언가가 잘못되었다고 생각한다. 그러나 그리스도인으로서 우리는 혼자서 일을 처리하도록 되어 있지 않다. 신약 성경에 나타난 기독교 정신은 그리스도인들은 서로에게 속해 있으며, 구성원의 일원이며, 한 몸의 지체라고 가르친다.

우리를 시험에 들게 하지 마옵시고: 우리를 병적인 의존에서 벗어나게 하옵소서

우리는 그리스도인의 삶을 살기 위한 공동체가 필요하다. 우리 여자들은 다른 사람들과의 관계를 소중하게 여기도록 교육받았다는 점에서 행운아다. 이것은 좋은 일이지만, 대신에 우리를 무책임하게 만들거나 다른 사람들에게 정직하게 우리를 드러내지 못하도록 만드는 의존성을 조심해야 한다.

"우리가 여자로서 받은 교육은 우리로 하여금 포용적이고, 베풀 줄 알고, 사려 깊고, 친절하고, 섬세하며, 남을 배려하고, 다른 사람의 관점에서 사물을 보고, 다른 사람의 입장이 되어서 생각하도록 만들어준다. 그러나 이런 것들은 수학 공식이나 구구단을 배우는 것처럼 단순하지 않다. 도리어 여자들은 이런 것들을 감정적인 체험의 기본 원리로 삼고, 내적으로 변형시켜 다른 사람들과 우리 자신과의 관계를 형성한다."[3]

우리가 배워온 것과 관계를 중요하게 여기는 우리 여자들의 성향은 훌륭한 재능이 될 수도 있지만 때때로 다른 사람들에 대한 병적이고 강박적인 관심을 불러일으킬 수도 있다. 이따금 우리는 서로를 필요로 하는 관계 속에서 우리 자신을 잃어버리게 되는 집착에 빠지기도 한다.[4] 한 여자가 어떤 관계를 통해서 자신을 알고 자신의 정체성을 파악했다면, 그녀는 자신을 위한 시간을 갖는 데 혼란을 느낄 수도 있다. 그녀는 한 건강한 개인으로서 관계를 맺은 경험이 없을지도 모른다. 그녀는 다른 사람들을 지나치게 병적으로 염려하는 나머지 자기 자신을 잘 돌보려 하지 않는다.[5] 여자들은 진심으로 관계에 마음을 쏟으면서도 자기 본연의 모습을 잃어버리지 않는, 다른 사람들뿐만 아니라 자신까지도 책임지는 그런 균형을 찾기 어려워하는 듯하다. 이것이 마르다가 가지고 있던 갈등이었다. 모든 사람들을 돌보는 데 너무 바빠서, 마리아가 그랬던 것처럼 예수님과 함께할 시간을 가질 수 없었다.

공부를 마치기 위해 대학교에 다시 입학할 것을 처음 고려했을 때, 나는 그것이 어림없는 생각이라는 것을 알고 있었다. 나는 내 가족과 남편에게서 '내 자신을 발견' 했었다. 어떻게 요리하고 청소하고 아이들을 돌보는 일밖에는 하지 않았던 여자인 내가 대학에 갈 생각을 할 수 있었을까? 나는 변화를 경험했던 그날을 결코 잊을 수 없을 것이다.

오월의 미풍 속에서 검은 졸업 예복을 휘날리고 있는 두 명의 젊은 여자가 내 시야에 들어왔을 때, 전혀 예상치 못했던 무언가가 내 머리 속에 떠올랐다. 나는 계속해서 수잔나에게 우리는 곧 집에 갈 것이며 집에 가면 맛있는 과자를 주겠다고 달래고 있었는데, 마치 누군가가 리모트컨트롤로 조정하기라도 한 듯, 그 아이의 울음소리는 더이상 내 귀에 들리지 않았다. 나는 대학에 다시 다녀야 해. 10초 전만 해도 나는 막강한 사명감을 가지고 성실하게 아이들을 동물원 학습반이나 음악 레슨에 데리고 다니는 완벽한 엄마였다. 기저귀를 가는 생각이나 하고 항상 잠이 부족한 상태인 내 머리로 논문을 쓰거나 시험을 치는 것은 10초 전에는 불가능한 일로 생각되었을 것이다. 대학을 다시 다니겠다는 결심은 순간적인 것이었다. 마치 하나님께서 하늘에서 이 두 명의 성 캐서린 대학 학생들을 내려 보내셔서 이렇게 말씀하시는 듯했다. "너는 대학 공부를 마치게 될 것이다."

그러면 안 되는 것인지도 몰라. 문득 의심이 생겼다. 내가 강의를 들으러 가면 아이들이 나를 그리워하지 않을까? 그리고 목사의 아내가 대학에 간다고 하면 교회 사람들은 어떻게 생각할까? 마음 한편에서는 내가 할 수 없다는 생각도 있었다. 나에게 모유 수유나 땅바닥에 색칠하는 놀이 같은 것보다 조금이라도 더 철학적인 질문을 한다면 나는 대답할 수 없을 것이다.

어떤 관계 속에서 '자기 자신을 찾은' 여자들은 그 관계 속에서 안정감을 느낀다. 낮은 자존감과 더불어, 이것은 여자들로 하여금 앞으로 나아가 새로운 것을 시도하기보다는 안전한 역할 속에 머물러 있도록 만든다. 놀랄 만큼 나를 지원해 준 남편과 교회 친구들을 가졌던 나는 운이 좋았다. 그러나 여자들이 자기 불신의 악순환에 빠질 수 있는 상황이 더 많이 존재한다.

공동체에 확고하게 소속되는 것은 여자들이 자기의 삶을 희생하고 다른 사람들의 삶 속에서 완전히 좌우지되는 것과는 다르다. 그것은 최상의 의미에서의 친밀감이라고 할 수 있다.

"친밀감은 행복의 매개체가 아니다. 그것은 먼 것과 가까운 것 사이의 긴장이 해소되고 새 지평이 열리는 존재방식이다. 친밀감은 두려움을 극복한다. 예수님께서 우리에게 주신 이 친밀감을 경험한 사람들은 더이상 지나치게 가까워지거나 지나치게 멀어질 것을 두려워할 필요가 없다. 예수님께서 "두려워 말라. 나로라."라고 말씀하실 때, 그분은 우리가 두려움 없이 움직일 수 있는 새로운 공간을 드러내 보여 주신다. 이 친밀한 공간은 먼 것과 가까운 것 사이에 있는 하나의 선이 아니라 우리가 먼 관계인지 가까운 관계인지가 더이상 문제가 되지 않고 활동할 수 있는 넓은 지면이다."[6]

공동체의 친밀함은 우리가 예수님을 위해 살도록 서로를 자유롭게 해주는 친밀함이며, 우리가 새로운 형태의 사역이나 직업, 또는 새로운 관계를 시도함으로써 성장할 수 있도록 서로에게 도전을 주는 친밀함이다.

에바는 여자 변호사가 거의 없던 시절에 변호사가 되었다. 변호사가 된다는 것은 사회적으로 상당한 신분을 얻는 것이었다. 그녀는 훌륭한 일류 직장을 가졌지만, 자기 일을 싫어했다. 그녀가 나가는 성경공부

그룹에서, 그녀는 자기가 하는 일의 성격과 왜 그 일에 만족하지 못하는지 이유를 설명했다. 그 그룹 사람들은 그녀에게 다른 종류의 일을 찾아보고 직업 상담을 받아볼 것을 권유했다. 그녀는 자기가 아이들과 관계된 일을 좋아한다는 것을 알게 되었다. 에바는 용기를 내서 다니던 법률 회사에 사표를 내고 다시 학교에 들어가 교사 자격증을 땄다. 공동체의 도움으로 그녀는 진정으로 원하는 것을 발견하고 새로운 방향으로 나아갈 수 있었다.

공동체 안에서: 우리를 말씀과 말씀 중심의 세계관으로 인도하소서

그리스도인 공동체 안에서 우리는 함께 성경을 공부할 필요가 있다. 성서적인 가르침과 설교는 기독교의 진리에 대한 기초를 제공하는 데 매우 유익할 수 있지만, 그것만으로는 충분하지 않다. 설교와 주일학교에서 가르치는 것은 우리에게 성서적인 진리를 전달하지만, 이것은 한 사람의 시각에서 나온 것이다. 성서적인 진리는 한 사람에 의해서 이해될 수 있는 것이 아니다. 성경을 공부하고, 의미를 파헤치는 데 시간을 투자하고, 우리 자신을 위해서 성경을 묵상할 때에 다른 사람들과 함께해야 할 필요가 있다.

거룩한 삶을 이루기 위해서, 우리는 하나님의 관점을 총체적으로 이해해야 한다. 예로부터, 훌륭하고 선의를 가진 그리스도인들이 성경 구절을 도용해서 잔혹한 압제를 지지해 왔다. 그들은 노예제도가 나쁘지 않으며, 전쟁은 훌륭한 것이고, 여자들은 어린 아이와 같은 취급을 받아야 하며, 안식일을 범하는 사람들은 끔찍한 형벌을 받아야 한다고 가르쳤다.

성경에 대한 전반적인 이해를 얻기 위해서, 다른 사람들과 함께 성경을 공부하고 거시적인 관점에서 성경을 읽어야 한다. 우리는 그리스도인들이 쓴 책, 그리고 그리스도인의 삶에 대해 쓴 책들을 읽어야 한다. 우리는 강연을 듣고, 책을 읽고, 다른 그리스도인들과 토론하면서 여러 가지 이슈들에 대한 관점을 개발시켜야 한다. 마음에 걸리는 구절들에 대해서 골똘히 생각해 보고 그 구절이 우리를 불편하게 만드는 이유가 무엇인지 생각해 보아야 한다.

처음 그리스도인이 되었을 때 나는 많은 성경공부 모임에 참석했다. 한 성경 교사가 우리를 가르쳤는데, 그는 성경에 대한 자기의 독특한 관점을 뒷받침해 주는 구절을 찾아내서 우리에게 가르쳐주었다. 내 생각에 각 구절은 그 구절 자체가 진리이며 우리가 요구할 수 있는 약속이었다. 그러나 우리는 어떤 구절들은 의도적으로 피했다.

나는 누가복음을 읽기 시작했다. 4장에서 나는 처음으로 충격을 받았다. 나사렛의 유대인 회당에서 예수님은 어떤 구절을 선택해서 읽으셨는가? 사람들이 메시아가 왔다는 것을, 복음이 가난한 자들에게 전해지고, 포로된 자들이 풀려나고, 핍박받는 자들이 자유를 얻고 소경이 눈을 뜨게 되는 것으로 인해 알 수 있으리라는 구절이었다(눅 4:18). 어떻게 예수님께서 그렇게 '사회주의적인 복음'을 전하실 수 있었을까? 나는 놀랐다. 왜 그분은 내가 성경공부 시간에 배우고 있던 신학에 더 잘 들어맞는 구약 성경의 구절을 가지고 그분의 사역을 시작할 수 없었을까?

며칠 후에, 나는 예수님께서 양이 어떻게 염소와 분리될 것인지에 대해 말씀하시는 것을 마태복음 25장에서 발견했다. 나는 예수님께서 굶주린 자들을 먹이시고, 헐벗은 자들을 입히시고 감옥에 갇힌 자들을 찾아가는 것을 그렇게 중요하게 여기시는 것을 발견하고 충격을 받았다. 예수님께서는 모든 사람들이 다 아는 의인은 믿음으로 말미암아 구원을 얻는다는 사실을 모르셨단 말인가?

나는 성경책을 덮었다. 성경의 어떤 구절에 대해 부담을 느낀다면 그것을 살펴보고, 그 구절이 내가 깨닫지 못하고 있던 부분에 대해 무엇을 말해 주고 있는지 찾아내야 한다는 것을 깨닫는 데 어느 정도의 시간이 필요했다.

우리는 서로에게 도전을 줄 수 있는 공동체적 삶을 필요로 한다. 개인마다 그냥 지나가고 싶은 구절들이 있다. 그룹 안에서 우리는 "우리의 부모와 자식을 미워해야" 한다는 의미가 무엇인지, 관계에 대한 새로운 우선순위를 말씀하시는 것인지 토론할 수 있다. 우리는 예수님께서 우리가 모든 것을 팔아야 한다.(마 19:21)고 말씀하신 것이 무슨 의미인지 함께 질문해 볼 수 있다.

복음은 파격적이다. 우리는 복음이 우리 삶에서 실현될 수 있는 방법을 다른 사람들과 더불어 배워나가야 한다.

우리를 기도와 성령 충만한 삶으로 인도하소서

믿음의 공동체 내에서 우리는 제자의 삶을 살 수 있는 원동력을 발견하게 될 것이다. 이것은 다양한 형태로 주어질 수 있다. 우리는 필리스가 하나님의 인도하심 속에 평안을 얻기를 기도할 수 있다. 어린 시절에 정서적인 상처를 가지고 있고, 어떤 특정한 유혹에 매우 약하게 만드는 낮은 자존감을 가진 수잔을 위해서는, 그녀의 깊은 상처들과 기억들이 치유되도록 기도할 수 있다. 우리는 코니의 이야기를 듣고 그녀를 계속 따라다니는 과거의 죄에 대해 용서를 구하는 기도를 함께할 수도 있다.

어느 날 밤 나는 전화를 통해서 울먹이는 목소리를 들었다. "메리엘렌, 나는 지금 하혈을 하고 있어요. 유산을 할 것 같아서 두려워요. 필은 지금 여기 없어요." "지금 금방 갈게요."

도리는 유산을 했다. 그렇지만 유산보다 더 나쁜 것은 그녀의 죄의식이었다. 유산은 자기 잘못 때문이라고 그녀는 말했다. 그녀가 열여섯 살 때 낙태 수술을 했기 때문이라는 것이다. 그것은 12년 전의 일이었고, 그녀는 그 죄책감 속에서 살고 있었다. 그녀는 하나님께서 그녀를 용서하지 않으셨다고 생각했다. 그런데 어떻게 자기 자신을 용서할 수 있었겠는가?

도리는 함께 있어 주고 감정을 이해해 줄 수 있는 믿음의 공동체의 사람이 필요했다. 죄를 고백하고, 함께 기도하고, 그리스도인이 되기 전에 지었던 죄에 대해 하나님의 용서를 구하도록 도와줄 누군가가 필요했다. 그녀는 이런 기초를 세우는 데 하나님의 도움이 필요했다.

우리 교회는 매주일 성찬식 때 치유사역을 한다. 나는 목이 아프다거나 하는 것뿐만이 아니라, 두려움을 느낀다거나 내가 경험하고 있는 어떤 유혹에 대해서도 기도를 받기 위해 단상으로 나간다. 이런 문제들에 대해 혼자서 기도할 수도 있지만, 나는 그리스도의 몸 안에서 치유받기를 기대한다. 짐 같은 친구가 나에게 "요즘은 그런 두려움이 좀 사라졌나요?"라고 물을 때 그들이 내 문제를 기억하고 점검해 주고 있다는 것도 알게 된다.

우리를 적극적인 사역으로 인도하소서

테레사 수녀가 초콜릿 쿠키를 하나 더 먹었다는 이유로 몇 시간 동안 자신을 질책하는 모습을 상상해 보라. 우리들이 사역에 적극적으로 참여할 때, 삶에 대해 더 건강한 시각을 갖게 될 것이다. 거룩함은 그 자체가 목적일 뿐만 아니라 또 다른 목적에 대한 수단, 즉 섬김의 삶으로 우리를 인도하는 강력한 매개물이다. 우리는 하나님을 위해 우리의 재능을 사용할 수 있는 방법을 찾아야 한다. 그렇기 때문에 더이상 남자들의 사역을 위해 여자들이 사역을 자제하도록 요구되어서는 안 된다. 적극적인 사역은 거룩함으로 인도해 주는 통로이다. 그리고 하나님 나라를 위한 더 많은 과업들이 성취되도록 한다. 여자들에게 적극적이고 도전이 되는 사역을 맡김으로써 어느 정도의 불편함을 감수해야 할지도 모른다. 남자들은 커피를 끊이고 식사를 같이 하는 사교 모임을 준비하는 방법을 배워야 할지도 모른다.

몇 년 전 《Christianity Today》라는 잡지에서 짧은 생을 살았던 위대한 그리스도인 남성들에 대한 기사를 실었다. 이 남성들은 하나님을 위해 훌륭한 업적을 이루었다. 그들은 선교를 위한 단체, 잡지, 대학교들을 설립했다. 그들은 책과 논문을 저술했고 젊은 그리스도인들을 가르쳤다. 그러나 나는 만약 동일한 수의 여자들이 자기에게 맞는 사역에 참여하도록 독려받았다면 얼마나 더 많은 일들을 이룰 수 있었을까 하는 생각을 떨쳐버릴 수 없었다. 심판의 날에 나는 여자들의 사역을 억압해 온 남자들 편에 서서 내가 왜 기독교 공동체의 절반 이상을 차지하는 여자들의 재능과 사역을 억압했는지 설명하려고 애쓰고 싶지 않다.

우리가 도움이 필요한 사람들과 그리스도를 함께 나눌 때, 우리는 삶을 올바로 바라볼 수 있는 시각, 세상이 미디어를 통해서 우리에게 전달하는 메시지와는 정반대되는, 균형 잡힌 시각을 가지게 될 것이다. 우리는 중요하다고 들은 것이 아닌, 진실로 중요한 것이 무엇인지 보기 시작할 것이다. 우리 삶의 주역이 되고 싶어 하는 유혹들은, 우리가 적극적으로 사역과 다른 사람들의 삶에 참여하게 될 때 무대 밖으로 쫓겨나게 될 것이다.

우리가 천국의 일을 하기 위해 우리의 능력을 적극적으로 사용하면 할수록 사역 안에서 진정한 기쁨을 발견한다. 그리고 이것은 결국 삶에 대한 건강한 시각과 진정한 거룩함으로 우리를 인도한다.

에필로그

서두에서 우리는 불륜에 빠진 질의 이야기를 들었다. 그녀는 어떻게 그녀의 삶을 돌이킬 수 있었을까?

"나에게 오아시스 같은 역할을 해준 교회와 나를 기꺼이 받아들여 주고, 내가 홀로 설 수 있게 해주고, 예수님과 함께하는 생활을 해 나갈 수 있도록 격려해 준 사람들을 만난 것에 대해 하나님께 감사할 뿐이에요. 나는 이 모든 것을 거의 다 잃을 뻔했지요. 나는 너무나 수치스러웠어요." 질은 믿음의 공동체에 소속하게 되면서 치유를 경험했다.

"평생 다른 사람들에게서 인정받고 안정을 얻으려고 하고, 게빈과 이혼하고 수많은 사람들, 특히 내 아이들과 가족들에게 상처를 준 것에 대한 수치심과 죄의식으로 인한 고통으로 내 마음이 얼마나 피폐해졌는지 나 혼자서는 인정할 수 없었을 거예요." 교회라는 가족 속에서 질은 그녀를 이해하고 인정하고 포용해 주는 곳을 찾았다.

"내 참 모습을 찾기 시작한 것은 이 사람들에게 속하게 되면서부터예요. 그들은 나를 아무 조건 없이 있는 그대로 받아들이면서 동시에 내 삶의 많은 부분을 고쳐야 한다는 도전을 주었지요." 그녀는 자기가 참석하는 소규모 성경공부 그룹의 멤버들에게 자기가 약한 부분을 도와 달라고 부탁했다. "나는 그 교회 친구들이 나를 점검해 줄 수 있도록 내 삶을 열어 놓았어요. 그들에게 나를 점검해 달라고 말하고 내가 약해지거나 유혹을 받는다면 그들에게 말하리라고 스스로에게 다짐했지요." 그녀는 불안해지면 자기 외모에 의지하게 되기 쉽다는 것을 알고 있다. "내가 미시간이나 로스앤젤레스 중에서 컨설팅지역을 선택하도록 제의를 받았을 때 나는 미시간을 선택했어요. 그곳에서는 내가 웬만해선 성적인 매력이나 외모를 이용하려 하지 않을 것 같았기 때문이죠." 공동체 안에서 질은 사람들을 양육하며 치유가 필요한 사람들을 위해 기도하는 등의 활발한 사역을 하고 있다. 그녀는 다른 사람들을 돕는 일이 아이를 출산하는 것과 마찬가지로 흥미진진한 일이라는 사실을 알게 되었다. "하나님께 나를 내어 드리고 그분에게 쓰임을 받는 것이 얼마나 감동적인 일인지 잊고 싶지 않아요." 그녀는 삶을 올바르게 볼 수 있는 시각을 주고, 후원해 주고, 도전을 주는 그리스도인들의 공동체 없이 그리스도인의 삶을 사는 것은 불가능하다고 생각한다.

질은 이 그리스도인 공동체 안에서 치유도 경험했다. "나의 치유 과정은 무척 길고 어떤 때는 고통스러운 도전과 격렬한 투쟁의 연속이었죠." 그녀는 자기가 얼마나 절실히 다른 사람들과의 약속과 점검을 필요로 하는지, 그녀의 마음과 정신의 어두운 부분에 빛을 비춰줄 사람들을 얼마나 간절히 원하는지 깨닫게 되었다. "내 고통을 직시하고, 나 자신을 용서하고 진정한 내 모습을 찾도록 도와준 것이 바로 그 공동체였죠."

질은 그녀의 치유 과정에 도움이 되었던 한 교회 수련회에 대해 말한다. "길을 걷다가 문득 내 심장이 아주 작은 석탄 조각 같은 모습으로 그려진 그림이 마음속에 선명하게 떠올랐어요. 예수님이 아름다운 투명한 유리 상자를 가지고 나에게 다가 오셨는데 그 상자 안에는 비단으로 만든 배게 위에 금으로 된 심장이 놓여 있었지요. 그분은 나에게 그 상자를 주셨어요. 아무 말씀도 하지 않으셨지만 나는 그분이 나의 고통을 떨쳐버리라고, 그분에게 나의 시커먼 심장을 드리고 그 새 심장을 받으라고 나를 부르고 계신다는 것을 깨달았죠."

그날 그 일이 있고 나서, 그녀는 교회의 몇몇 신자들에게 그녀와 함께 기도해 줄 것을 부탁했다. 그녀는 자신이 저지른 실수들, 불륜과 이혼을 생각하며 흐느꼈다. 그들 중 한 사람이 그녀에게 말했다. "나는 당신의 삶이 퍼즐과 같다고 생각해요. 당신은 당신 힘으로 퍼즐 조각을 맞추려고 애썼지만 제대로 맞출 수 없었죠. 나는 그리스도께서 그 조각들을 모아 당신 삶의 틀에 다 끼워 넣으시고 있는 것을 봅니다. 그것은 당신이 생각했던 그림과 다를지도 모르지만 예수님은 그 조각들을 제자리에 놓으시려고 당신과 함께 계십니다."

　믿음의 공동체의 도움과 예수님의 치유의 역사로 인해, 질은 풍성하고 충만하며 온전한 삶을 이루어가고 있다. 우리도 그렇게 할 수 있다! 우리는 매일매일 우리의 삶을 만들어 갈 수 있다. 우리가 맞닥뜨리게 되는 유혹과의 끊임없는 투쟁은, 용서를 통해 우리를 자유와 거룩함으로 인도하는 성장 과정을 촉진시켜 줄 수 있다.

부록 | 고백의 기도

공동 기도서 [1]

1 거룩하신 하나님, 하늘에 계신 아버지, 당신은 당신의 형상 대로 흙으로 우리를 지으셨으며, 당신의 아들 예수 그리스도의 십자가를 통해서 죄와 죽음에서 우리를 구속하셨습니다. 세례를 통해 우리에게 그분의 의의 빛나는 옷을 입히시고, 당신 나라의 자녀들 사이에 우리를 세우셨습니다. 그러나 우리는 당신의 성인들로부터 물려받은 것을 탕진했고 황폐한 땅을 유랑하였습니다.

특별히, 당신과 교회 앞에 고백합니다.

(여기에서 특정한 죄를 고백한다.)

그러므로, 오 주님, 이 모든 죄와 우리가 지금 기억하지 못하는 모든 죄에서 돌이켜 비탄과 참회의 심정으로 당신께 나아갑니다. 우리를 다시 당신의 자비하신 품에 품어주시고, 당신의 신실한 백성의 축복받은 일원으로 회복시켜 주소서. 당신께서 이 세상을 구원하기 위해 보내신 독생자 우리 구주 예수 그리스도의 이름으로 기도합니다. 아멘.

* * *

2 자비가 충만하신 아버지, 우리의 생각과 말과 행위와 우리가 한 일

과 하지 않은 일로 인해 당신께 죄를 지었음을 겸허히 고백합니다. 우리는 마음을 다해 당신을 사랑하지 않았습니다. 우리의 이웃을 내 몸처럼 사랑하지 않았습니다. 진심으로 뉘우치며 회개합니다. 독생자 예수 그리스도로 말미암아 자비를 베푸시고, 우리를 용서하여 주시옵소서. 그리하면 당신의 뜻 안에서 기뻐하고, 당신의 길을 가며, 당신의 이름에 영광을 돌리겠나이다. 아멘.

＊＊

3 전능하신 하나님, 당신의 아들 예수 그리스도께서 위대한 겸손함으로 우리를 찾아오셨던, 이 죽을 수밖에 없는 시대에 우리에게 어둠의 역사를 물리칠 수 있는 은혜를 베풀어 주시고, 빛의 갑옷을 입혀 주시옵소서. 마지막 날에, 그분이 산자와 죽은 자를 심판하러 영광스럽고 존귀하심 가운데 다시 오실 때, 우리는 죽지 않을 생명으로 부활하리라 믿습니다. 이제와 영원토록 존재하시는 한 분뿐인 하나님, 살아 계셔서 당신과 성령님과 연합하여 함께 다스리시는 예수님의 이름으로 기도합니다. 아멘

＊＊

4 우리와 날마다 함께해 주셔서 우리의 마음을 정결케 해주소서, 전능하신 하나님. 그래서 당신의 독생자 예수 그리스도께서 다시 오실 때, 우리 마음속에 그분이 거할 곳이 준비되게 하소서. 이제와 영원토록 존재하시는 한 분 하나님, 살아 계셔서 당신과 성령님과 연합하여 함께 다스리시는 예수님의 이름으로 기도합니다. 아멘.

5 그 축복받은 독생자를 성령에 이끌려 사탄의 시험을 받게 하셨던 전능하신 하나님, 속히 오셔서 수많은 유혹에 시달리는 우리를 도우소서. 그리고 우리 각자의 연약함을 아시는 당신께서, 우리 한 사람 한 사람이 당신에게서 구원의 능력을 찾게 해주소서. 이제와 영원토록 존재하시는 한 분 하나님, 살아 계셔서 당신과 성령님과 연합하여 함께 다스리시는 독생자 우리 주님 예수 그리스도의 이름으로 기도합니다. 아멘.

* * *

6 우리를 긍휼히 여기시는 하나님, 당신의 길에서 벗어난 모든 이들에게 은혜를 베푸시어 그들에게 회개하는 심령과 당신의 말씀, 독생자 예수 그리스도의 불변의 진리를 붙잡을 수 있는 견고한 믿음을 다시 허락하여 주시옵소서. 살아 계셔서 당신과 성령님과 함께 다스리시는 한 분 하나님의 영원하신 이름으로 기도합니다. 아멘.

* * *

7 전능하신 하나님, 당신은 우리가 우리 스스로를 도울 능력이 없다는 것을 아십니다. 우리의 육체와 우리의 영혼을 지켜주셔서, 우리 육체의 상함과 영혼을 괴롭히고 파괴하는 모든 악한 생각으로부터 우리를 보호해 주시옵소서. 살아 계셔서 당신과 성령님과 함께 다스리시는 영원하신 예수 그리스도 이름으로 기도합니다. 아멘.

* * *

8 전능하신 하나님, 당신만이 죄인들의 불순종적인 의지와 감정을 다

스리실 수 있습니다. 당신의 백성들에게 당신께서 명령하신 것을 사모하고 당신께서 약속하신 것을 소망하는 은혜를 주시옵소서. 그리하여 빠르고 다양하게 변화하는 이 세상 속에서, 우리의 마음이 진정한 기쁨이 있는 곳에 고정되게 하소서. 지금과 영원토록 살아 계셔서 당신과 성령님과 함께 다스리시는 유일하신 예수 그리스도 이름으로 기도합니다. 아멘.

* * *

9 주님, 우리가 이 세상 것으로 근심하지 않게 하시고, 천국의 것을 사랑하게 해주소서. 그리고 지금 우리가 사라질 것들 사이에 살고 있는 이 시간에도 끝까지 남을 것들을 붙잡게 해주소서. 살아 계셔서 당신과 성령님과 함께 다스리시는 한 분 하나님이신 예수 그리스도의 영원하신 이름으로 기도합니다. 아멘.

* * *

10 전능하시고 영원하신 하나님, 당신은 언제나 우리가 기도하는 것 이상을 들으실 준비가 되어 있으십니다. 그리고 우리가 바라거나 받을 만한 것 이상을 주실 준비가 되어 있으십니다. 우리에게 당신의 풍성한 자비를 부어 주시고, 우리의 양심에 거리끼는 것들을 용서해 주시며, 받을 자격이 없는 우리들에게 우리 구주 예수 그리스도의 중재와 공로로 인해 이 모든 은혜를 베풀어 주시옵소서. 살아 계셔서 당신과 성령님과 함께 다스리시는 한 분 하나님이신 예수 그리스도의 영원하신 이름으로 기도합니다. 아멘

공중 예배를 위한 기도 [2]

1 그대가 믿을 수 있는, 온전히 받아들일 수 있는 말씀이 여기 있도다.

"예수 그리스도께서 죄인들을 구원하기 위해 세상에 오셨다."

자기 죄를 고백하고 새 삶을 살기로 결심한 모든 이들에게 그분은 말씀하신다.

"너의 죄는 사함 받았다."

그리고 또 이렇게 말씀하신다.

"나를 따르라"

"이제 열국의 왕,

불멸의, 눈에는 보이지 않는 지혜로우신 유일한 하나님께

영원토록 영광과 존귀를 드릴지어다. 아멘."

* * *

2 들으라, 여기 복음이 있도다.

"예수 그리스도께서 죄인들을 구원하기 위해 세상에 오셨다."

당신의 실패를 용서하시기 위해

당신 모습 그대로 받아주시기 위해

악의 세력에서 당신을 자유롭게 해 주시기 위해

그리고 당신을 애초에 의도했던 모습으로 만드시기 위해.

그분의 말씀에 귀를 기울이라.

그분을 통해 아버지께서 말씀하신다.

당신이 그분께 나아왔듯이 그분께 나아오는 모든 이들에게
"너희는 인정받았다. 용서받았다. 내가 너희를 자유케 하리라."

"오, 하나님 안에 있는 풍요함와 지혜와 지식의 심오함이여!
그분의 심판은 헤아릴 수 없으며, 그분의 길은 찾을 수가 없도다!
모든 것의 근원이며, 안내자이며, 목표이신 그분께 영원토록 영광이 함께하시리로다! 아멘.

옥스포드 기도서 [3]

1 하늘에 계신 하나님, 당신은 나무가 자라듯이 제 삶이 성숙하도록 도와주셨습니다. 지금 저에게 어떤 일이 일어나고 있습니다. 사탄이, 마치 새가 나뭇가지를 골라서 가지고 오듯이, 계속 저를 유혹합니다. 제가 이것을 알기 전에 그는 이미 둥지를 틀고 그곳에서 살고 있습니다. 오늘 밤, 나의 아버지시여, 저는 그 새와 둥지를 모두 없애 버리겠습니다.

― 나이지리아 그리스도인들의 기도

2 오 위대하시고 가장 높으신 이여, 제 마음 속의 촛불에 불을 밝혀 주셔서 그 안에 있는 것을 보고 당신이 거하실 처소에 있는 쓰레기들을 쓸어버릴 수 있게 해 주소서.

― 아프리카 여학생들의 기도

* * *

3 하늘에 계신 우리 아버지, 저를 빛으로 인도하여 주심을 감사드립니다. 구세주를 보내 주셔서 저를 죽음에서 생명으로 불러내 주심을 감사드립니다. 고백하건대, 저는 이 부르심을 듣기 전에 죄로 인해 죽었지만 나사로가 그랬던 것처럼 그분의 부르심을 들었을 때 제가 다시 살아났습니다. 오, 나의 아버지시여, 수의가 저를 꼼짝 못하게 둘러싸고 있습니다. 제가 버리지 못하는 과거의 습관, 제 삶의 너무나 많은 부분을 차지하고 있어서 그리스도께서 저에게 주시는 새 삶을 살지 못하게 하는 과거의 습관이 저를 둘러싸고 있습니다. 오 아버지시여, 저에게 그 결박을 끊을 수 있는 힘을 주소서. 당신 안에서 새 삶을 살 수 있는 용기를 주소서. 당신이 도와주시면 결코 실패하지 않으리라는 믿음을 주소서. 당신에게 나아오라고 제게 가르쳐주신 구세주의 이름으로 기도합니다.

― 대만 사람들의 기도 중에서

* * *

4 새로운 진리를 똑바로 대면하지 못하는 비겁함으로부터
   반쪽의 진리로 만족하는 나태로부터

모든 진리를 알고 있다고 생각하는 교만으로부터

주 하나님, 우리를 구원하여 주소서.

― 케냐 사람들의 기도

* * *

5 우리를 살피시고 우리말에 귀를 기울이소서. 오 주 우리 하나님. 우리에게 자신을 내어주신 당신을 기쁘게 하려는 노력을 도와주소서. 당신께서 최초의 의지의 행위를 주셨으니, 그 일을 이루도록 해주소서. 당신께서 우리로 하여금 시작하도록 하신 일을 끝낼 수 있도록 해주소서. 예수 그리스도 우리 주님의 이름으로 기도합니다.

― 모사라베 성가

* * *

6 주 예수님의 사랑이 우리를 그분께 데려가기를,

주 예수님의 능력이, 그분을 섬기는 우리들을 강건케 하여 주시기를

주 예수님의 기쁨이, 우리의 영혼을 채우기를

전능하신 하나님, 성부와 성자와 성령의 축복이

너희에게 임하고, 언제나 함께 하기를.

― 윌리엄 템플, 1881~1944

각 주

1장

1. 에피파누스, Janice Nunnally-Cox, *Foremothers: Women of the Bible*에서 인용 (New York: Seabury, 1981), P. 152.
2. 캐롤 길리건, 「다른 목소리로」 (동녘, 1997)
3. Nancy Chodorow, *The Reproduction of Mothering: Psychoanalysis and the sociology of Gender* (Berkeley: University of California Press, 1978).
4. Gilbert Bilezikian, *Beyond Sex Roles: What the Bible Says about Woman's Place in Church and Family* (Grand Rapids: Baker, 1989), P. 3.
5. Mary Stewart Van Leeuwen, "The Christian Mind and the Challenge of Gender Relations," *The Reformed Journal*, Sept. 1987.
6. Nunnally-Cox, *Foremothers*, P. 152.
7. Letty Cottin Pogrebin, *Growing Up Free: Raising Your Child in the 80's* (New York: McGraw, 1980), P. 398.
8. Mary Field Belenky, Blythe Mcvicker Clinchy, Nancy Rule Goldberger, and Jill Mattuck Tarule, *Women's Ways of Knowing: The Development of Self, Voice, and Mind* (New York: Basic Books, 1986).
9. Nunnally-Cox, *Foremothers*, p. 153.
10. Ibid., P. 152
11. 래리 크리스텐슨, 「기독교인 가정의 신비」(미션월드 라이브러리, 2002).
12. Bilezikian, *Beyond Sex Roles*, P. 81.
13. 매리 에반스, 「성경적 여성관」 (IVP, 1992).

2장

1. 《타임》, 1990년 3월 5일, P. 59: 1990년 10월 22일, P. 59
2. Judith Plaskow, *Sex, Sin, and Grace: Women's Experience and the Theologies of Reinhold Niebuhr and Paul Tillich* (Washington: University Press of America, 1980), P. 77.
3. 캐롤린 하이브런, 「셰익스피어에게 누이가 있다면: 여자들에 대한 글쓰기」(여성신문사, 2002).
4. 위르겐 몰트만, 「희망의 신학: 그리스도교적 종말론의 근거와 의미에 대한 연구」 (대한기독교서회, 2002).
5. 길리건, 「다른 목소리로」 (동녘, 1997).

6. Linda T. Sanford and Mary Ellen Donovan, *Women and Self-Esteem* (New York: Penguin, 1985), P.6.
7. Belenky et al., *Women's Ways of Knowing*, P. 6.
8. Sanford and Donovan, *Women and Self-Esteem*, p. 6.
9. Irene H. Frieze, *Women and Sex Roles: A Social Psychological Perspective* (New York: Norton, 1978), p. 245
10. 콜레트 다울링, *Perfect Women* (New York: Summit, 1988), p. 72.

3장

1. Gerard Hughes, *God of Surprises* (Mahway, N.J., Paulist Press, 1986), p. 56.
2. Harriet Goldhor Lerner, *The Dance of Intimacy: A Woman's Guide to Courageous Acts of Change in Key Relationships* (New York: Harper & Row, 1989), pp. 186-87.
3. 헨리 나우웬, *Lifesigns: Intimacy, Fecundity, and Ecstasy in Christian Perspective* (New York: Doubleday, 1986), pp. 57-74.

4장

1. 자끄 엘룰, *Money and Power* (Downers Grove, l11.: InterVarsity Press, 1984), pp. 82-84.
2. 로라 잉걸스 와일더, 『큰 숲속의 작은 집』(시공주니어, 2000).
3. Wiley, Kim Wright, "The Mystique of Money," *Savvy*, 1987년 4월, p. 34.
4. Ibid.
5. 다울링, *Perfect Women*, p. 49.
6. 리처드 포스터, *Freedom of Simplicity* (San Francisco: Harper & Row, 1981), p. 118.

5장

1. 다울링, *Perfect Women*, p. 53.
2. Sanford and Donovan, *Women and Self-Esteem*, p. 370.
3. 다울링, *Perfect Women*, pp. 14, 28.
4. Carol Christ, *Diving Deep and Surfacing* (Boston: Beacon, 1980), p. 16.
5. Kim Chernin, *The Obsession: Reflections on the Tyranny of Slenderness* (New York: Harper & Row, 1981), p. 155.
6. Julie Johnson, "Bringing Sanity to the Diet Craze," *Time*, 1990년 5월 21일, p. 74.
7. 윌라드 할리, 『그 남자의 욕구, 그 여자의 갈망』(비전과 리더십, 2004).
8. Dorothy L. Sayers, *Are Women Human?* (Grand Rapids: Eerdmans, 1971), P. 22.
9. C.S. 루이스, 『스크루테이프의 편지』(홍성사, 2000).

6장

1. P.T. Forsyth, Charles E. Hummel, *The Tyranny of the Urgent* (Downers Grove, lll., InterVarsity Press, 1967) 에서 인용.
2. Roberta Hestenes, "Scripture and the Ministry of Women within the Church Community," in *Women and the Ministries of Christ*, ed. Roberta Hestenes and Lois Curley (Pasadena: Fuller Theological Seminary, 1979), p. 64.
3. Roberta Hestenes, 개인 인터뷰, 1989년 4월
4. 나우웬, *Lifesigns*, p. 49.
5. Joyce Huggett, *The Joy of Listening to God* (Downers Grove, l11: InterVarsity Press, 1986).

7장

1. Louise Eichenbaum and Susie Orbach, *Between Women* (New York: Viking, 1988), p. 135.
2. Harriet Goldhor Lerner, *The Dance of Anger* (New York: Harper & Row, 1985). pp. 1-2, 9.
3. Irina Ratushinskaya, *Grey Is the Color of Hope* (New York: Vintage International, 1989), pp. 260-61.

8장

1. Dorothy L. Sayers, "The Other Six Deadly Sins," *The Whimsical Christian* (New York: Collier/Macmillan, 1987), p. 157.
2. Ruth Sidel, *On Her Own: Growing Up in the Shadow of the American Dream* (New York: Viking, 1990).
3. Evelyn Eaton Weatherhead and James D. Weatherhead, *A Sense of Sexuality: Christian Love and Intimacy* (New York: Doubleday, 1989), p. 195.
4. 스캇 펙, 「아직도 가야할 길」 (열음사, 2004).
5. Evelyn Eaton Weatherhead and James D. Weatherhead, *A Sense of Sexuality*, p. 197.
6. Kevin Diaz, "No Love Lost in the Dating Business," *Minneapolis Star Tribune*, 1990년 7월 5일, pp. 1E-9E.
7. Jennifer Logan, *Not Just Any Man: A Guide to Finding Mr. Right* (Waco, Tex: Word, 1989), p. 96.
8. Ibid., p. 85.
9. Ibid., p. 131.
10. Ibid., p. 162.
11. Ibid., p. 171.
12. Ibid.
13. Evelyn Eaton Weatherhead and James D. Weatherhead, *A Sense of Sexuality*.

14. Ibid., p. 218.
15. Elaine Storkey, *What's Right with Feminism* (Grand Rapids: Eerdmans, 1985), p. 175.
16. Letha Scanzoni and Nancy Hardesty, *All We're Meant to Be: A Biblical Approach to women's Liberation* (Waco, Tex: Word.: Word, 1974) p. 148.
17. Evelyn Bence, *"The Desires of Thine Heart,"* Priscilla Papers, 4 (1990년 봄), pp. 8-10.

9장

1. Evelyn Eaton Weatherhead and James D. Weatherhead, *A Sense of Sexuality*, p. 26.
2. Ibid.
3. Lewis Smedes, *Sex for Christians* (Grand Rapids: Eerdmans, 1976), p. 47.
4. 어거스틴, *City of God*, 리처드 포스터 『돈, 섹스, 권력』(두란노, 1989)에서 인용.
5. Evelyn Eaton Weatherhead and James D. Weatherhead, *A Sense of Sexuality*, pp. 97-98.
6. Dale Spender, *Man-Made Language* (London: Rutledge and Kegan Paul, 1985), p. 178.
7. Paul D. Meier, Frank B. Minirth, and Frank B. Wichern, *Introduction to Psychology and Counseling: Christian Perspectives and Applications* (Grand Rapids: Baker, 1982), p. 372.
8. Ibid., p. 373.
9. 윌라드 할리, 『그 남자의 욕구 그 여자의 갈망』(비전과 리더십, 2004).
10. 리처드 포스터, 『돈, 섹스, 권력』(두란노, 1989).
11. Evelyn Eaton Weatherhead and James D. Weatherhead, *A Sense of Sexuality*, p. 33.

10장

1. Betsy Cohen, *The Snow White Syndrome: All About Envy* (New York: Macmillan, 1986), p. 21.
2. Ibid, pp. 17-19.
3. Eichenbaum and Orbach, *Between Women*, p. 108.

11장

1. Harry Blamire, *Recovering the Christian Mind: The Challenge of Secularism* (Downers Grove,: InterVarsity Press, 1988), p. 134.
2. Hughes, *God of Surprises*, p. 34.
3. 나우웬, *Lifesigns*, p. 21.
4. 로스 캠벨, 『진정한 자녀사랑』(네비게이토 출판사, 2001).

12장

1. 나우웬, *Lifesigns*, p. 92.
2. Erwin Ramsdell Goodenough, *The Psychology of Religious Experience* (New York: Basic Books, 1965), pp. 102-3.

13장

1. 나우웬, *Lifesigns*, p. 67.
2. 존 화이트, 『믿음의 싸움』 (생명의 말씀사, 2002).

14장

1. Lerner, *The Dance of intimacy*, p. 35.
2. Robert Bellah et al., *Habits of the Heart: Individualism and Commitment in American Life* (Berkeley: University of California Press, 1985), pp. 226, 228.
3. Eichenbaum and Orbach, *Between Women*, pp. 53-54.
4. Ibid., p. 63.
5. Ibid., p. 62.
6. 나우웬, *Lifesigns*, p. 36.

부록

1. *The book of common Prayer of the Episcopal Church* (New York: Church Hymnal Corporation, 1977).
2. Caryl Michlen, ed., *Contemporary Prayer for Public Worship* (London: SCM, 1967).
3. George Appleton, ed. *The Oxford Book of Prayer* (Oxford: Oxford university Press, 1985).